U0453117

应用经济学湖南省重点学科，工商管理国家特色专业资助

人寿保险行业市场结构与效率研究

蒋才芳 著

中国社会科学出版社

图书在版编目（CIP）数据

人寿保险行业市场结构与效率研究/蒋才芳著.—北京：中国社会科学出版社，2015.11
ISBN 978-7-5161-7012-0

Ⅰ.①人… Ⅱ.①蒋… Ⅲ.①人寿保险—保险市场—研究—中国 Ⅳ.①F842.62

中国版本图书馆 CIP 数据核字（2015）第 262464 号

出 版 人	赵剑英
责任编辑	刘晓红
特约编辑	陆慧萍
责任校对	周晓东
责任印制	戴　宽
出　　版	中国社会科学出版社
社　　址	北京鼓楼西大街甲 158 号
邮　　编	100720
网　　址	http://www.csspw.cn
发 行 部	010-84083685
门 市 部	010-84029450
经　　销	新华书店及其他书店
印刷装订	三河市君旺印务有限公司
版　　次	2015 年 11 月第 1 版
印　　次	2015 年 11 月第 1 次印刷
开　　本	710×1000　1/16
印　　张	15.5
插　　页	2
字　　数	271 千字
定　　价	58.00 元

凡购买中国社会科学出版社图书，如有质量问题请与本社营销中心联系调换
电话：010-84083683
版权所有　侵权必究

目 录

第一章 绪论 ·· 1

 第一节 研究背景与意义 ··· 1
  一 研究背景 ··· 1
  二 研究意义 ··· 3
  三 选题来源 ··· 4
 第二节 国内外相关领域的研究综述 ··· 4
  一 有关保险市场进入与退出机制研究 ······························ 4
  二 有关保险市场结构、行为与绩效研究 ··························· 6
  三 有关保险市场效率研究 ··· 9
  四 有关保险市场结构、效率与绩效关系研究 ···················· 14
 第三节 研究思路与框架结构 ·· 18
  一 研究思路 ··· 18
  二 研究内容与研究框架 ·· 19
 第四节 研究方法与研究创新 ·· 21
  一 研究方法 ··· 21
  二 研究创新 ··· 22

第二章 准入、退出机制与人寿保险行业市场结构 ························· 24

 第一节 保险市场准入、退出机制 ·· 24
  一 保险市场准入机制 ·· 24
  二 保险市场退出机制 ·· 27
 第二节 人寿保险行业市场结构 ··· 28
  一 人寿保险行业市场结构的演变和特征 ··························· 28
  二 人寿保险行业市场集中度 ·· 38

三　人寿保险行业市场规模经济与范围经济 …………… 46
　　　四　人寿保险行业市场产品差异化 …………………… 52
　第三节　准入、退出机制对人寿保险行业市场结构的影响 …… 55
　　　一　准入机制对人寿保险行业市场结构影响 ………… 55
　　　二　退出机制对人寿保险行业市场结构影响 ………… 56
　　　三　准入、退出机制与人寿保险行业市场结构影响
　　　　　关联性分析 ……………………………………… 57
　第四节　本章小结 …………………………………………… 57

第三章　人寿保险行业市场结构竞争行为 …………………… 59
　第一节　人寿保险业市场竞争关系影响因素与地位层次结构 … 59
　　　一　人寿保险行业市场竞争关系影响因素 …………… 59
　　　二　人寿保险行业市场竞争地位层次结构 …………… 60
　第二节　人寿保险行业市场产品设计行为 ………………… 62
　　　一　人寿保险产品差异化界定与衡量 ………………… 62
　　　二　人寿保险产品同质化成因及提升 ………………… 64
　第三节　人寿保险行业市场定价行为 ……………………… 68
　　　一　人寿保险产品的价格构成 ………………………… 69
　　　二　人寿保险市场价格战成因 ………………………… 70
　第四节　人寿保险行业市场客户服务行为 ………………… 72
　　　一　人寿保险市场客户服务内涵及演变 ……………… 73
　　　二　人寿保险市场客户服务问题与改善 ……………… 73
　第五节　本章小结 …………………………………………… 75

第四章　人寿保险行业市场开放度效率 ……………………… 76
　第一节　人寿保险行业开放度市场规则构成 ……………… 77
　　　一　人寿保险市场进出规则 …………………………… 77
　　　二　人寿保险市场的竞争规则 ………………………… 77
　　　三　人寿保险市场的交易规则 ………………………… 78
　第二节　人寿保险行业市场开放性和市场布局 …………… 78
　　　一　人寿保险行业市场开放性 ………………………… 78
　　　二　人寿保险行业市场布局 …………………………… 79

第三节　人寿保险行业市场开放度效率实证 …………………… 96
  一　样本选择与数据来源 ……………………………………… 96
  二　方法的选择 ………………………………………………… 96
  三　变量的选择 ………………………………………………… 98
  四　实证结果分析 ……………………………………………… 99
第四节　人寿保险行业开放度市场规则的变化对效率的影响…… 100
  一　市场开放性的变化对效率的影响 ………………………… 100
  二　市场布局的变化对效率的影响 …………………………… 101
第五节　本章小结 ……………………………………………………… 102

第五章　人寿保险行业市场规模效率 ……………………………… 103
第一节　人寿保险行业规模市场规则演变 ……………………… 103
  一　人寿保险行业改制重组 …………………………………… 103
  二　人寿保险行业并购 ………………………………………… 104
  三　人寿保险行业上市 ………………………………………… 105
  四　人寿保险行业市场集中度演变 …………………………… 106
  五　人寿保险行业中外资市场规模对比 ……………………… 107
第二节　人寿保险行业市场规模效率分析模型构建 …………… 108
  一　实证研究方法 ……………………………………………… 108
  二　变量选择 …………………………………………………… 112
  三　数据来源 …………………………………………………… 115
第三节　人寿保险行业市场规模效率实证结果分析 …………… 116
  一　第一阶段：基本 DEA 计算结果 ………………………… 116
  二　第二阶段：SFA 回归分析结果 ………………………… 123
  三　第三阶段：调整后的 DEA 计算结果 …………………… 129
第四节　人寿保险行业规模市场规则变化对效率的影响 ……… 142
  一　人寿保险行业改制重组对效率的影响 …………………… 142
  二　人寿保险行业并购对效率的影响 ………………………… 143
  三　人寿保险行业上市对效率的影响 ………………………… 143
第五节　本章小结 ……………………………………………………… 145

第六章　人寿保险行业市场绩效 …………………………………… 147
第一节　人寿保险行业经营绩效分析 …………………………… 147

一　人寿保险行业市场盈利能力分析……………………… 148
　　二　人寿保险行业市场偿付能力分析……………………… 161
　　三　人寿保险行业市场稳健发展能力分析………………… 166
第二节　人寿保险行业市场绩效的实证分析……………………… 170
　　一　研究回顾………………………………………………… 171
　　二　DEA 模型介绍 ………………………………………… 172
　　三　决策单元 DMU 的选取和指标体系的构建 …………… 173
　　四　人寿保险公司经营绩效 DEA 有效性分析 …………… 174
第三节　国内外人寿保险行业经营绩效比较……………………… 179
　　一　中国与世界主要国家寿险业保费收入、保险密度和
　　　　保险深度………………………………………………… 179
　　二　中国与世界主要国家寿险业知名寿险公司经营绩效…… 183
　　三　中国与世界主要国家寿险业资产、利润、利润率…… 188
第四节　本章小结…………………………………………………… 193

第七章　人寿保险市场结构、效率与绩效相关性……………… 194

第一节　理论机理与研究假设……………………………………… 194
　　一　理论机理………………………………………………… 194
　　二　研究假设………………………………………………… 196
第二节　模型构建…………………………………………………… 198
　　一　市场结构与效率对绩效的单独影响…………………… 198
　　二　市场结构与效率对绩效的综合影响…………………… 198
　　三　经营效率与市场结构的关系模型……………………… 199
第三节　实证研究设计……………………………………………… 200
　　一　变量选择………………………………………………… 200
　　二　样本选择与数据来源…………………………………… 201
　　三　研究方法………………………………………………… 201
第四节　实证结果分析……………………………………………… 202
　　一　描述性统计分析………………………………………… 202
　　二　市场结构对寿险公司绩效影响的检验………………… 203
　　三　寿险公司效率对寿险公司绩效影响的检验…………… 204
　　四　市场结构与效率对绩效的综合影响检验……………… 206

    五　经营效率与市场结构的关系检验 ·············· 207
  第五节　实证研究结论 ···································· 210
  第六节　本章小结 ·· 211

第八章　结论与展望 ·· 212
  第一节　主要研究结论 ···································· 212
  第二节　政策建议 ·· 215
    一　市场竞争规范层面 ································ 215
    二　市场结构优化层面 ································ 215
    三　经营模式转变层面 ································ 216
    四　经营效率提升层面 ································ 217
  第三节　研究展望 ·· 218

附录 ·· 219

参考文献 ·· 227

第一章 绪论

第一节 研究背景与意义

一 研究背景

改革开放 30 多年来,我国保险企业一直保持着强劲发展的势头,保费年均增长率达到 30%,成为世界各国保险产业发展中增长最快的国家之一。截至 2012 年年末,全国共有保险集团公司 10 家,保险公司 138 家,其中,中资保险公司 86 家(中资产险公司 41 家、中资寿险公司 42 家、中资再保险公司 3 家),外资保险公司 52 家(外资产险公司 21 家、外资寿险公司 26 家、外资再保险公司 5 家);全年原保费收入 15487.93 亿元,同比增长 8.01%;寿险公司实现原保费收入 9957.89 亿元,占保险市场原保费收入的 64.29%。在各寿险公司中,中国人寿、平安人寿、太平洋人寿、新华人寿占人身保险原保费收入的 64.73%。2004 年中国对外资保险业全面开放。2006 年履行中国保险市场"入世"5 年内全面实现对外开放的承诺,中资保险公司面临的竞争压力加大;同年 6 月,为了加快我国保险业改革发展,国务院颁布了被业内人士称为"国十条"的《国务院关于保险业改革发展的若干意见》,把保险业提升到国家经济发展的稳定器和社会进步的助推器的战略高度。2009 年 10 月 1 日新《保险法》实施,奠定了保险业防风险、调结构、稳增长的作用。2011 年 8 月,中国保监会发布我国保险业 2011—2015 年科学发展的战略性和指导性规划——《中国保险业发展"十二五"规划纲要》。在世界主要国家保险业发展历程中,保险公司经历了粗放型经营、集约型经营和创新型经营三种方式,而我国保险业尤其是寿险业的经营方式仍停留在粗放型阶段。伴随着我国保险市场的高速增长和全面开放,中国保险市场主体会不断增多,保险公司的竞争将越来越激烈，长期以来我国高市场集中度下寡头垄断市场结构竞争格局会不会改变？我国保险市场准入、退出机制和市场竞争规则的变化对中国保险业的发展有何影响？作为我国保险业主战场的寿险业将会面临一种什么样的竞争市场结构？各人寿保险公司经营效率和市场绩效呈现出怎样的演变规律？带着这些问题，中国寿险业如何应对竞争挑战，由粗放型经营向集约、创新型经营转型，由外延扩张向内涵发展调整结构，如何优化市场结构，提高寿险公司经营效率成为企业界实践和学术界研究共同关注的课题。

一个完整有效的保险市场需要市场准入和退出机制，完善市场准入、退出机制有利于保险市场结构的优化。保险行业市场准入、退出面临较高的经济壁垒和政策壁垒，不管发达国家还是发展中国家保险市场都存在或高或低的进入、退出壁垒。为适应我国保险市场发展的需要，我国保险监管部门适当降低了中国保险市场的进入壁垒，但我国《保险法》对设立保险公司应当具备的条件有明确的规定：拥有符合保险法和公司法规定的公司章程，拥有符合保险法规定的注册资本最低限额，拥有具备专业知识和业务工作经验的高级管理人员，拥有健全的组织机构和管理制度，拥有符合要求的业务场所及和业务有关的其他设施。《保险法》规定设立保险公司，其注册资本的最低限额为人民币2亿元，保险公司的注册资本最低限额必须为实缴货币资本，在全国范围内经营保险业务的保险公司，实收货币资本不低于人民币5亿元，在特定区域内经营业务的保险公司实收货币资本不低于人民币2亿元。在充分竞争的市场中，有进入就必然有退出，尽管我国保险监管部门适当降低了中国保险市场的进入壁垒，但目前我国保险市场仍然存在很高的退出壁垒，我国保险业的发展过程中出现了因增减注册资本、调整业务范围、场所变更、公司类型变更、出资股份组织机构变更、公司名称变更等保险公司变更行为，但还未发生保险公司并购和破产的实例，这不利于提我国保险市场的资源配置效率。保险市场的准入、退出会影响保险市场集中度、产品差异化和保险市场定价。目前国内外学者对保险市场准入、退出机制研究的文献还不多见，主要研究集中在如何制定妥善的市场准入、退出方式和机制。

传统产业组织理论以产业组织为研究对象建立了市场结构—行为—绩效的理论分析框架，传统共谋假设（即SCP范式）的基本结论认为市场结构决定市场行为，而市场行为影响市场绩效，即市场结构是绩效的原因，绩效是市场结构引发的结果，市场结构与绩效呈正相关关系。究竟是市场结构决定市场绩效还是市场绩效影响市场结构，效率结构假设是在对SCP范式的评判中发展起来的，有效结构假设法则认为高市场绩效能使企业改进生产技术，降低单位生产成本，给企业带来规模效应从而提高行业的市场集中度。国外学者运用传统共谋假设和有效结构假设对保险市场的研究分别交替存在，国内学者对保险业市场结构和绩效之间关系的研究主要是运用回归模型进行分析，但学者的研究大都是把财险和寿险综合起来研究的。

以往的研究大都是从保险市场准入与退出机制、保险市场结构、行为、效率和绩效等单一方面进行研究，并且是把财险和寿险综合起来进行分析的。现阶段随着保险市场准入、退出机制和竞争规则的变化促使保险市场结构动态变迁、保险市场主体的增多导致市场竞争行为不规范、市场整体经营效率低下。因此，本选题研究主要从我国人寿原保险市场进行，把保险市场准入与退出机制作为影响寿险市场结构的主要因素，对保险市场准入和退出机制以及对寿险市场结构影响进行分析，对人寿保险行业市场开放度效率和规模效率进行研究以及开放度市场规则和规模市场规则对效率影响进行探讨，从人寿保险行业自身和外比视角对人寿保险市场行业绩效进行研究，对寿险市场结构或寿险市场效率对寿险公司绩效的单独影响以及寿险市场结构与效率对绩效的综合影响进行检验，对寿险经营效率与市场结构的关系进行分析。

二 研究意义

从理论层面看，本书将保险学理论、产业组织理论和战略管理学理论三者的研究对象结合起来，从一个全新的视角对三者进行一种理论上的交叉和拓展，丰富完善我国寿险业发展的保险市场理论，以传统产业组织理论的分析框架为基础，通过规范、实证和比较分析方法以及运用计量经济学分析工具对我国人寿保险准入、退出机制与人寿保险业市场结构，人寿保险业市场开放度和规模效率，人寿保险业市场绩效以及人寿保险市场结构、效率与绩效的关系等进行全面、系统的研究。从实践层面看，随着保险市场准入、退出机制和竞争规则的变化，必然会导致我国人寿保险市场进入的"度"和退出的方式、路径以及中国寿险业市场竞争结构和经营效率的演变，但我国人寿保险市场的经营行为、经营绩效却与人们的期望有一定差距。因此通过本选题的研究，从我国人寿保险业发展层面，为政府完善人寿保险市场准入和退出机制,寿险监管部门对寿险公司经营效率评价以及如何制定优化市场结构、提高市场效率与绩效等产业政策提供理论依据和参考价值,为寿险公司正确判断在寿险行业中的地位、分析与其他寿险公司经营效率与绩效的差距以及制定公司发展战略提供决策依据。

三 选题来源

本研究课题来源于国家自然科学基金创新研究群体项目(编号:71221001):金融创新与风险管理;国家自然科学基金重点项目(编号:71031004):战略导入下的投资决策与风险管理。

第二节 国内外相关领域的研究综述

目前国内外学者对相关选题的研究主要集中在保险市场进入与退出机制研究,保险市场结构、行为与绩效研究,保险市场效率研究,保险市场结构、效率与绩效关系研究四个方面。

一 有关保险市场进入与退出机制研究

Philip Anderson 和 Michael L. Tushman(2001)利用 1888—1980 年美国水泥行业以及 1958—1982 年微电脑行业的数据进行实证研究,研究结果发现,导致企业退出原行业的最重要原因并非该行业的复杂技术和行业的高成本,而是行业需求的非预期性的变化、主流设计的不连续性及其剧烈变化。[1]

W. Jean Kwon、Hunson Kim 和 Lee Soon – Jae(2005)通过对 50 个国家或地区的保险监管体制进行比较研究后发现,基本上没有任何一个国家能够拥有一个真正完善的保险退出机制。[2]

Stephen P. D'Arcy 和 Hui Xia(2003)研究了中国加入 WTO 以后,中国将采用新的保险公司运营规则,即 WTO 范围内的规则,将会允许保险公司更加自由地进入中国市场,并且解释了 WTO 成员国的地位对中国保险公司未来运营的影响。[3]

Charles Nyce 和 M. Mattin Boyer(1998)对产权保险市场保险公司的 M&A、进入—退出壁垒等进行了深入研究,认为除最低资本金要求以外,主权厂房(工厂)的界定及确认是进入产权保险市场的独特障碍。[4]

Yu Lei 和 Mark J. Browne(2008)利用 1994—2006 年美国各州医疗事

故保险公司进入退出的数据进行研究,认为医疗事故保险公司盈利能力的巨大波动性是阻止潜在市场参入者的进入,同时也因可能的高盈利而阻止已有保险公司退出;同时结论认为各个州政府应该设立非经济损失上限以降低医疗事故保险公司退出的比率。[5]

国内文献对我国保业准入、退出机制的研究,目前主要集中在对保险市场退出机制问题的研究,且提出了许多独特的看法与建议。魏华林、李开斌(2002)提出了调整我国保险业市场退出政策的建议。[6]江生忠(2003)从产业组织优化与市场退出关系视角,认为实现我国保险市场有效竞争的重要途径是建立市场进入和退出机制。[7]张艳辉(2005)认为中国保险市场结构呈现出由寡头垄断型市场模式向垄断竞争型市场结构转化。[8]林江(2005)从实现保险资源优化配置视角分析了保险产业竞争力与保险市场退出机制的关系。[9]陈宁(2004)认为我国保险市场的发展应建立稳妥的保险市场退出方式。[10]

罗皓、黄海涛(2005)分析了保险业进入壁垒与退出壁垒的关联性,认为我国保险监管部门在降低保险业进入壁垒的同时应形成有效的保险市场退出机制。[11]姚壬元(2006)从法律制度和保障制度视角对我国保险市场退出提出了建议。[12]张洪涛、张俊岩(2006)分析了保险市场退出的原因,提出了建立和完善我国保险企业市场退出机制的对策建议。[13]林宝清(2008)探讨了我国保险市场退出的影响因素,从微观和宏观两个视角,分析了保险市场准入与退出的相关性。[14]庹国柱、王德宝(2010)认为保险公司退出市场是因保险机构经营失败,我国应借鉴西方发达国家保险业市场退出的成功经验,建立正确的中国保险公司市场退出的路径选择。[15]郝新东、邓慧(2011)认为让经营失败或存在高风险的保险公司退出市场有利于我国保险市场的健康发展,据此他们设计出了主动和被动两种退出路径,并从信息披露、破产保证基金等方面建立退市配套措施。[16]

另外,也有部分学者从法学的角度,对建立保险市场退出机制进行研究。李立尧(2002)通过研究发现,目前我国的金融法律体系还不尽完善,对保险市场退出问题规定得比较模糊。[17]周延、房爱群(2007)认为,我国保险市场退出的法律制度包括退出前的风险预警机制、风险挽救机制和紧急救助机制,市场退出中的原则、标准、方式法律制度,以及市场退出后的保障机制。[18]

二 有关保险市场结构、行为与绩效研究

Paul L. Joskow（1973）深入研究了美国财产责任保险业的市场结构、行为与绩效之间的关系，研究结果显示，影响保险市场的绩效水平是因为州政府监管、卡特尔定价以及其他法律一起导致了无效销售技巧的使用、供给短缺和过度资本化问题。[19]

Alan L. King（1975）以财产—责任保险业为研究对象，研究了不同程度的公司组织多元化对财产—责任保险公司相对市场绩效的影响，研究结果显示，基于产品线差异化而产生的不同组织形式确实会显著影响保险公司的绩效。[20]

Ralph A. Winter（1991）研究了责任保险市场的市场绩效与侵权法的发展之间的关系，分析结果发现责任保险的周期性危机与竞争性市场结构之间存在密切关系。[21]

Charles Nyce 和 M. Mattin Boyer（1998）对产权保险市场的市场结构与绩效之间的关系进行了研究，认为行业集中度、市场并购、盈利能力等会对保险公司（市场）绩效之间存在密切关系。[22]

Vickie L. Bajtelsmit 和 Raja Bouzouita（1998）检验了汽车保险市场上保险公司的营利性与市场结构之间的关系，并对该保险市场的市场集中度与绩效之间存在的正相关关系进行了测试，分析结果显示，1984—1992年期间，市场集中度对保险公司的营利性存在显著的正效应，与传统的 SCP 范式保持一致。但并没有发现各州监管水平的差异对保险公司绩效（营利性）产生影响。[23]

Jaehyun Kim（2000）对 1992—1995 年期间日本财产保险公司和美国财产保险公司的经营绩效进行对比分析，认为日、美两国财产保险公司之间并不存在显著差异。[24]

David M. Dror（2001）利用乌干达和菲律宾实地调查数据对缺乏普遍健康保险覆盖的欠发达国家小额保险单元对健康保险市场绩效进行了研究，认为把小额保险单元的风险转移给再保险公司有助于提高该保险市场的稳定性，进而提高保险市场的绩效。[25]

Dan Segal（2003）为研究美国寿险业在总体上是否具有规模经济效益和主要产品是否具有范围聚集效应对美国寿险业主要产品的规模经济和范围经济进行了分析。[26]

Mikkel Dahl（2004）采用随机死亡模型对寿险市场进行了研究，认

为随机死亡模型比确定性死亡率更实用，进而引入死亡率相关的保险合约，恰当合理的随机死亡模型的应用有助于改善人寿保险公司的绩效。[27]

Ho Yuan-hong 和 Huang Chiung-ju（2007）以我国台湾地区寿险公司为研究对象对市场战略导向与保险公司经营绩效之间的关系进行了研究，研究结果显示，保险公司经营绩效与其市场导向程度之间存在正相关关系，且其新设立的国外分支机构具有类似的结果。[28]

Faith R. Neale、Kevin L. Eastman 和 Pamela Peterson Drake（2009）以1993—2003年美国医疗事故保险市场的动态变化为研究对象，通过分析该保险市场的影响因素（如保费、损失、投资收益等），认为美国医疗事故保险市场绩效的持续恶化始于1998年并于2001年达到顶峰，他们认为保险公司的损失是该保险市场绩效持续恶化的主要原因。[29]

Vladimir Njegomir 和 Dragan Stojic（2011）利用国别固定效应模型对东欧各国2004—2008年非寿险保险业的面板数据，并采用相关控制变量在不同的环境中（国家）构建了关于市场结构、自由化与盈利能力的三个模型，来研究了SCP假设在东欧非人寿保险市场的有效性，研究结果显示SCP假设在所有观察模型中都得到验证，且市场结构与自由化对市场绩效（盈利能力）有很强的影响。[30]

André p. Liebenberg 和 David R. Kamerschen（2009）通过对1980—2000年南非汽车保险市场的实证研究发现，市场结构与市场行为和市场绩效之间并不存在人们通常认为的"市场结构—市场行为—市场绩效"这样的联系，相反地，市场绩效更多的是与价格和周期趋势相关。[31]

Nat Pope 和 Yu-Luen Ma（2008）利用发达国家和发展中国家1996—2003年的数据对非寿险市场上"结构—行为—绩效"（SCP）假设进行检验，发现市场自由化和市场集中度与市场绩效之间存在复杂的关系，当SCP假设在非寿险市场自由化程度较低时是成立的；然而当非寿险市场自由化程度较高时，外资保险公司的进入会打乱非寿险市场的动态趋势。[32]

Hofmann、Annette Nell 和 Martin（2011）考察了中介对于保险市场透明度与绩效的影响。认为在一个具有不完全信息的差别费率保险市场下，消费者可以通过咨询中介来获取有关保险产品适用性的信息，分析了中介获取补偿的方式，即佣金和费用。尽管在两种制度下保险公司的均衡利润是相等的，但是在付费咨询制度下的社会福利要高于在佣金制度下的社会福利。两种制度通过串通都提供了增加利润的机会，在佣金制度下，共谋可以使保险公司将消费者分成不同的群体来购买不同合同，然后，保险公司从一些消费者那里收取额外的费用。这种优势可以来解释为什么中介人从保险公司处获得补偿。[33]

Abedi、Seyyed Mostafa、Haghifam 和 Mahmoud Reza（2013）认为可靠性保险合同能够使消费者部分或全部地弥补他们的金融风险。这些合同允许消费者根据可靠性服务的价值来决定他们的覆盖水平，并给保险公司支付相关的保险费用。为了使消费者能够完全地弥补他们的可靠性风险，保险公司应该为消费者提供一种合同，这种合同允许消费者根据他们的消费者损伤函数（Cdf）来选择覆盖水平。在本研究中，首先基于消费者损伤函数（Cdf）设计保险合同，然后计算由这些可靠性保险方案提供的投资激励，并与基于管制的绩效所提供的激励进行比较，最后，通过具体的数值来说明这些激励对保险公司投资的影响。[34]

Ma、Yu–Luen，Pope、Nat、Yeung 和 Raymond（2013）研究了全国保险市场的竞争结构和保险公司的盈利能力的关系。重点分析了亚洲的四大非寿险市场（日本、中国、韩国和中国台湾地区），与以前的相关研究相比，目前的研究方法有了显著的进步，因为它不仅包括市场层面的控制变量，还包括保险公司层面的相关数据。因此，该研究认为，应该根据潜在的国外竞争对手的涌入来考虑保险公司具体的发展策略，其主要结果包括对 SCP（结构行为绩效）假设的支持，该假设预期在一个集中的市场中，占据主导地位的公司将推动产品价格和与之相联系的利润水平。[35]

国内对保险市场结构、行为和绩效的研究是在20世纪90年代前后，主要体现在市场结构与绩效、市场行为与绩效等方面，在市场结构方面，研究的学者主要有赵旭（2003）[36]、陈璐[37]、曹乾（2006）[38]、张许颖（2009）[39]等，分析市场结构的影响因素和市场结构与绩效的关系。在市场行为方面，研究的主要学者有姚树洁等（2005）[40]、黄薇[41]、赵昱焜（2009）、郭祥（2010）、梁彭勇（2011）[42-44]、吴桂娥[45]等，探讨影响市场绩效的产品行为、经营管理行为等因素以及这些行为与市场绩效的关系。除此以外，戴进（2006）、周延（2007）、贾士彬（2008）、马丹（2009）等的硕士论文或博士论文以我国保险市场结构、行为与绩效为专题进行了研究。[46-49]

江生忠（2007）增加了保险学原理教材中没有提到的、属于目前保险理论与实践的前沿问题，涉及保险学和产业组织学的交叉领域，对传统产业组织理论中最为重要的产业关系,即保险市场结构与市场绩效的关系进行了分析,并在分别研究二者的基础上,介绍了近期研究保险市场结构和绩效关系的各种方法,具有一定的创新性,但是在系统论述保险产业组织方面,缺少对保险市场行为的详细研究。[50]

谭漠晓(2009)、邵全权、王辉(2009)以产业组织理论为主要分析手段,并辅以保险学理论,运用数据包络分析法(DEA)和因子分析法对中国保险业市场结构、行为和绩效进行系统分析,提出合理可行的产业对策建议。[51—52]

薛生强、徐梅(2014)运用哈佛学派 SCP 分析范式,以西部地区宁夏为案例,通过利用2005—2012年的保险数据,对其人身保险产业组织进行实证分析。分析得出宁夏人身保险市场目前仍然处在高寡占型阶段,属于寡头垄断市场结构,但从市场格局演变的趋势来看,市场集中度在逐步降低,并向低寡占型阶段转变,产业效率有较大的提升空间,发展态势良好,市场行为中价格竞争隐性化,产品核心差异度较小。[53]

三 有关保险市场效率研究

Farrell(1957)提出边界(又译为前沿)生产函数的概念,从微观层面探讨企业效率的研究。20世纪80年代以来,国外欧美学者对金融机构效率的研究大都集中在商业银行而对保险机构效率的研究要滞后。在20世纪90年代开始,针对保险行业和保险公司效率的研究日益丰富,最典型的代表是沃顿商学院 Mary Weiss 教授和 David Cummins 教授及其学术团队。Weiss(1986)考察了财产与责任保险公司成本因素对其无效率的影响[54];Cummins、Tennyson 和 Weiss(1999)研究了美国寿险业并购、效率与规模经济之间的关系[55];Jeffrei Bernstein(1999)综合评价了加拿大人寿保险业 1979—1989 年全要素生产率(TFP)变动[56];Diacon 等(2002)运用 DEA 方法研究了 1996—1999 年间在欧盟各国注册的 450 家寿险和健康险公司的效率[57];Cummins(2003)考察了 1993—1997 年间美国保险业集团化公司和专业化公司的范围经济状况[58];Patrick Brockett 和 William Cooper(2004)使用金融中介法的加法 DEA 模型计算了美国财产险公司的效率[59];Stephanie Hussels 和 Damian Ward(2005)评价了放松管制对欧洲国家内部和跨国保险业效率的影响。[60]

Sherstyuk、Katerina、Wachsman、Yoav、Russo 和 Gerard(2007)通过一个有关福利经济学的实证研究,做了一个实验来调查可供选择的健康保险对具有竞争性的劳动市场业绩的影响，因在美国大多数人是通过雇主来获得健康保险，一些州要求雇主对某些类型的工人提供保险，发现对所有工人的强制保险将会使劳动力市场扭曲，但并不一定会降低市场效率。[61]

Penalva Zuasti 和 Jose S. （2008）提供了一个分析框架，一个模型以及与之对应的均衡概念研究动态的金融市场和保险市场之间的相互作用。认为在风险规避下，尽管保险价格是不公平的，但因保险合同的定价具有竞争力、金融价格包括为不可分散的风险制定的风险溢价、金融市场有效率地运行使代理商购买全额保险。[62]

Nektarios、Milton、Barros、Carlos Pestana （2010）研究了 1994—2003 年在希腊保险市场的第三保险指令实施后，解除管制对保险市场的影响。将希腊几乎所有的保险公司作为样本，运用数据包络分析方法估计效率与生产率。这些公司被分成三组，即人寿保险公司、非人寿保险公司和混合保险公司，并对每一组公司计算 Malmquist 指数。Malmquist 指数被分解为技术效率的变化（纯技术效率和规模效率）和技术变革。研究发现，人寿保险部门生产力的年均增长率为 16.1%，非人寿保险部门的生产力年均增长率为 6.5%，混合保险公司生产力的年均增长率最低，为 3.3%。[63]

Wang J. L.、Jeng V. 和 Peng J. L. （2007）采用 Unique 面板数据，考虑产权结构、决策权、现金流权、董事会的构成对公司绩效的影响，来分析公司治理制度对中国台湾保险业绩效的影响。中国台湾的保险业，决策权和现金流权高度集中于保险公司的股东。研究结果显示，公司治理制度对台湾财险保险公司的效率和绩效有主要影响，尤其是内部人持股、现金流权和外部董事对台湾保险公司绩效有正的影响，然而高度集中的股权结构、决策权和现金流权的偏离、董事会规模以及 CEO 的双重性对中国台湾保险公司的效率产生负的影响。[64]

Luhnen M. （2008）利用 1995—2006 年的数据，采用 DEA 全面分析了德国财险保险市场效率和劳动生产率，研究结果发现，技术效率和成本效率可以分别解释 20% 和 50% 的市场效率改善，并提出了市场规模、分销渠道、公司股权结构、产品专业化、财务杠杆和增长溢价六因素决定保险市场的效率。[65]

Abidin Z. Z.、Kamal N. M. 和 Jusoff K. （2009）利用智力增值系数

（VAIC）研究了马来西亚保险公司董事会结构与公司绩效之间的关系，发现董事会的四个特征，即董事会构成、董事会持有的股权、CEO 的双重属性以及董事会规模对保险公司绩效产生影响，董事会构成和规模与保险公司绩效呈正相关关系，而董事会成员股权和 CEO 的双重属性对保险公司有效价值增加的影响不显著。研究结果还表明外部董事对保险公司的长期绩效具有重要作用。[66]

Kader H. A.、Adams M. 和 Hardwick P.（2009）运用非参数 DEA 和二阶对数转换回归模型对 10 个伊斯兰国家非寿险保险公司的成本效率进行估计，结果发现公司的特征对成本效率有重大影响：非执行董事、董事长和 CEO 相互独立的公司治理结构对伊斯兰非寿险公司的成本效率几乎没有影响；然而董事会的规模、企业的大小和产品的专业化水平对伊斯兰保险公司的成本效率有正面影响；监管环境对伊斯兰非寿险保险公司成本效率的影响不具有显著性。[67]

J. David Cummins 和 Xiaoying Xie（2013）检测了美国财产责任保险业中的效率、生产率与规模经济。结果显示，大多数位于中等规模以下的财产责任保险公司具有规模报酬递增现象，而规模在中等以上的财产责任保险公司则具有规模报酬递减现象，且每一规模的财产责任保险公司都有部分保持规模报酬不变。研究期内，财产责任保险业全要素生产率得到显著提升，规模和配置效率也不断改善；更多的多元化保险公司和保险集团取得了效率和生产率的提高，更先进的技术投入改善财产责任保险公司的效率和生产率。[68]

Jin Park、Sukho Lee 和 Han Bin Kang（2009）采用随机边界法对美国财险公司不同的分销结构对成本和税收节约的影响，结果显示，采用独立经纪人分销结构的保险公司最不具有成本效率但最具有税收节约，直销模式具有最高的成本效率和税收节约。[69]

Eling M. 和 Luhnen M.（2010）采用不同的方法，对 36 个国家 6462 个保险公司 2002—2006 年的组织类型、公司规模进行比较研究，并考虑寿险和非寿险的区别。研究发现，国际保险市场的技术和成本效率都在稳步提高，其中丹麦和日本保险业效率最高、菲律宾保险业效率最低，这与支出偏好假设——互助承保人因较高的代理成本而比上市保险公司的效率要低并不一致，但若采用效率边界法进行比较，则其差别极小。[70]

Barros C.、Milton P. 和 Assaf A.（2010）采用 Simar 和 Wilson

(2007) 的两阶段法，运用 DEA 来分析 1994—2003 年放松监管对希腊保险业效率的影响，结果发现市场份额竞争是希腊保险业效率改善的主要动力。[71]

Afza T. 和 Asghar A. K. J. M. （2010）运用非参数数据包络分析对 2003—2007 年巴基斯坦保险公司效率进行估计，结果显示，技术效率、配置效率和成本效率是巴基斯坦保险业效率的决定因素。[72]

Mohammad Alipour （2012）运用偏最小二乘法对伊朗 39 家保险公司 2005—2007 年智力资本与公司资产回报率之间的关系进行研究，发现智力资本的价值增加及其构成与公司的盈利能力具有显著正相关关系。这意味着保险公司在决策过程中必须考虑智力资本的因素，并制定相关战略以提升公司绩效。[73]

Kwadjo Ansah – Adu、Charles Andoh 和 Joshua Abor （2012）采用加纳 30 个保险公司 2006—2008 年的截面数据，利用 DEA 和回归模型来识别影响加纳保险业效率的最重要因素，发现非寿险保险公司平均效率最高，市场份额、公司规模及资金投向对保险公司效率起着关键作用。[74]

Fang Sun、Xiangjing Wei 和 Xue Huang （2013）采用两阶段法、利用 2000—2006 年的数据对美国财产责任（P&L）保险业对公司 CEO 的补偿与公司绩效之间的关系进行估计，发现财产责任保险公司的绩效与公司 CEO 的补偿存在显著的正相关关系，但税收节约与公司 CEO 的先进补偿相关，而成本效率（节约）当公司 CEO 的激励补偿相关。[75]

Walid Bahloul、Nizar Hachicha 和 Abdelfettah Bouri （2013）估计了 CEO 的权力对保险公司效率和生产率的影响，结果显示，通过对 CEO 权力的标准化打分以后，欧洲各国保险业的效率及非寿险体制效率的排序都发生了改变。而且，CEO 的权力影响保险企业生产率的增长，优化 CEO 的权力水平能够提升保险公司的生产率和效率。[76]

Santanu Mandal 和 Surajit Ghosh Dastidar （2014）研究未来金融危机对保险公司的效率及绩效的影响，他们运用数据包络分析法对 12 家印度保险公司 2006—2007 年和 2009—2010 年的数据进行分析，发现经济衰退对民营保险公司的绩效产生严重的负面效应，而对国营保险公司的绩效影响有限。[77]

Chen F. - C.、Liu Z. J. 和 Kweh Q. L. （2014）利用 OLS 和 Tobit 回归估计了 2008—2011 年智力资本对马来西亚一般保险公司的生产率的影响，

回归结果显示智力资本对保险公司绩效具有重要的积极作用，投资智力资本，包括改善管理技能有助于保险公司持续提高生产效率。[78]

Qian Long Kweh、Wen-Min Lu、Wei-Kang Wang（2014）采用动态松弛测度（DSBM）模型对 2006—2010 年中国 32 家非寿险保险公司面板数据进行研究，利用 OLS 回归模型来估计智力资本保险公司绩效之间的关系，结果显示，2006—2010 年大部分保险公司效率呈下降趋势。回归结果表明，人力资本、股权结构、资本杠杆对经营效率起着显著的正作用。[79]

国内关于保险机构效率的研究相对较晚，较早研究的文献学者是李心丹、挥敏（2003）和赵旭（2003），国内学者对我国保险市场效率的研究主要从研究对象、研究方法、研究投入和产出变量的选择以及影响效率因素分析等不同视角上。从研究对象上看，国内文献对保险机构效率的研究大多数偏重于技术效率的研究，例如学者李心丹、挥敏（2003）[80]、侯晋、朱磊（2004）[81]，而对保险机构开放度效率和规模效率研究较少。在研究方法上，国内文献对保险市场效率研究的方法主要有非参数法中的 DEA 模型和参数法中的 SFA 方法以及财务指标的因子分析法和灰色分析法，何静、李村璞（2005）采用 SFA 方法计算保险机构的技术效率[82]，杨波、李庆霞（2005）通过建立财务指标，利用灰色分析方法研究了 2000—2007 年 8 家财产保险公司的经营绩效。[83]

从投入和产出变量的选择来看，早期国内文献基本把财产保险公司和寿险公司放在一个样本集中进行研究，主要是依据附加值法来选择保险机构的投入和产出变量，主要考虑资本、人力、费用支出等投入要素和保费收入、投资收益、利润等产出指标。从对影响效率因素的分析来看，国内文献主要利用回归方法（简单回归较多）分析市场结构、公司规模、产权、公司治理等因素对保险公司效率的影响，如胡颖、叶羽钢（2007）分析了赫芬达尔指数、公司规模、人力资本、产权、公司治理对保险机构技术效率的影响[84]，周海珍、陈秉正（2009、2011）探讨了社会福利标准对保险市场效率影响。[85—86]

梁芹、陆静（2011）运用三阶段 DEA 方法，分析了中国寿险市场的效率。研究表明，寿险业整体技术效率不高，只有少数公司达到有效前沿，与外资保险公司相比，中资保险公司具有规模效率优势，而在纯技术效率方面，外资公司则优于中资公司，即外资公司具有更高的管理决策效率，寿险市场效率受保险市场结构的影响较大，保险公司分支机构数是影响市场效率的主要外部环境因素。[87]周文杰（2012）利用2005—2010年我国保险业经营数据，从保险市场交易成本视角，评价了我国保险业的资源配置效率。[88]

高俊、陈秉正、邢宏洋（2013）以人身保险需求为测算基准来定义人身保险市场效率，并在充分考虑中国各地区间人身保险需求结构异质性的基础上，基于2000—2011年中国30个省、自治区和直辖市的面板数据，应用随机前沿模型测算了样本地区的人身保险市场效率。研究发现：①中国人身保险存在着异质性的需求结构；②从整体上看，中国人身保险市场效率呈螺旋式提高且在省际间有不断收敛的趋势；③中国六大区域人身保险的市场效率差距并不大，且市场效率并不随着经济发展水平的提高而提高。[89]

四 有关保险市场结构、效率与绩效关系研究

Michael Rothschild 和 Joseph Stiglitz（1976）通过不完全信息的竞争性保险市场的均衡分析，发现竞争性均衡并不是帕累托最优，信息的不对称会对保险公司的效率及绩效产生影响。[90]

Robert Puelz 和 Arthur Snow（1994）利用典型保险公司承保的相关数据对汽车碰撞保险的实证分析发现，合理、恰当地制定汽车碰撞险的免赔额，从而使逆向选择与市场信号达到均衡，有助于提高保险公司的效率和绩效，但违反了低风险交叉补贴高风险的假设。[91]

Sandra A. Vela（2000）对加拿大寿险和健康保险业的经营效率和生产效率进行了研究，结果发现越来越大的寿险和健康保险公司获得了规模报酬，公司的经营绩效与公司规模成正比。[92]

Takashi Kurosaki 和 Marcel Fafchamps（2002）利用农户调查数据、通过估计简化模型和结构模型检验作物决策如何影响现行价格风险及收益风险来研究巴基斯坦 Punjab 地区保险市场的效率，尽管在研究过程中无法排除村民间风险共担的假设，结果显示产量决策取决于风险，若存在风险共担与自我保险机制，则不完善的保护会对村级冲击起保护作用；研究结果还表明，农户会对消费价格风险作出反应。[93]

Bill Conerly（2003）以失业保险改革为研究对象，认为保险市场结构应该允许多样化，并不断改善和优化市场结构以提高市场效率。[94]

Bernhard Mahlberg 和 Tomas Url.（2003）利用 DEA 方法构建了

1992—1999 年奥地利保险业的效率边界,并计算了奥地利保险业转型的规模报酬率。[95]

Ranchana Rajatanavin 和 Mark Speece(2004)研究了泰国保险业采用新服务开发(NSD)对该国保险业的作用,研究结果显示,在销售队伍作为信息传递的中介条件下,缺乏具有交叉功能销售团队的话可能导致保险业新产品和新服务开发的失败,从而导致市场效率和市场绩效遭到负面影响。[96]

Amy Finkelstein 和 Kathleen McGarry(2004)实证检验了私人信息的多维性对保险市场的影响,实证研究结果显示,保险市场可能会因不对称信息而遭受损失,并给保险市场带来负效率的后果。[97]

Byeongyong Paul Choi 和 Mary A. Weiss(2005)利用 1992—1998 年财产险保险公司与集团层面的数据来研究市场结构与市场效率时间的关系,通过对传统的 SCP 范式、相对市场势力和有效结构(ES)三个假设的分析,笔者发现研究结果支持有效结构假设,即更具有效率的公司可以比竞争对手收取更低的价格,从而获得更大的市场份额和更多的经济租金,导致行业集中度的增加,在此基础之上,笔者建议监管者应该更加关注保险市场的效率而不是市场势力。[98]

Paul Fenn、Dev Vencappa、Stephen Diacon、Paul Klumpes 和 Chris O'Brien(2008)以欧洲十四个主要国家的人寿保险公司、非人寿保险公司以及综合保险公司 1995—2001 年财务报表的数据进行分析,研究结果发现在成本下降(规模报酬递增)条件下,保险公司的规模及其市场份额是决定公司低效率的重要因素;公司越大、国内市场份额越高的保险公司通常具有更高的成本和更低的效率。[99]

Erhemjamts O. 和 Leverty J. T.(2007)通过对 1995—2004 年美国保险业寿险业公司组织形式比较发现,上市寿险公司比互助型非上市寿险公司的效率要高。[100]

Fenn P.、Vencappa D.、Diacon S.、Klumpes P. 和 O'Brien C.(2008)运用随机边界分析法估计欧洲保险企业的成本弹性边界,并对寿险公司、财险公司和混业保险公司的边界进行分别估计。笔者采用最大似然估计同时估计保险企业的范围经济以及公司规模和市场结构对保险业的 X 非效率的影响。本书数据来自标准普尔 Eurothesys 数据库中欧洲 14 个主要国家 1995—2001 年的数据。估计结构显示,这一期间的欧洲保险公司具有普遍的范围报酬递增趋势,且公司规模、国内市场份额是决定 X 非效率的主要影响因素,公司越大、市场份额越高,成本 X 非效率的水平趋向越高。[101]

Weiss M. A. 和 Choi B. P.(2008)在假定其他条件不变的情况下研究监管对汽车保险市场绩效的影响,发现在监管宽松的竞争市场环境的州,保险公司可以通过市场力量得到高价而受益,但是这些州的保险公司成本具有 X 效率,而具有成本 X 效率的保险公司只能制定较低价格来获得较低的利润。实证研究还表明,较严格的监管会导致范围成本效率降低。[102]

Cummins J. D. 和 Xie X.(2008)运用 DEA 对 1994—2003 年美国财险业并购对生产率和效率的影响进行实证分析。研究发现,财险公司兼并(merger)能够提升企业价值,公司收购(acquiring firm)比非收购公司能获得更多的税收节约,目标企业比非目标企业会变得成本更高但配置效率会提升。他们还发现保险业的并购(M&A)会促进企业的多元化,但没有证据显示规模经济会促进保险业并购。[103]

Xiaoling Hu、Cuizhen Zhang、Jin - Li Hu、Nong Zhu(2009)运用 DEA 对 1999—2004 年中国保险业的面板数据对中国保险业的效率进行分析,发现中国保险业的平均效率具有周期性。技术效率和规模效率在 1999 年和 2000 年达到高峰,然后逐步降低,到 2004 年又开始得到改善。Tobit 回归结果显示,保险公司的市场力、分销渠道和产权结构的变化可能导致效率的变化。[104]

Cummins J. D.、Weiss M. A.、Xie X. 和 Zi H.(2010)运用 DEA 对 1993—2006 年美国保险业的范围经济进行分析,研究结果显示,财险公司具有成本范围经济但是被营收范围不经济的部分所抵消,而寿险公司既不具有成本范围经济也不具有营收范围经济。因此,在保险业,战略集聚是比多元化战略更优的选择。[105]

Dafny 和 Leemore S.(2010)通过 1998—2005 年雇主投保的数据来测量团体健康保险业的市场竞争程度,研究发现,健康保险公司会在其他条件不变的情况下通过提高保费来获得更高的收益,这种行为在保险公司越少的区域市场表现就越明显;利润动机会使得雇主投保的转换成本很高,从而使得保险公司在享有足够议价能力时面临价格刚性的健康保险市场;假如健康保险市场合并加快,这将使健康保险公司在更多的区域市场享有和实施市场垄断力以获取更高的利润。[106]

Mahlberg、Bernhard、Url、Thomas（2010）认为欧盟的单一市场项目应该能够促进金融服务业生产力的增长，德国保险业是欧盟最大的保险市场之一，运用数据包络分析德国保险公司，评估了这一项目对德国保险业生产力发展的影响，基于自举统计量，我们估计了从1991—2006年的规范和自举效率得分并进行了规模效率实验，更进一步还计算了Malmquist指数，并在不同公司之间进行了生产力收敛不同类型的实验。[107]

Randall D. Cebul和James B. Rebitzer等（2011）利用搜寻摩擦理论对健康保险市场的效率进行实证研究发现，摩擦提高了健康保险市场的保险价格，促使13.2%的消费者（1997年约为344亿美元）由雇主转移到保险公司，并使得保险公司来自所有雇主的营收提高了64%；研究还发现，公共保险通过降低搜寻成本来减少市场扭曲，从而改善个人保险市场的效率。[108]

Sankaramuthukumar S.和Alamelu K.（2012）评估了斯里兰卡保险部门在人寿保险、一般保险方面的绩效。笔者基于成长效率的分析对斯里兰卡保险公司进行排序，研究表明，在亚洲国家中斯里兰卡的保险深度与保险密度是最低的，但是除了2001年与2009年外，保险密度的增长率高于世界平均水平，此外，人寿保险的密度与深度比一般保险的密度和深度要低。本书采用的分析工具是相关分析与标准差分析，人寿保险业绩比一般保险业绩更具稳定性的假设得到了证明。同时也证明了在2000—2009年间，斯里兰卡的保险深度与世界的保险深度呈正相关关系（相关系数为0.949）。[109]

Khalid Al – Amri、Said Gattoufi、Saeed Al – Muharrami（2012）利用DEA和全要素生产指数（MPI）对GCC地区39家保险公司2005—2007年的面板数据进行分析，发现海湾地区伊斯兰国家的保险业效率一般，存在较大的改进空间，认为在特定的市场环境下，保险业的效率和绩效的研究非常重要。[110]

Solomon Fadun和Olajide（2013）研究了信息与通信技术对保险公司盈利能力的影响，文章证明了为了实现尼日利亚保险公司的利润最大化目标，促进保险业的高效运转，需要采用信息与通信技术。从18家保险公司，152名受访者的问卷实证调查研究中发现，在该地区信息和通信技术的采用和保险公司的盈利能力之间存在显著的正相关关系。这意味着保险公司的信息和通信技术的采用可以提高他们的效率、他们的服务质量和他们的盈利能力。[111]

国内学者对我国保险行业市场结构、效率与市场绩效的研究结论主要有三种：第一种研究结论认为传统"SCP假说"存在于我国保险行业发展中（陈璐，2006）[37]；第二种研究结论认为中国保险产业"有效结构假说"和"SCP假说"均不存在（赵旭，2003[36]；曹乾[38]、秦振球、俞自由、周淳，2002[112]；黄薇、刘江峰、王虹，2005[113-114]；韩庆华、葛美连，2006[115]；蒲成毅、邵全权，2009[116]；王雪梅，2010[117]等）；第三种研究结论认为对于我国保险市场结构、效率与市场绩效的关系应当具体问题具体分析（王斌，2002[118]；李绍星、冯艳丽，2007[119]）。

孙峰（2005）认为"SCP"假说、效率结构假说均不满足我国的保险市场情况。[120]陈燕华（2007）认为，我国保险市场不符合"SCP"假说。[121]胡颖、叶羽钢（2007）认为，中国产险市场只符合相对市场力量假说。[122]官兵（2008）认为，形成更有效率的治理结构可以提升我国再保险市场效率。[123]蔡华（2009）认为，我国保险市场结构、效率与绩效之间不相关。[124]林升、陈清、滕忠群（2010）验证了我国机动车保险市场是否符合产业组织理论。[125]

袁成、于润（2013）基于产业经济学的"SCP假设"，在理论上中国保险市场结构和市场绩效关系有一定因果关系。通过利用1981—2011年的中国经济保险数据和VAR模型进行实证检验后发现两者关系并不完全符合"SCP假说"，认为在优化保险市场结构的同时需提高保险公司经营效率。[126]

第三节　研究思路与框架结构

一　研究思路

针对本选题，本书按以下思路开展研究：对保险市场准入、退出机制，人寿保险市场结构以及保险市场准入、退出机制对人寿保险市场影响进行研究；对人寿保险市场竞争关系影响因素、市场竞争、产品设计、定价和服务等行为进行研究，探索其市场行为不规范的成因；对人寿保险行业开放度和规模市场规则及对效率影响进行研究，利用DEA（数据包络分析法）模型对人寿保险市场开放度和规模效率进行实证分析；从人寿保险行业自身和外比视角以衡量市场绩效的主要财务指标对人寿保险市场绩效进行研究；进而以 Tinme 和 Yang 模型以及 Berger 模型为基础，构建多元回归模型，利用相关软件对人寿保险市场结构、效率与绩效相关性进行分析，研究人寿保险业是符合传统共谋假设和有效结构假设；通过对实证结果进行分析，提出完善人寿保险市场机制，优化人寿保险市场结构，提升人寿保险市场效率的政策建议，以促进保险业进一步发展。

二 研究内容与研究框架

第一章绪论。阐述选题背景与研究的理论意义和现实意义。从保险市场进入与退出机制研究，保险市场结构、行为与绩效研究，保险市场效率研究，保险市场结构、效率与绩效关系四个方面综述国内外相关领域的文献研究。提出本书研究思路与框架结构，最后总结研究方法与研究可能创新之处。

第二章准入、退出机制与人寿保险行业市场结构。首先从理论视角分析保险市场的准入、退出机制，包括准入、退出壁垒因素，退出类型和方式。探讨人寿保险行业市场结构的演变历程，从影响人寿保险行业市场结构主要因素入手研究人寿保险行业市场集中度、人寿保险行业市场规模经济与范围经济以及人寿保险行业市场产品差异化。进而分析保险市场准入、退出机制对人寿保险行业市场结构的影响。

第三章人寿保险行业市场结构竞争行为。首先分析人寿保险行业市场竞争关系影响因素，探讨人寿保险行业市场竞争地位层次结构。在此基础上从人寿保险产品差异化界定与人寿保险产品同质化成因分析人寿保险行业市场产品设计行为，从人寿保险产品的价格构成和人寿保险市场价格成因分析人寿保险行业市场定价行为，从人寿保险市场客户服务内涵及演变、人寿保险市场客户服务问题与优化分析人寿保险行业市场客户服务行为。

第四章人寿保险行业市场开放度效率。本章首先分析人寿保险行业开放度市场规则构成，对人寿保险行业开放度市场规则概括为人寿保险市场进出规则、人寿保险市场竞争规则以及人寿保险市场交易规则。由于在第二章保险市场准入、退出机制对人寿保险市场进出规则进行了分析，而人寿保险市场的交易规则伴随在人寿保险市场的竞争规则之中，第三章对人寿保险业的市场竞争行为进行了研究，因此本章重点对人寿保险业市场竞争中的开放和市场布局进行探讨,并从三个阶段对我国人寿保险行业的市场开放性进行描述。按照东、中、西部的划分以全国各地寿险保费收入指标分析人寿保险业的区域内市场布局,并研究区域间市场布局的保险深度与密度、公司分布、保费增长、保费收入弹性、潜在保源转化及产品结构等问题。其次用数据包络分析(DEA)方法和效率测量软件(EMS)对人寿保险行业市场开放度效率进行实证分析。最后探讨人寿保险行业开放度市场规则的变化对效率影响。

第五章人寿保险行业市场规模效率。本章首先对人寿保险行业改制重组、人寿保险行业并购、人寿保险行业上市等规模市场规则演变进行探讨。其次利用三阶段 DEA 模型分析 2002—2011 年我国寿险市场 30 家寿险公司的技术效率、纯技术效率和规模效率,并在第二阶段利用 SFA 模型对效率结果进行调整,最终得到剔除环境变量和随机干扰项的寿险公司的经营效率值。进而研究人寿保险行业规模市场规则的变化对效率影响。

第六章人寿保险行业市场绩效。首先从衡量人寿保险行业市场绩效的相关财务指标入手来综合考察我国主要人寿保险公司的盈利能力、偿付能力和稳健发展能力。运用承保利润率、投资收益率、保费利润率、资产利润率分析人寿保险行业的盈利能力,通过资产负债率、退保率、赔付率分析人寿保险行业的偿付能力,通过保费增长率、费用率分析人寿保险行业的稳健发展能力。本章第二节运用数据包络分析(DEA)方法对中国寿险市场 2002—2011 年 30 家主体寿险公司经营绩效进行实证。进而第三节从比较视角对国内外人寿保险业市场绩效进行分析,对 2001—2011 年中国与世界主要国家寿险业的保费收入、保险密度、保险深度进行了对比,对 2008—2013 年中国与世界主要国家寿险业知名寿险公司资产、保费收入、利润、资产利润率、保费利润率进行了比较,并对 2008—2013 年中国与世界主要国家寿险业资产、保费、利润以及利润率进行了分析。

第七章人寿保险市场结构、效率与绩效相关性。本章以结构—行为—绩效理论为基础,结合共谋假说和有效结构假说,建立若干假设,构建计量模型,分析市场结构—经营效率—绩效之间的关系。通过结合相关理论建立市场结构与效率对绩效影响的假设,经营效率与市场结构之间关系的假设,进而为了更全面地分析寿险企业市场结构、效率和绩效的关系,本章将对产业组织理论的传统 SCP 假说、相对市场力量假说(RMP)、成本效率结构假说(ESC)和规模效率(ESS)假说四种理论都进行实证检验。同时，还分别检验市场结构、效率对寿险公司绩效的单独影响，以及市场结构和效率之间的关系。

第八章结论与展望。在以上研究基础上，本章对前文的主要研究结论进行归纳总结，并据此提出了优化寿险市场结构和提升寿险公司效率与绩效的建议，最后分析了本书的研究局限，并对未来的研究方向进行了展望。研究框架如图1-1所示：

```
              人寿保险行业市场结构与效率研究
                         │
           ┌─────────────┴─────────────┐
    准入、退出机制与人寿保险         人寿保险行业市场竞争行为
         行业市场结构
           │                           │
   ┌───────┼───────┐                   │
人寿保险行业  人寿保险行业        人寿保险行业
市场开放度效率 市场规模效率          市场绩效
           │
   人寿保险行为市场结构、效率与绩效相关性
                         │
                 研究结论及政策建议
```

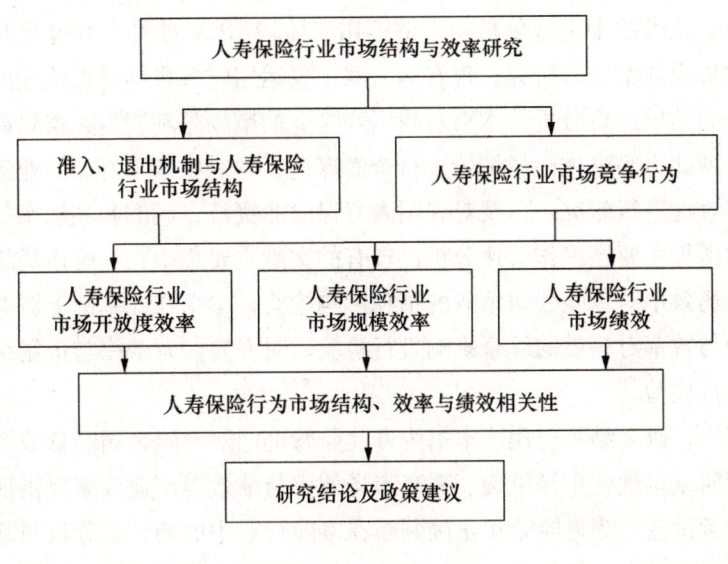

图1-1 研究框架

第四节 研究方法与研究创新

一 研究方法

本书主要运用产业组织理论与保险学理论以及战略管理学理论对我国人寿保险业市场结构与效率进行比较系统深入的研究与探讨，具体的研究方法如下：

第一，研究问题的确定。本书以全面开放和高速增长下的中国寿险业是一种什么样的市场结构、以经营效率如何为思考角度，对我国人寿保险业的市场结构、市场效率、市场绩效以及人寿保险市场结构、效率与绩效

的相关性进行实证分析。

第二，研究路径。本书在传统产业组织理论基础上，按照结构—效率—绩效的逻辑思路对中国人寿保险业市场结构、市场效率以及与市场绩效关系进行实证探讨。现有的文献主要集中在传统产业组织理论中保险市场结构、行为与绩效分析，本书对寿险市场结构与市场效率进行探讨，对市场准入、退出规则，市场开放竞争规则和市场规模规则对市场结构、市场效率的影响进行研究；现有的文献主要运用传统的非参数方法（DEA）对保险业技术效率进行分析，本书运用三阶段 DEA 对我国寿险业开放度效率和规模效率进行研究；现有的文献主要运用财务指标对保险业的市场盈利能力绩效进行分析，本书对我国寿险业的市场盈利能力、偿付能力和稳健发展能力等整体市场绩效进行全面探讨，并对中国人寿保险业经营绩效的有效性进行研究，以及对我国人寿保险业资产、利润和利润率等经营绩效与世界主要国家作对比分析；现有的文献主要集中在保险市场结构或保险市场效率对保险公司绩效的单独影响检验，本书在此基础上对寿险市场结构与效率对绩效的综合影响进行检验，对寿险经营效率与市场结构的关系进行检验。

第三，研究结果应用。本书为寿险监管部门对寿险公司经营效率评价以及如何制定优化市场结构、提高市场效率与绩效等产业政策提供理论依据和参考价值，为寿险公司正确判断在寿险行业中的地位、分析与其他寿险公司经营效率与绩效的差距以及制定公司发展战略提供决策依据。

二　研究创新

第一，研究视角。本书将保险学理论、产业组织理论和战略管理学理论三者的研究对象结合起来，从一个新的视角将传统产业组织 SCP、企业战略绩效与保险市场相结合，对三者进行一种理论上的交叉和拓展，丰富完善了我国寿险业发展的保险市场理论。

第二，研究内容。本书对我国人寿保险市场准入、退出机制，人寿保险业市场结构，人寿保险业市场效率，人寿保险业市场绩效以及人寿保险市场结构、效率与绩效的关系进行全面、系统的研究，以期形成一个完整的内容体系。从影响人寿保险行业市场结构的主要因素市场集中度、规模经济与范围经济以及产品差异化入手分析我国寿险业市场结构；从人寿保险业开放市场规则和规模市场规则入手研究我国人寿保险业的开放度效率和规模效率；以衡量人寿保险行业市场绩效的相关财务指标入手来综合考察我国主要人寿保险公司的盈利能力、偿付能力和稳健发展能力，从比较视角对国内外人寿保险业市场绩效进行分析，进而对人寿保险行业市场结构、效率与绩效相关性进行研究。

第三，研究方法。本书运用产业组织理论的分析框架，计量经济学分析工具，通过规范和实证分析方法开展研究。通过三阶段 DEA 模型，把传统数据包络分析（DEA）方法中投入导向的 BCC 模型与 SFA 成本边界模型相结合，剔除环境变量和随机干扰项的影响，采用 DEAP 2.1 软件对我国人寿保险业的规模效率进行研究；通过建立若干假设，构建多元计量回归模型，采用 STATA 计量软件对人寿保险行业市场结构、效率与绩效相关性进行全面分析。

第二章 准入、退出机制与人寿保险行业市场结构

第一节 保险市场准入、退出机制

一 保险市场准入机制

（一）市场准入的概念

市场准入（Market acecss）的概念最初来源于国际贸易，是指一个国家或地区产品进入另一个国家或地区市场所应遵循东道国或地区对其所作的法律或制度的规定。在国际经济交往中，人们经常使用市场准入这一概念，然而至今为止对于该名词并没有一个被人们普遍接受的定义，虽然学术界在使用该概念时存在不同的理解分歧，但归结起来市场准入是指外国产品的提供商或本国产品的生产者是否允许进入到本国市场或本国其他地区开展相关业务经营活动。在国家经济和国际贸易中，这其中的交易对象远远不只是指一个国家或地区的市场产品，也包括无形服务产品。对于金融服务的保险业，保险市场准入即是否允许提供保险产品的外国保险公司或国内非保险企业进入到保险市场开展保险业务经营活动。对于保险市场准入机制既包括对国内各企业成为保险公司的准入机制，也包括对外资企业进入我国保险行业的准入机制。

（二）保险业进入壁垒的主要影响因素

一个国家保险行业进入的主要影响因素有政治体制、行业状况和国民经济发展水平。①国家经济发展水平。一般来说，保险业的发展程度与国民经济发展水平具有相关性，经济的发展有利于促进保险业的成长。一个国家经济越发达，该国保险业的发展程度越高，保险市场的需求越大，对保险公司资金注册、沉没成本、经营费用的投入多，保险业进入的经济壁

垒高；同时，国家或保险公司抵御风险的能力强，国家可以降低保险业进入的行政性壁垒。②保险行业主体状况。保险行业经营主体少，市场竞争不充分，有效竞争不足，适当降低保险业的准入壁垒，让更多的企业进入保险行业，使市场经营主体各保险公司形成充分的有效竞争，从而促进保险业的发展。③保险监管能力。一个国家的保险业进入壁垒中起关键性作用的是该国的监管能力，保险监管是维护国家金融安全、保护保险人和投保人利益的重要手段，无论是保险业发达国家还是发展中国家，在对保险业进行一定程度的监管方面有较大的相同之处。如果一个国家保险监管能力强，监管能力可以维护本国保险业的稳定及金融安全，该国可能会考虑在一定程度上降低保险业的进入壁垒。

（三）我国保险行业的准入壁垒

我国保险业的准入壁垒主要有经济性进入壁垒与行政性进入壁垒。经济性进入壁垒主要包括资本金壁垒、规模经济壁垒、产品差别化壁垒、技术性壁垒、市场容量壁垒和消费偏好壁垒；行政性进入壁垒主要包括许可限制和经营范围限制。

1. 经济性进入壁垒

我国保险业经济性进入壁垒主要包括以下六个方面：

一是资本金壁垒。2009年我国新《保险法》第68条规定："设立保险公司，其注册资本的最低限额为人民币2亿元，保险公司的注册资本必须为实缴资本。"对于以规模经济为内在要求的保险企业来说，2亿元的法定资本最低限额根本无法构成进入壁垒，例如2011年，我国前四大保险公司中国人寿保险股份有限公司、中国平安人寿保险股份有限公司、太平洋人寿保险股份有限公司、新华人寿保险股份有限公司的注册资本分别为282.65亿元、338亿元、76亿元、311.7亿元。

二是规模经济壁垒。2012年年末，我国共有保险公司138家，而保险集团公司才10家，在68家寿险公司中，也只有中国人寿、中国平安人寿、太平洋人寿、新华人寿保险股份有限公司和泰康人寿保险股份有限公司具有一定的规模，但与世界主要国家寿险公司相比，我国寿险公司保费收入、资产和利润等整体规模小，各人寿保险公司分公司数目少、经营业务范围有限，因此目前我国寿险业规模经济壁垒还较小。

三是产品差别化壁垒。产品差别化大，行业进入壁垒高。保险产品的开发与保险精算水平有关，而保险精算受保险风险和保险费率的影响，国家对保险费率的厘定有严格的监管，各人寿保险公司开发的寿险产品大同小异，主要包括人寿险种、健康险种和意外险种，我国寿险市场产品差别化壁垒低。

四是技术性壁垒。保险业的技术壁垒涉及保险精算、保险产品开发、保险营销、保险服务和保险资金运用以及保险信息化管理等技术。目前我国人寿保险业正处在行业生命周期的成长期，各方面技术水平未完全成熟，还有待提高。

五是市场容量壁垒。行业市场容量大，进入壁垒低；行业市场容量小，在位企业对潜在进入者设置障碍，行业进入壁垒高。目前我国人寿保险业市场容量大，市场容量壁垒低。

六是消费偏好壁垒。消费者在保险产品购买需求时对保险公司的品牌形象、信誉文化、保险产品和保险服务产生认知，国内各寿险公司在保险消费需求因素上大同小异，外资寿险公司因其高质量的产品、良好的信誉和优质的服务使消费者转换成本低。

综上所述，目前我国寿险业经济性进入壁垒较低。

2. 行政性进入壁垒

行政性进入壁垒即政策性进入壁垒，是指国家对保险行业的准入制定的法律法规和保险监管制度。我国行政性进入壁垒主要包括许可限制和经营范围限制。在许可限制上，2009年我国新《保险法》对设立保险公司应当具备的条件有明确的五项规定。《保险法》规定设立保险公司，其注册资本的最低限额为实缴货币资本人民币2亿元。2013年5月国务院修订颁布的《中华人民共和国外资保险公司管理条例》第8条规定外资保险公司设立资产不少于50亿美元。

在经营范围限制上，国家通过法律或行政命令规定保险企业所能经营的业务种类和范围，具体包括两个方面：一是是否允许兼业，即保险人可否兼营保险以外的其他业务，非保险人可否兼营保险或类似保险的业务；二是是否允许兼营，即同一保险公司可否经营性质不同的数种保险业务。关于兼业，为保障广大被保险人的利益，国家通过立法确立了商业保险的专营原则，保险人不得经营非保险业务。同样，未经国家主管机关批准，擅自开办保险业务的法人或个人属非法经营。关于兼营，保险法规定实行寿险与财险分业经营。我国《保险法》第95条规定：同一保险人不得同时兼营财产保险业务和人身保险业务，外资保险公司只能在核定的范围内从事保险业务活动。综上所述，目前尽管国家对寿险行业适当降低了外资和私资准入的限制，但行政性进入壁垒还较高。

二 保险市场退出机制

（一）市场退出的含义

市场退出是经济学和法学意义上的一个交叉概念，其理论基础有竞争理论、产业组织理论和企业成长理论。市场竞争理论、产业组织理论等阐释了企业市场退出对行业和市场的影响。经济学上市场退出是指企业放弃原有的业务和产品从所经营的行业中退离出来；法学意义中的市场退出是指企业依法清理或转让债权、债务，丧失独立法人地位，停止经营业务活动。保险市场退出是指保险企业经营不善、偿付能力不足或违反相关法律法规和制度规定从保险行业经营中退离出来。

（二）保险业退出壁垒

竞争战略理论学者哈佛大学商学院教授迈克尔波特（Michael E. Porter, 1980）认为退出壁垒的因素有资产的专用性、固定成本、管理情感因素和政府社会的限制。保险行业退出壁垒主要有沉没成本壁垒和行政性退出壁垒。

1. 沉没成本壁垒

沉没成本壁垒是保险企业退出保险业务所要承担的资产和固定成本的损失，包括有形资产和无形资产的损失。按照保险公司财务制度规定，保险企业固定资本比率最高不得超过50%。2012年，我国68家人寿保险公司中前五大保险公司中国人寿保险股份有限公司、中国平安人寿保险股份有限公司、太平洋人寿保险股份有限公司、新华人寿保险股份有限公司和泰康人寿保险股份有限公司的固定资本比率分别为1.06%、0.59%、0.60%、1.01%和0.47%，在一定程度上反映了我国寿险业退出的沉没成本壁垒不高。

2. 行政性退出壁垒

行政性退出壁垒是保险企业退出保险市场所要遵循国家监督管理部门对其接管、清算或解散的法律法规或政策鼓励规定。2009年我国新《保险法》第89条规定："经营有人寿保险业务的保险公司，除因分立、合并或者被依法撤销外，不得解散。"目前我国寿险业行政性退出壁垒高，缺乏有效的市场退出机制。

（三）保险公司市场退出的分类

保险公司市场退出可以从不同视角进行划分，从市场退出内容划分有业务退出与机构退出；从市场退出意愿划分有主动退出与被动退出；从市场退出程度划分有全部退出与部分退出。

1. 业务退出与机构退出

业务退出是指保险公司将其经营的业务从市场或区域中退离出来，人寿保险公司经营的业务有人寿保险、健康保险和意外伤害保险。其中人寿保险根据险种功能不同又可划分为普通寿险、分红寿险、投资连结险以及万能险等。机构退出是指保险公司分支机构、代理机构根据保险公司发展的需要或保险监管部门法律法规的规定要求从保险市场退离出来。

2. 主动退出与被动退出

主动退出是指保险公司发展过程中因公司章程规定的解散事由出现或因公司分立、合并需要，股东会、股东大会决议解散而退离保险市场。主动退出保险市场是保险公司保护保险人利益最大化的需要。被动退出是指保险公司在保险业务经营过程中因经营不善，企业绩效低下，偿付能力不足，或因违法经营被吊销经营保险业务许可证而退离保险市场。将保险公司被动退出保险市场是国家维护保险市场秩序，保护投保人利益的需要。

3. 全部退出与部分退出

全部退出是指保险公司在保险行业经营中因企业自身原因完全主动或违法违规，严重危害保险市场秩序、损害公共利益完全被动退离保险市场。我国《保险法》对保险公司最低偿付能力额度作了规定：对偿付能力充足率小于30%的保险公司，中国保监会可对保险公司进行接管。将接管或清算的保险公司全部退出保险市场是国家宏观建立保险市场退出机制监管的重要手段。部分退出是指保险公司在保险业的经营过程中因企业或国家监管需要将部分业务或部分机构退出保险市场，包括部分业务退出和部分机构退出。

第二节 人寿保险行业市场结构

一 人寿保险行业市场结构的演变和特征

（一）市场结构的内涵

市场结构也叫市场模式，主要反映竞争程度不同的市场状态。经济学通常按照市场上厂商的数目、厂商进入或退出市场的难易程度、各厂商提供的产品差别化程度以及单个厂商对市场价格的控制程度四个因素来划分市场结构。人寿保险市场结构是指反映人寿保险行业竞争程度的不同市场状态,可以将人寿保险市场结构划分为完全竞争型、垄断竞争型、寡头垄断型和完全垄断型四种市场结构。影响人寿保险行业市场结构的主要因素有市场集中度、规模经济和范围经济以及产品差异化,通过这些指标可以衡量人寿保险行业市场结构。

(二) 人寿保险行业市场结构的演变历程

中国的保险市场起步较晚,其发展经历了几起几落的坎坷发展历程,目前为止就全世界而言,中国的保险事业还有待进一步发展。我国人寿保险市场的发展,大致经过以下四个阶段:

1. 半殖民阶段 (19世纪初—20世纪40年代)

从历史上看,保险是伴随着外国侵略势力的入侵而产生的,其是以舶来品的身份出现。19世纪初,中国的民族资本主义还只是得到初步的发展,随着外国保险公司进入,近代保险制度在中国逐渐建立。1805年,英国人在广州成立了中国最早的保险公司——广州保险会社,接着仁洋保安行、大东方人寿保险公司等外国保险公司进入起到了很大的阻碍作用,中国永年人寿保险公司于1899年成立使中国寿险业发展到一个新的阶段。但是外国企业在中国开设保险企业,拥有充足的资金和政策支持、丰富的经验等优势致使我国民族保险业在外商保险资本的排挤和压迫下,没有形成独立的保险市场。

2. 闭关恢复阶段 (20世纪50年代—20世纪80年代中期)

自1949年新中国成立后,中国半殖民地的保险业宣告结束,中央政府在迅速接管各地官僚资本保险公司的基础上,于1949年10月20日成立了中国人民保险公司,从而揭开了新中国保险事业发展的序幕。1958年,中国人民保险公司国内业务停办,仅保留涉外业务,认为国内计划经济体制下不需要保险。1980年,中国人民保险公司恢复国内业务,保险业在改革开放、市场经济体制下发挥风险保障作用,但人保公司仍然独家垄断经营,直到又经过近七年的恢复工作,我国保险产业从1986年才开始进入竞争发展的时期。

3. 竞争发展阶段 (20世纪80年代中期—20世纪末)

这个阶段中国正处于高度集中的计划经济向市场经济转型时期。在计划经济时期,保险市场照搬完全垄断的"苏联模式",但随着我国经济的不断发展，完全垄断模式逐渐对经济的发展起到阻碍作用，是否引入竞争机制也引起了国内知名学者的激烈讨论。1986年7月15日，新疆生产建设兵团农牧生产保险公司的成立打破了完全垄断的产业结构（见表2-1）。1988年平安保险公司、1992年太平洋保险公司、1996年新华人寿保险股份有限公司、泰康人寿保险股份有限公司等相继成立。改革开放的春风于1992年迎来了美国友邦保险上海分公司进入中国寿险市场。此外，党的十四大的召开，为打破我国保险业高度垄断的市场格局提供了具有战略性的政策依据，1996年7月，中国人民保险公司重组为中国人民保险（集团）公司，下设中保财险、中保寿险和中保再保险，中国保险业开始进入产、寿险分业经营的阶段，同时我国再保险市场建立。1999年1月，中国人民保险（集团）公司进一步重组，中保财险、中保寿险、中保再保险分别更名为中国人民保险公司、中国人寿保险公司和中国再保险公司，太平洋安泰、安联大众、金盛人寿、信诚人寿、中保联康等外资公司先后成立，中国重视对保险市场组织体系建设，保险市场逐渐向多元化转变，保险业对外开放的程度加大，但外资保险市场份额还较小。

4. 全面快速发展时期（21世纪初—2001年）

中国加入世界贸易组织，国有保险公司股份制改革，太平人寿和太平保险在国内复业，中国出口信用保险公司成立，批准恒康天安、韩国三星、日本三井住友、瑞士苏黎世等6家中外合资和4家外资保险分公司进入中国保险市场。香港中保集团全资子公司国内复业，打破了《保险法》对保险公司设立形式的规定，保险业开放力度进一步加大，"入世"承诺中国保险市场在未来5年内全面实现对外开放，中资保险公司面临的竞争压力加大。2004年12月11日，按照中国加入WTO的承诺，我国保险市场将全面开放，外资保险公司在经营地域、产品等方面不再受任何限制，这意味着中国保险市场进入了一个全面开放快速发展时期。在新形势下我国寿险业将通过扩大对外开放、深化体制改革、防范经营风险、强化保险监管等加快保险业发展。

截至2011年年末，我国保险公司数量已达到152家，其中保险集团公司10家，保险公司130家，保险资产管理公司11家，其他公司1家；中资保险公司79家，外资保险公司51家；产险公司60家（中资产险公司39家、外资产险公司21家），寿险公司61家（中资寿险公司36家，外资寿险公司25家，见表2-2），再保险公司8家（中资再保险公司3家，

表 2-1　　　　　　中国保险业市场结构动态变迁进程一览

时间	事件	评价
1949 年	中国人民保险公司成立	建立统一的中国保险制度，所有保险机构均并入人保公司
1958 年	中国人民保险公司国内业务停办，仅保留涉外业务	认为国内计划经济体制下不需要保险
1980 年	中国人民保险公司恢复国内业务	保险业在改革开放、市场经济体制下发挥风险保障作用，人保公司仍然独家垄断经营
1986 年	新疆兵团农牧业生产保险公司成立（2002 年 9 月更名为中华联合财产保险公司）	人保公司独家垄断经营的历史结束
1988—1991 年	中国平安保险公司、太平洋保险公司相继成立	中国保险业完全垄断的市场结构被打破，开始向寡头垄断转变，形成了人保、太保、平安三足鼎立的格局
1992 年	美国友邦保险有限公司上海分公司成立	外资保险公司开始进入中国
1994—1996 年	新华人寿、泰康人寿两家寿险股份公司以及天安、大众、华泰、华安、永安五家财产保险股份公司相继成立。1995 年《保险法》颁布实施	人保、太保、平安仍占有绝大部分的市场份额，市场竞争主体呈现主体多元化的态势，保险业也进入了快速竞争发展阶段，但保险业进入和退出壁垒仍然较高
1996 年	1996 年 7 月，中国人民保险公司重组为中国人民保险（集团）公司，下设中保财险、中保寿险和中保再保险	中国保险业开始进入产、寿险分业经营的阶段，同时我国再保险市场建立
1996 年	中宏人寿保险有限公司在上海成立	吸收外资保险资本，成立中国第一家中外合资寿险公司
1998 年	中国保险业监督管理委员会成立	中国保险业成为由集中统一监管机构监督的保险市场，保险业与银行业、证券业实行分业监管
1997—2000 年	1999 年 1 月，中国人民保险（集团）公司进一步重组，中保财险、中保寿险、中保再保险分别更名为中国人民保险公司、中国人寿保险公司和中国再保险公司。太平洋安泰、安联大众、金盛人寿、信诚人寿、中保联康等公司先后成立	中国重视对保险市场组织体系建设，保险市场逐渐向多元化转变，保险业对外开放的程度加大，但外资保险市场份额还较小

续表

时间	事件	评价
2000 年	江泰保险经纪有限公司在北京成立	第一家全国性综合保险经纪公司成立，标志着中国保险市场走上了保险经纪发展道路
2001 年	太平人寿和太平保险在国内复业。中国出口信用保险公司成立，批准恒康天安、韩国三星、日本三井住友、瑞士苏黎世等 6 家中外合资和 4 家外资保险分公司进入中国保险市场	香港中保集团全资子公司国内复业，打破了《保险法》对保险公司设立形式的规定，保险业开放力度进一步加大
2001 年	国有保险公司股份制改革，中国加入世界贸易组织	承诺中国保险市场在未来 5 年内全面实现对外开放，中资保险公司面临的竞争压力加大
2002 年	6 家外国保险公司进入中国市场，批准 16 个保险公司营业机构正式开业。纽约人寿、美国大都会、美国国际集团从中国保监会拿到营业执照，中意人寿、光大永明、海尔纽约、首创安泰等合资寿险公司开业。为适应入世需要，《保险法》局部修改	中资保险公司利用外资参股，改善了法人治理结构。降低了外资保险进入中国保险市场的壁垒，外资保险公司数量超过中资，扩大了对外开放的区域
2003 年	中国人民保险公司变更为中国人保控股公司，发起设立并控股中国人民财产保险股份有限公司和中国人保资产管理有限公司；中国人寿保险公司重组为中国人寿保险（集团）公司和中国人寿保险股份有限公司；2003 年 1 月中国平安保险股份有限公司正式完成分业重组，更名为中国平安保险（集团）股份有限公司。同年 12 月 17 日和 18 日中国人寿保险股份有限公司分别在纽约和香港成功上市。民生人寿、生命人寿成立。中英人寿、海康人寿、招商信诺、广电日生、法国安盟等外资保险公司进入中国保险市场。慕尼黑再保险、瑞士再保险进入中国市场	国有寿险公司股份制改革取得实质性突破。民生人寿的成立标志着民营资本开始进入中国保险市场，我国保险市场正成为国有资本、民营资本、境外资本同台竞争的大舞台。中国再保险市场独家垄断经营被打破

续表

时间	事件	评价
2004年	瑞泰人寿、中美大都会人寿进入中国市场，华泰人寿、中国人民健康保险公司、平安养老、太平养老保险股份有限公司成立。新华控股公司成立，2004年6月中国平安保险（集团）股份有限公司在香港联交所上市	中国对外资保险业全面开放。人保健康保险成立标志着保险业内混业经营开始，养老保险公司成立标志着专业化发展。保险业集团化趋势凸显，规范经营和理性竞争逐步成为行业共识
2005年	合众人寿、长城人寿、人保寿险成立，中法人寿、国泰人寿、花旗人寿、中航三星进入中国市场，平安健康、昆仑健康、瑞福德健康寿险成立。中信信托获批接手大众保险所持有的49%股权，安联大众公司更名为中德安联	寡头垄断的市场结构逐步优化，中国人保、中国人寿、中国再保险在专业化的基础上制定集团化发展战略，人身保险业围绕"做大做强"战略目标沿着健康方向稳健发展
2006年	9家新保险公司开业，其中4家人身保险公司，新增4家保险资产管理公司，正德人寿、中新大东方人寿成立。美国大都会人寿获批收购美国旅行者人寿50%股份，花旗人寿更名为联泰大都会。2006年年末外资公司在14个省、自治区和直辖市的24个城市设立机构和开展业务	行业竞争力逐步提高，上市公司得到投资者普遍认同。外资保险公司在北京、上海、深圳、广东等区域市场份额逐步提高，增速超过了50%，高于中资寿险公司增速
2007年	新增信泰人寿、英大泰和人寿、幸福人寿、国华人寿、阳光人寿和长江养老、泰康养老、国寿养老8家人身保险公司。2007年年底15个国家和地区的48家外资保险公司在华设立159个营业性机构。1月9日中国人寿A股上市，3月1日中国平安A股上市，12月25日中国太保在国内整体上市	保险业改革发展深入推进，发展速度明显加快，发展质量逐步提高，主要寿险公司盈利能力进一步增强。养老保险、健康保险取得新发展。三大公司A股上市受到市场高度关注和热捧
2008年	2008年人身保险业共为社会承担了总价值超过137万亿元的风险保障。1月银监会与保监会联合发布《关于加强银保深层合作和跨行监管合作备忘录》，允许银行与保险公司相互持股。新增君龙等2家人身险公司，年末全国共有人身保险公司56家，其中寿险公司47家，养老保险公司5家，健康保险公司4家	发挥保险风险保障功能，抗灾救灾。积极开展农村小额人身保险试点，参与新型农村合作医疗，发展"三农保险"。大力推进养老保险、健康保险等重点领域发展。有效应对国际金融风险，保持保险市场稳定健康

续表

时间	事件	评价
2009—2010 年	2009 年 10 月 1 日新《保险法》实施。中邮人寿、百年人寿、汇丰人寿、中融人寿、安邦人寿成立。2009 年 9 月交通银行、2010 年 5 月北京银行、2010 年 10 月工商银行获准收购中保康联、首创安泰、金盛人寿,公司分别更名为交银康联、中荷人寿、工银安盛。2009 年 9 月中国长城资产管理公司获批收购上海广电所持全部股份,广电日生更名为长生人寿,同年 12 月美国恒康人寿将股份转让给领锐资产管理股份有限公司等四家公司,恒康天安更名为天安人寿	保险业防风险、调结构、稳增长。市场结构继续优化,2009 年保费规模前三大、前五名、前十名寿险公司的市场集中度分别为 62.6%、79.1%、95.9%,比上一年分别下降了 2.8、1.9、0.6 个百分点。银行系保险公司进入市场。人寿保险公司更换股东,通过股权转让退出市场,一些中外合资寿险公司变为中资寿险公司
2011 年	利安人寿、华汇人寿成立,中美大都会人寿和联泰大都会人寿合并为中美联泰大都会人寿。新华人寿成功实现 A+H 股同步上市。1 月海尔集团和日本明治安田生命保险获批受让纽约人寿所持股份,海尔纽约更名为海尔人寿;12 月中国建设银行获批收购太平洋安泰 51% 股份,太平洋安泰更名为建信人寿。截至 2011 年年末,全国共有保险集团公司 10 家、保险公司 130 家(中资 79 家、外资 51 家)、保险资产管理公司 11 家。其中寿险公司 52 家、养老保险公司 5 家、健康保险公司 4 家;中资人寿公司 36 家、外资人寿公司 25 家。人寿保险公司各级分支机构 40154 家	随着会计准则 2 号解释正式实施以及银行系保险公司进入市场和生命人寿、中邮人寿公司逐渐发力,寿险第二集团竞争更加激烈,市场格局将发生变化

资料来源:根据《中国保险年鉴》、中国保监会网站、各保险公司网站及其他相关网站整理。

表 2-2　　　　　　　　中国人寿保险公司一览

(截至 2011 年 12 月 31 日)

资本结构	序号	公司名称	成立时间	总部所在地	原保费收入(万元)
中资	1	国寿股份	1949 年 10 月	北京	1825306.37
	2	国寿存续	—	北京	1395383.52

续表

资本结构	序号	公司名称	成立时间	总部所在地	原保费收入（万元）
	3	太保寿	1991年4月	上海	9320309.84
	4	平安寿	1988年7月	深圳	11896740.73
	5	新华	1996年9月	北京	9479667.07
	6	泰康	1996年9月	北京	6793738.74
	7	太平人寿	1984年11月	上海	3145794.02
	8	建信人寿（太平洋安泰）	1998年10月	上海	128118.66
	9	天安人寿（恒康天安）	2001年1月	上海	73553.03
	10	平安健康	2005年5月	上海	13143
	11	民生人寿	2003年4月	北京	976563.93
	12	生命人寿	2003年9月	上海	2336544.07
	13	平安养老	2004年12月	上海	499512.93
	14	太平养老	2004年12月	上海	53204.20
	15	人保健康	2004年11月	北京	458431.50
中资	16	合众人寿	2005年3月	武汉	998249.83
	17	华夏人寿	2006年12月	西安	516440.61
	18	正德人寿	2006年10月	北京	36135.89
	19	信泰人寿	2007年5月	杭州	224822.87
	20	嘉禾人寿（国民人寿）	2005年12月	北京	316277.98
	21	长城人寿	2005年9月	北京	314919.72
	22	昆仑健康	2005年12月	北京	8256.59
	23	和谐健康（瑞福德健康）	2005年12月	上海	168.73
	24	人保寿险	2005年11月	北京	7036147.43
	25	国华人寿	2007年10月	上海	313947.00
	26	国寿养老	2007年1月	北京	12356
	27	长江养老	2007年5月	上海	10333
	28	英大人寿	2007年6月	北京	65862.34
	29	泰康养老	2007年8月	北京	13553
	30	幸福人寿	2007年11月	北京	504597.60
	31	阳光人寿	2007年7月	北京	1595406.73
	32	百年人寿	2009年6月	大连	190206.12

续表

资本结构	序号	公司名称	成立时间	总部所在地	原保费收入（万元）
中资	33	中邮人寿	2009年8月	北京	802338.07
	34	安邦人寿	2010年6月	北京	10423.37
	35	中融人寿	2010年3月	上海	10766.74
	36	利安人寿	2011年7月	南京	50090.96
外资	37	中宏人寿	1996年11月（中加）	上海	231403.63
	38	中德安联（安联大众）	1998年10月（中德）	上海	100489.54
	39	工银安盛（金盛人寿）	1999年4月（中法）	上海	159993.69
	40	信诚人寿	2000年10月（中英）	广州	343104.96
	41	交银康联（中保康联）	2000年6月（中澳）	上海	46569.55
	42	中意人寿	2002年1月（中意）	广州	358392.98
	43	光大永明	2002年4月（中加）	天津	358530.80
	44	友邦	1992年9月（美国）	上海	818672.87
	45	海尔人寿（海尔纽约）	2002年11月（中美）	上海	47168.47
	46	中荷人寿（首创安泰）	2002年11月（中荷）	大连	148066.13
	47	中英人寿	2003年1月（中英）	广州	354151.43
	48	海康人寿	2003年4月（中荷）	上海	117424.64
	49	招商信诺	2003年7月（中美）	深圳	192669.62
	50	长生人寿（广电日生）	2003年1月（中日）	上海	25793.91
	51	恒安标准	2003年12月（中英）	天津	102679.48
	52	瑞泰人寿	2004年1月（中瑞）	北京	4187.35
	53	中法人寿	2005年12月（中法）	北京	6553.70
	54	华泰人寿	2004年6月	北京	304250.52
	55	国泰人寿	2005年1月（中台）	上海	49673.87
	56	中美联泰（中美大都会与联泰大都会）	2004年3月（中美）	北京	317504.07
	57	中航三星	2005年5月（中韩）	北京	32379.67
	58	中新大东方	2006年5月（中新）	重庆	27468.86
	59	新光海航	2009年3月（中台）	北京	18140.26
	60	汇丰人寿	2009年8月（中港）	上海	29738.66
	61	君龙人寿	2008年12月（中台）	厦门	13960.22

资料来源：根据《中国保险年鉴》、中国保监会网站、各保险公司网站及其他相关网站整理。

外资再保险公司5家)。省级分公司共1619家,中支和中支以下营业性机构68968家。由于垄断局面已被打破,所以保险市场的竞争越来越激烈。此外,随着中国正式加入WTO,这也标志着中国的人寿保险行业对外开放进入了一个全新的阶段,越来越多的人寿保险企业采取了跨国并购等扩大企业规模的方式,进一步提高了我国保险企业的市场竞争力。

从中国保险市场结构的动态发展过程来看,我国保险业的市场结构发生了巨大的变化,之初人保公司的独占天下,到人保、平安、太平洋保险公司的三足鼎立,再到今天多家保险公司一起竞争,新中国成立以来已经历了半个多世纪。今天以国有控股公司和股份制保险公司为主体,外资保险公司、民营保险企业等多种组织形式和所有制方式并存、中外资保险公司同台竞争的保险市场体系逐步形成。

(三) 我国人寿保险行业市场结构特征

1. 市场集中度高

市场集中度(Market Concentration Rate)是反映产业组织市场结构最重要的指标之一。2011年,我国寿险市场前四大寿险公司中国人寿、平安人寿、太平洋人寿保险股份有限公司、新华人寿和泰康人寿保险股份有限公司的CR_4为69.49%,HHI为0.1876,反映出我国人寿保险行业的市场集中程度高,中国人寿、平安人寿和太平洋寿险、泰康人寿这四大人寿保险公司占有了几乎所有的市场份额;规模经济效应并不明显,大多数中小人寿保险公司尤其是这样,不利于提高整个人寿保险行业的竞争实力。

2. 人寿保险市场进入与退出壁垒较高

我国人寿保险市场的进入与退出壁垒较高,较高的进入壁垒主要是指行政性进入壁垒,即我国对企业进入人寿保险市场有准入条件的限制、准入的组织形式等的限制,但是随着中国加入世贸组织,为建立有效的市场竞争机制以及履行我国加入WTO时的相关承诺,我国逐步降低了外资保险公司和民营资本进入保险市场的壁垒。我国人寿保险市场存在较高的退出壁垒是政府为了避免人寿保险公司倒闭而引发的恶性社会效应,通常会对经营不善的保险公司给予政策上的支持,但由于没有形成完善的退出机制,破坏了人寿保险市场的公平竞争,不利于资源的优化配置。按照市场结构分类的分类标准,这属于典型的"寡头垄断模式"。

3. 人寿保险市场差异化程度低

我国人寿保险市场的产品种类基本相同,产品差异化程度低,保险公司之间在产品结构、产品功能等方面大同小异，提供的个性化的寿险产品较少，主要的险种是人寿险、健康险和意外伤害险等类别，人寿险种的开发大都集中在传统寿险产品和分红型险种上，我国的人寿保险产品结构单一，与外国人寿保险企业相比明显缺乏竞争力，同时，我国人寿保险公司一般照搬外国保险行业的产品，没有自己的创新产品，不利于产品的竞争优势，从而导致不能显著提高我国人寿保险企业的知名度和竞争实力。

4. 完全垄断市场模式转向寡头垄断市场结构

中国进入 WTO 之后，中国保险行业的对外开放程度越来越大了，越来越多的外资人寿保险企业进驻我国，使得我国人寿保险行业从完全垄断市场向寡头垄断转变，保险行业的竞争程度变大，在我国保险业全面开放的新形势下，我国人寿保险企业要坚持"引进来"与"走出去"相结合的发展战略。2012 年我国中资、外资寿险公司 68 家，随着人寿保险公司市场主体的增多，中国寿险市场的集中度在逐步下降，我国人寿保险的市场结构由完全垄断市场模式转向寡头垄断市场结构转变。

二 人寿保险行业市场集中度

（一）市场集中度内涵

市场集中度是判断产业市场结构最主要的因素，反映产业组织之间竞争和垄断的关系即行业的竞争激烈程度。常用的集中度指标有：行业集中率（CR_n）、赫尔芬达尔—赫希曼指数（HHI）、洛伦兹曲线、基尼系数和熵指数，而集中率（CR_n）与赫希曼指数（HHI）两个指标最为常用，美国经济学家贝恩对产业集中度的划分标准如表 2 - 3 所示。一般有：

$$CR_n = \sum_{i=1}^{n} X_i / X$$

表 2 - 3　　　　　　　　　贝恩市场结构类型

市场结构集中度	CR_4 值（%）	CR_8 值（%）
寡占 I 型	$CR_4 \geq 85$	
寡占 II 型	$75 \leq CR_4 < 85$	$CR_4 \geq 85$
寡占 III 型	$50 \leq CR_4 < 75$	$75 \leq CR_4 < 85$
寡占 IV 型	$35 \leq CR_4 < 50$	$45 \leq CR_4 < 75$
寡占 V 型	$30 \leq CR_4 < 35$	$40 \leq CR_4 < 45$
竞争型	$CR_4 < 30$	$CR_4 < 40$

赫尔芬达尔—赫希曼指数是用某特定市场上所有企业的市场份额的平方和来表示，其公式为：

$$HHI = \sum_{i=1}^{N}(X_i/X)^2 = \sum_{i=1}^{N}S_i^2$$

行业集中率（CR_n）衡量的是行业绝对市场集中度，而赫尔芬达尔—赫希曼指数（HHI）衡量的是行业相对市场集中度，能反映行业企业的数量和规模分布。

（二）人寿保险业市场集中度现状

表2-4给出了1996—2011年中国寿险业市场集中度CR_4、HHI的变化现状，图2-1反映了1996—2011年中国寿险业市场集中度CR_4、HHI的变动趋势。由表2-4和相应的图2-1折线图可以得知，1996—2011年这16年我国寿险业的CR_4和HHI的数值都是呈下降趋势，这说明我国人寿保险业的市场集中度都有了一定程度的下降，CR_4指数由1996年的98.93%下降到2011年的69.49%，降低了将近30%。HHI指数由62.35%下降到18.76%，降低了将近44个百分点。从以上数据中我们可以看出中国人寿保险业的竞争程度在不断地上升，整体的竞争实力也在不断地增强。虽然中国人寿保险业发展很快，但是市场集中度依然很高。根据贝恩对市场结构的划分，我们可以得出中国人寿保险业仍属于垄断程度较高的寡占Ⅲ型结构，中国人寿保险产业市场结构的类型并没有发生实质性的变化。

表2-4　1996—2011年中国寿险业市场集中度CR_4、HHI一览

集中度＼年份	2011	2010	2009	2008	2007	2006	2005	2004
CR_4	0.6949	0.5931	0.6905	0.7387	0.7702	0.8599	0.8395	0.8966
HHI	0.1876	0.1441	0.1891	0.2307	0.2429	0.3172	0.3187	0.3677

集中度＼年份	2003	2002	2001	2000	1999	1998	1997	1996
CR_4	0.9291	0.9416	0.9698	0.9719	0.9756	0.9798	0.9781	0.9893
HHI	0.3559	0.3839	0.4153	0.6147	0.6406	0.6572	0.6307	0.6235

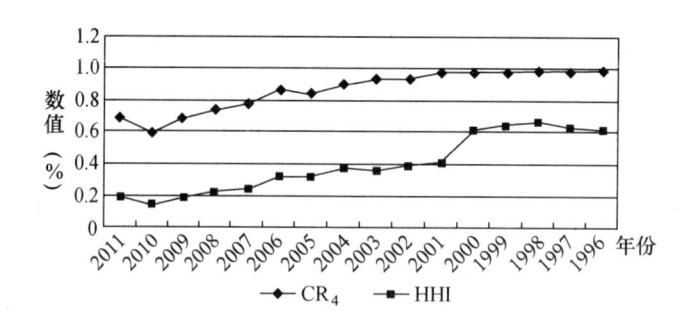

图 2-1 1996—2011 年中国寿险业市场集中度 CR_4、HHI 的变动趋势

表 2-5 给出了 2002—2011 年中、外资寿险保费收入及市场份额的相关情况，图 2-2 反映了 2002—2011 年中、外资寿险保费收入及市场份额变动现状，根据相应的保费收入及市场份额图，我们可以看出中资和外资寿险的保费收入和市场份额基本趋势是在增加，虽然随着我国加入世界贸易组织后对外开放的力度增加，但在人寿保险行业中中资的保费收入、市场份额这两者都大大超过了外资水平，占有绝对的优势。

表 2-5　　2002—2011 年中、外资寿险保费收入及市场份额一览

年份	中资寿险		外资寿险	
	保费收入（亿元）	市场份额（%）	保费收入（亿元）	市场份额（%）
2002	2234.78	98.24	39.86	1.76
2003	2955.56	98.16	55.43	1.84
2004	3109.25	97.36	84.34	2.64
2005	3320.12	91.09	324.78	8.91
2006	3818.84	94.08	240.23	5.92
2007	4550.26	91.99	396.24	8.01
2008	6976.57	95.08	361.00	4.92
2009	7717.92	94.77	426.27	5.23
2010	9909.41	94.37	591.47	5.63
2011	9139.11	95.60	420.90	4.40

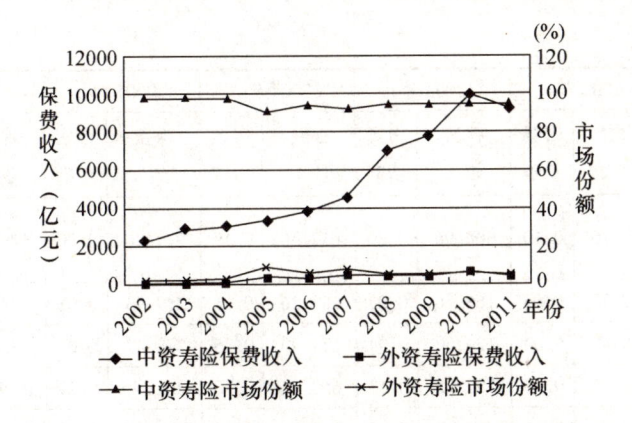

图 2-2　2002—2011 年中、外资寿险保费收入及市场份额

表 2-6、表 2-7 给出了 2002—2011 年中国主要寿险公司保费收入及寿险份额，由此可以看出寿险行业这十年发生了巨大的变化，行业市场集中度在逐步降低。

表 2-6　2002—2006 年主要寿险公司保费收入及市场份额

单位：百万元、%

公司名称	2002 年 保费收入	2002 年 市场份额	2003 年 保费收入	2003 年 市场份额	2004 年 保费收入	2004 年 市场份额	2005 年 保费收入	2005 年 市场份额	2006 年 保费收入	2006 年 市场份额
中国人寿	128781.13	54.22	161705.89	54.21	180194.01	56.35	189853.24	52.09	209842.40	51.70
平安人寿	61971.00	26.09	58958.92	19.76	54876.91	17.16	58848.90	16.15	68988.86	17.00
太保人寿	24902.42	10.49	37674.27	12.63	34490.35	10.78	36201.40	9.93	37837.61	9.32
新华人寿	7982.82	3.36	18820.71	6.31	17184.88	5.37	21077.57	5.78	32382.20	7.98
泰康人寿	6559.76	2.76	13343.16	4.47	17674.05	5.53	17805.06	4.88	20632.06	5.08
太平人寿	1658.49	0.70	3269.11	1.10	6614.75	2.07	7833.10	2.15	11210.26	2.76
民生人寿	223637.37	—	345.80	0.12	1206.10	0.38	674.37	0.19	1143.00	0.28
生命人寿	—	—	4.44	0.00	1245.22	0.39	3246.04	0.89	3451.67	0.85
合众人寿							579.81	0.16	1618.68	0.40
华泰人寿							26.96	0.01	148.00	0.04
长城人寿							71.38	0.02	800.33	0.20
嘉禾人寿							0.09	0.00	374.01	0.09
中宏人寿	403.00	0.17	487.80	0.16	597.60	0.19	701.95	0.19	894.31	0.22

续表

公司名称	2002年 保费收入	2002年 市场份额	2003年 保费收入	2003年 市场份额	2004年 保费收入	2004年 市场份额	2005年 保费收入	2005年 市场份额	2006年 保费收入	2006年 市场份额
太平洋安泰	447.16	0.19	608.96	0.20	617.36	0.19	711.86	0.20	629.50	0.16
中德安联	122.78	0.05	166.56	0.06	188.26	0.06	289.93	0.08	1203.74	0.30
金盛人寿	93.00	0.04	124.50	0.04	174.90	0.05	294.47	0.08	483.34	0.12
信诚人寿	213.57	0.09	382.28	0.13	650.98	0.20	1059.45	0.29	1613.72	0.40
中意人寿	31.96	0.01	87.62	0.03	333.90	0.10	19971.95	5.48	5383.05	1.33
光大永明	30.80	0.01	168.41	0.06	213.04	0.07	256.65	0.07	531.34	0.13
友邦上海	1577.30	0.66	1726.79	0.58	1938.10	0.61	2135.24	0.59	2278.04	0.56
中英人寿	—	—	34.41	0.01	87.48	0.03	889.71	0.24	1106.15	0.27
海康人寿	—	—	6.25	0.00	53.59	0.02	270.00	0.07	497.70	0.12
恒安标准	—	—	—	—	292.21	0.09	219.31	0.06	511.67	0.13
瑞泰人寿	—	—	—	—	11.25	0.00	68.82	0.02	538.22	0.13
国泰人寿	—	—	—	—	—	—	176.86	0.05	329.13	0.08
中航三星	—	—	—	—	—	—	1.61	0.00	7.19	0.00

表2-7　　2007—2011年主要寿险公司保费收入及市场份额

单位：百万元、%

公司名称	2007年 保费收入	2007年 市场份额	2008年 保费收入	2008年 市场份额	2009年 保费收入	2009年 市场份额	2010年 保费收入	2010年 市场份额	2011年 保费收入	2011年 市场份额
中国人寿	219004.35	44.27	319110.81	43.49	303012.00	37.21	350622.00	33.39	357384.00	37.38
平安人寿	79177.50	16.01	101177.62	13.79	132297.98	16.24	92645.01	8.82	118967.41	12.44
太保人寿	50686.00	10.25	66092.00	9.01	61998.00	7.61	87873.00	8.37	93203.00	9.75
新华人寿	32132.57	6.50	55682.78	7.59	65040.21	7.99	91679.06	8.73	94796.67	9.92
泰康人寿	34236.67	6.92	57745.47	7.87	67010.80	8.23	65459.70	6.23	67937.39	7.11
太平人寿	15797.16	3.19	8768.61	1.19	22587.72	2.77	32290.79	3.08	31457.94	3.29
民生人寿	3217.63	0.65	6291.90	0.86	4759.21	0.58	7933.48	0.76	9768.74	1.02
生命人寿	6559.66	1.33	8029.23	1.09	7003.41	0.86	14527.09	1.38	23365.44	2.44
合众人寿	3066.62	0.62	5450.50	0.74	5810.26	0.71	7026.33	0.67	9982.50	1.04
华泰人寿	705.13	0.14	2690.29	0.37	2478.24	0.30	5133.22	0.49	3042.51	0.32

续表

公司名称	2007年		2008年		2009年		2010年		2011年	
	保费收入	市场份额	保费收入	市场份额	保费收入	市场份额	保费收入	市场份额	保费收入	市场份额
长城人寿	1477.85	0.30	1704.60	0.23	1530.25	0.19	2512.60	0.24	3127.32	0.33
嘉禾人寿	2573.69	0.52	4756.16	0.65	2476.38	0.30	3171.55	0.30	3162.78	0.33
华夏人寿	149.62	0.03	1959.95	0.27	2904.22	0.36	2904.22	0.28	5164.42	0.54
国华人寿	0.00	—	892.88	0.12	3796.08	0.47	3919.21	0.37	3139.47	0.33
幸福人寿	0.45	0.00	1037.51	0.14	3487.09	0.43	4491.44	0.43	5045.98	0.53
中宏人寿	1133.51	0.23	1381.61	0.19	1632.38	0.20	1986.56	0.19	2314.04	0.24
太平洋安泰	707.56	0.14	1047.55	0.14	614.36	0.08	708.03	0.07	1281.19	0.13
中德安联	3000.58	0.61	2411.52	0.33	1153.04	0.14	945.97	0.09	1004.90	0.11
金盛人寿	901.03	0.18	588.89	0.08	551.99	0.07	757.98	0.07	1601.97	0.17
信诚人寿	3011.67	0.61	3714.16	0.51	2398.13	0.29	3702.54	0.35	3431.05	0.36
中意人寿	3284.48	0.66	2111.61	0.29	3993.17	0.49	5712.35	0.54	3583.93	0.37
光大永明	1664.55	0.34	1450.09	0.20	1227.18	0.15	3941.85	0.38	3585.41	0.38
友邦上海	2544.30	0.51	2248.61	0.31	2210.31	0.27	2105.88	0.20	2219.60	0.23
中英人寿	3545.25	0.72	4000.34	0.55	3213.93	0.39	3749.31	0.36	3541.51	0.37
海康人寿	1269.56	0.26	1560.87	0.21	1020.19	0.13	1155.64	0.11	1174.25	0.12
恒安标准	1398.66	0.28	2036.04	0.28	515.27	0.06	680.31	0.06	1026.79	0.11
瑞泰人寿	1860.75	0.38	363.42	0.05	708.01	0.09	569.04	0.05	424.78	0.04
国泰人寿	531.39	0.11	602.13	0.08	239.17	0.03	401.22	0.04	496.74	0.05
中航三星	33.68	0.01	122.83	0.02	48.36	0.01	105.92	0.01	323.80	0.03
汇丰人寿	—	—	—	—	20.06	0.002	118.35	0.01	297.39	0.03

寡头垄断市场竞争格局被逐渐打破，较早成立的几家大型人寿保险公司的市场份额在逐步下降。目前我国人寿保险市场中，中国人寿、平安人寿、太保人寿、新华人寿所占的市场份额较大，尤其是前2家公司，可谓举足轻重，但是像华泰人寿、长城人寿所占的份额就比较小了，追溯到2002年，可以看出，中国人寿、平安人寿和太保人寿这三家公司的市场份额在不断下降，但新华人寿、泰康人寿的份额在上升。中国人寿的市场占有率从2002年的54.22%下降至2011年的37.38%，但仍然保持着绝对优势。平安保险公司在人寿方面的市场占有率从2002年的26.09%下

降至 2011 年的 12.44%。

表 2-8 给出了 2002—2011 年中国东、中、西部寿险保费收入及市场份额，图 2-3、图 2-4 反映了 2002—2011 年中国东、中、西部寿险保费收入和市场份额变动的折线趋势图，可以清楚地看到我国寿险保费收入及市场份额在东、中、西部的现状，在 2002—2011 年这十年寿险行业的保费收入和市场份额是与经济发展水平相匹配的，也就是东部的保费收入、市场份额所占的比重是最大的，中部次之，西部的保费收入最少，市场份额也最小。所以，我们应该着重促进西部的寿险行业的发展，继续增强东部和中部寿险业发展的强势势头。

表 2-8 2002—2011 年中国东、中、西部寿险保费收入及市场份额一览

单位：亿元、%

年份	东部		中部		西部	
	保费收入	市场份额	保费收入	市场份额	保费收入	市场份额
2002	1458.91	64.14	484.62	21.30	331.19	14.56
2003	1946.40	63.80	673.68	22.08	430.71	14.12
2004	1991.60	61.79	759.59	23.57	471.91	14.64
2005	2320.54	63.14	814.92	22.17	539.76	14.69
2006	2521.23	61.47	931.17	22.70	649.00	15.83
2007	3164.27	62.18	1125.34	22.12	798.74	15.70
2008	4311.97	58.09	1843.68	24.84	1267.17	17.07
2009	4837.75	58.22	2046.59	24.63	1424.46	17.15
2010	5806.16	59.47	2353.33	24.11	1603.21	16.42
2011	5495.57	56.56	2479.80	25.52	1740.48	17.92

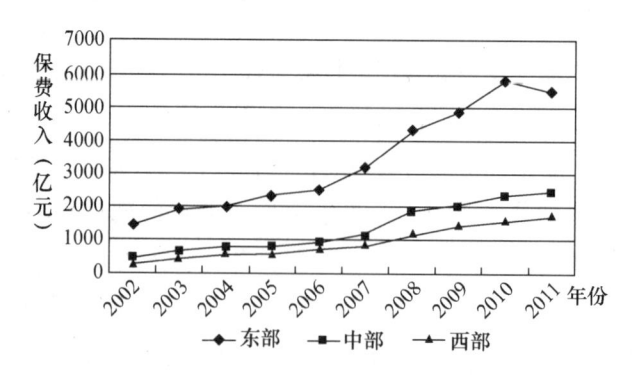

图 2-3 2002—2011 年中国东、中、西部寿险保费收入

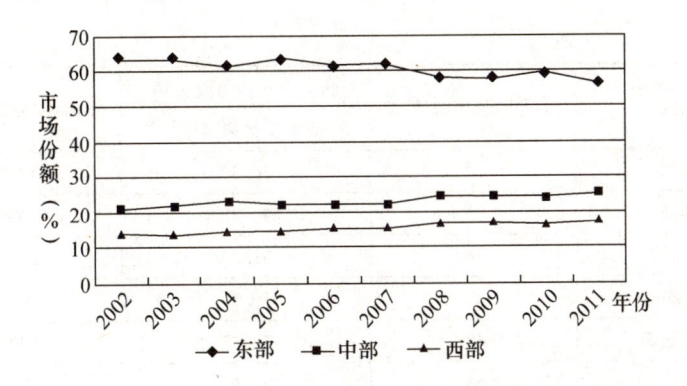

图 2-4 2002—2011 年中国东、中、西部寿险市场份额

（三）主要亚洲国家寿险业市场集中度对比

表 2-9 给出了 2002 年亚洲主要各国（地区）寿险业集中度，从 2002 年亚洲主要各国（地区）寿险业集中度的相关数据来看，印尼的寿险公司数量是最多的，中国香港次之，其中印度、越南前 5 位寿险公司的市场份额达到了 100%，Herfindahl 指数达到了 10000，说明这两个国家的前 5 名寿险公司瓜分了其国家的全部市场份额，占有绝对的垄断优势。中国排名前 5 位寿险公司的市场份额也有 99.12%，Herfindahl 指数达到了 5180，在亚洲各国居于第三的水平，这说明我国寿险行业的市场竞争不够激烈，市场垄断情况比较严重。同时，从表 2-9 中我们也看出寿险公司数量与前 5 位寿险公司的市场份额、Herfindahl 指数基本上呈反相关关系，即寿险公司数量越少，排名前 5 位寿险公司所占的市场份额就越大，Herfindahl 指数也就越大，市场竞争程度也就较低。

表 2-9 2002 年亚洲主要各国（地区）寿险业集中度

国别	寿险公司数量	排名前 5 位寿险公司的市场份额（%）	Herfindahl 指数
中国	12	99.12	5180
印度	1	100.00	10000
越南	4	100.00	10000
韩国	27	82.13	2126
日本	45	61.24	1009
中国台湾地区	31	78.56	1771

续表

国别	寿险公司数量	排名前5位寿险公司的市场份额（%）	Herfindahl指数
印尼	62	66.27	1317
泰国	25	90.23	2975
新加坡	14	91.25	2380
菲律宾	40	76.12	1615
马来西亚	18	72.67	1495
中国香港	55	61.56	963

三 人寿保险行业市场规模经济与范围经济

（一）规模经济与范围经济的相关概念

在经济学中，规模经济（economy of scale）是指某种产品的单位生产成本随着产量的增加而下降的现象。典型的规模经济曲线呈U形，单位生产成本最低点所对应的产量水平称为经济规模。规模经济的主要来源有固定成本的不可分割性和分摊、采购的经济性以及营销的经济性。同时，当企业经营规模扩大时，营销费用会因更大的销量而分摊，营销成本会因顾客的广泛性而降低。

人寿保险市场的规模经济包含宏观和微观两个层面。宏观层面即人寿保险业的外部规模经济，是指随着人寿保险业务的扩大、保费收入的增多、人寿保险市场经营主体和寿险公司机构数量的增加，致使寿险业单位营运成本的下降。它能使寿险业中各寿险公司因寿险业整体的规模发展获得更多的信息资源、人力资源和效益。微观层面即人寿保险公司的内部规模经济，是指寿险公司随着某种寿险产品开发和销售量的增加单位运营成本的下降。寿险公司的费用主要包括手续费及佣金支出、营业费用以及其他业务成本。

范围经济（economies of scope）是指企业经营范围扩大带来的经济性，其实质在于企业对多个业务可共享的剩余资源的利用。由于企业发展与竞争需要一定的规模，而生产一种产品可能未充分利用特定的投入，若企业将两个或更多的业务结合起来，共同使用研发生产设备、营销力量、服务平台、广告宣传和信息网络以及商标信誉资源，就能使投入成本在不同产品中分摊，降低单位成本，给企业带来经济性。人寿保险业的范围经济是指保险公司经营保险业务险种范围或区域范围的扩大带来的经济性。

(二) 人寿保险业发展市场规模现状

表2-10给出了1980—2013年中国寿险业发展指标,主要包括保费收入、保险密度和保险深度,从中国寿险业的整体发展选取了1980—2013年的相关数据,反映出我国人寿保险业保费收入规模、保险密度、保险深度等几个指标的发展态势,并通过对比发现寿险业保费增长率远远高于GDP增长率。自20世纪80年代以来我国人寿保险业的保费收入、保费增长率、保险密度、保险深度基本上是随着时间的推移而相应的数值增加,如1980年寿险业的保费收入只有4.6亿元,而到了2013年保费收入达到了10740.93亿元,保险密度从0.47元/人变化到789.36元/人,这是一个巨大的变化,说明了人寿保险业的发展势头强劲,对我国金融业甚至是整个国民经济的发展起到很大的促进作用。

表2-10　　　　　　1980—2013年中国寿险业发展指标

年份	GDP（亿元）	GDP增长率（%）	保费收入（亿元）	保费增长率（%）	保险密度（元/人）	保险深度（%）
1980	4517.80	—	4.60	—	0.47	0.10
1981	4862.40	7.60	7.80	69.60	0.78	0.16
1982	5294.70	8.89	10.30	32.10	1.01	0.20
1983	5934.50	12.08	13.20	28.10	1.28	0.23
1984	7171.00	20.84	20.00	51.50	1.92	0.29
1985	8964.40	25.01	33.10	65.50	3.13	0.39
1986	10202.20	13.81	45.80	38.40	4.26	0.65
1987	11962.50	17.25	71.04	55.10	6.51	0.67
1988	14928.30	25.15	110.40	55.40	9.86	0.72
1989	16909.20	13.27	97.63	-11.60	12.64	0.77
1990	18547.90	9.69	135.20	38.50	15.56	0.85
1991	21617.80	16.55	178.20	31.80	20.35	0.90
1992	26638.10	23.22	211.70	18.80	31.39	1.00
1993	34634.40	30.00	395.50	86.80	42.16	0.98
1994	46759.40	35.00	500.40	26.50	49.00	0.97
1995	58478.10	25.06	594.90	18.90	56.39	1.17
1996	67884.60	16.09	777.10	30.60	71.44	1.28
1997	74462.60	9.69	1087.90	40.00	90.00	1.49

续表

年份	GDP（亿元）	GDP增长率（%）	保费收入（亿元）	保费增长率（%）	保险密度（元/人）	保险深度（%）
1998	78345.20	5.12	1247.60	14.70	102.20	1.62
1999	82067.50	4.75	1393.20	11.70	114.20	1.75
2000	89403.60	8.00	1595.90	14.50	127.70	1.80
2001	95933.30	7.30	1725.00	8.09	135.16	1.80
2002	102398.00	6.74	2275.00	31.88	177.11	2.22
2003	117252.00	9.30	2983.00	31.00	230.83	2.54
2004	136515.00	9.50	3198.00	7.00	246.02	2.34
2005	183868.00	10.40	3645.00	14.00	278.76	1.98
2006	216314.00	12.70	4059.00	11.00	308.79	1.88
2007	265810.00	14.20	4947.00	22.00	374.41	1.86
2008	314045.00	9.60	7338.00	48.00	552.55	2.34
2009	340903.00	9.20	8144.00	11.00	610.16	2.39
2010	401513.00	10.40	10501.00	29.00	783.11	2.62
2011	471564.00	9.20	9560.00	-8.96	709.54	2.03
2012	519322.00	7.80	10157.00	6.24	750.13	1.96
2013	568845.00	7.70	10740.93	7.86	789.36	1.89

表2-11、图2-5给出了2001—2013年中国保险业资产规模变化，图2-6反映了2001—2013年中国保险业资产增值率以及保险业资产总额与GDP比率变化。从2001—2013年中国保险业资产规模变化一览表和变化图中，可以看出我国保险业的资产规模和GDP都是呈现上升趋势，说明我国的保险业发展良好，但是从相关比率，即资产增长率的波动幅度较大，且从整体上来看呈下降增长趋势，保险业资产总额占GDP的比重在这几年缓慢上升，说明保险业对我国国民收入的贡献不断增大。

表2-11　　　2001—2013年中国保险业资产规模变化一览

年份	资产总额（亿元）	资产增长率（%）	GDP（亿元）	资产总额/GDP（%）
2001	4611.83	40.12	95933.30	4.81
2002	6319.68	37.03	102398.00	6.17
2003	9088.21	43.81	117252.00	7.75

续表

年份	资产总额(亿元)	资产增长率(%)	GDP(亿元)	资产总额/GDP(%)
2004	11985.86	31.88	136515.00	8.78
2005	15298.69	27.64	183868.00	8.32
2006	19704.19	28.90	216314.00	9.11
2007	29003.92	47.20	265810.00	10.91
2008	33418.43	15.22	314045.00	10.64
2009	40634.75	21.59	340903.00	11.92
2010	50481.61	24.23	401513.00	12.57
2011	60138.10	19.13	471564.00	12.75
2012	73545.73	22.29	519322.00	14.16
2013	82886.95	12.70	568845.00	14.57

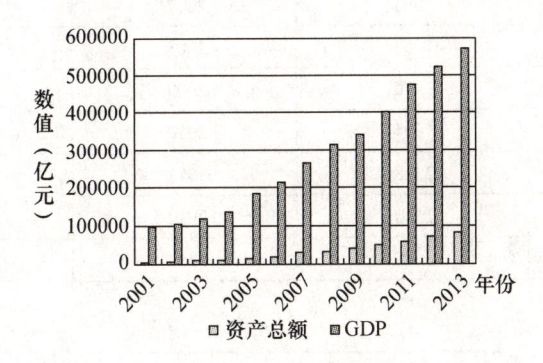

图2-5 2001—2013年中国保险业资产规模变化

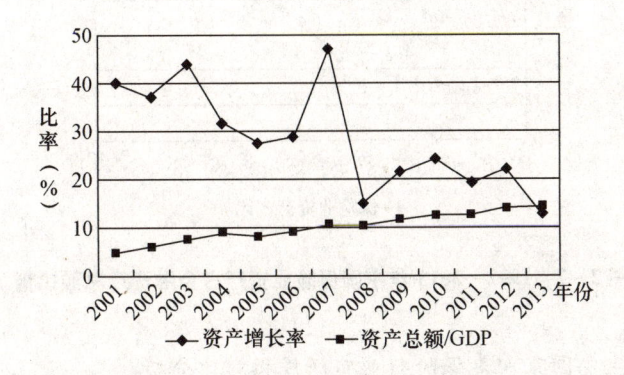

图2-6 2001—2013年中国保险业资产规模相关比例

表 2-12、图 2-7 给出了 1992—2013 年中国保险业资产总额占金融资产总额比重变化，从保险业在整个金融行业的重要性来看，1992—2002 年保险业资产占金融资产总额比重整体是在上升，从 1992 年的 1.68% 上升至 2013 年的 5.23%，可以看出保险业在金融业的地位越来越重要，贡献越来越大。

表 2-12 1992—2013 年中国保险业资产总额占金融资产总额比重

单位：%

年份	保险业资产占比	年份	保险业资产占比
1992	1.68	2003	3.37
1993	1.65	2004	3.75
1994	1.45	2005	4.06
1995	1.40	2006	4.48
1996	1.64	2007	4.52
1997	1.67	2008	4.99
1998	1.76	2009	4.78
1999	1.94	2010	4.92
2000	2.18	2011	4.63
2001	2.30	2012	5.24
2002	2.85	2013	5.23

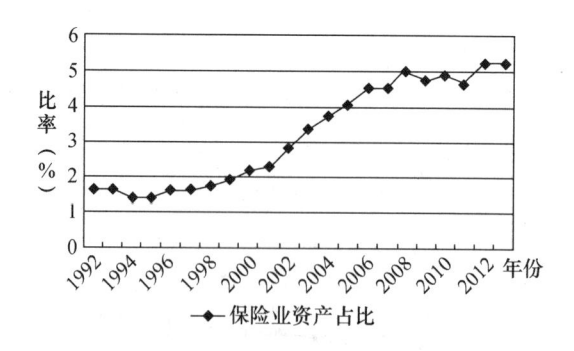

图 2-7 1992—2013 年中国保险业资产占金融资产总额比重

（三）主要国家人寿保险行业市场规模对比分析

表 2-13 给出了 2011 年中国寿险业与世界主要国家寿险业的保费收

入、保险密度和保险深度对比，表2-14反映了2011年中外主要寿险公司资产规模、保费收入和利润比较。从2011年中国寿险与世界主要国家寿险保费收入、保险密度和保险深度进行了对比，在寿险保费收入方面，美国和日本占有绝对优势，人均保费瑞士最高，而保险深度是中国台湾居于首位，经过对比，我国寿险行业的水平与很多发达国家或地区还有很大的差距，我们需要贯彻"引进来"和"走出去"的政策，积极向国外先进国家或地区的保险公司学习，争取把我国的保险事业做大、做强。另外，从2011年中外主要寿险公司资产规模、保费收入、利润一览表中，中国人寿保险公司、平安保险公司和太平洋保险公司的这几个指标都不高，与其他国家或地区相比，没有竞争优势，我们需要不断优化我国寿险行业的结构，加强寿险企业的优势。

表2-13　　2011年中国寿险业与世界主要国家寿险业保费收入、保险密度和保险深度一览

国别	保费收入		保险密度		保险深度	
	寿险收入（百万美元）	排名	人均保费（美元/人）	排名	寿险深度（%）	排名
美国	537570	1	1716	17	3.6	17
加拿大	52167	11	1519	21	3.0	24
英国	210067	3	3347	9	8.7	5
德国	113869	6	1389	22	3.2	22
法国	174753	4	2638	12	6.2	9
意大利	105089	7	1696	19	4.7	13
瑞士	35083	17	4421	1	5.5	11
荷兰	31210	19	1870	17	3.7	16
日本	524668	2	4138	2	8.8	4
韩国	79161	8	1615	20	7.0	7
中国	134539	5	99	61	1.8	45
中国台湾	64133	9	2757	11	13.9	1
中国香港	24556	21	3442	6	10.1	3
印度	60442	10	49	77	3.4	19
巴西	41046	15	208	45	1.7	46
墨西哥	10083	28	193	58	0.9	61

表 2-14 2011 年中外主要寿险公司资产规模、保费收入、利润一览

单位：百万美元

公司名称	国家	资产规模	保费收入	利润
荷兰国际集团	荷兰	1653488.70	150570.70	6590.70
安盛	法国	947869.20	142711.80	6012.30
安联保险集团	德国	832823.00	134167.50	3538.70
意大利忠和保险公司	意大利	549255.10	112627.60	1190.40
日本生命保险公司	日本	621863.30	90782.50	2848.40
日本明治安田生命保险公司	日本	361300.00	77463.40	2187.80
美国国际集团	美国	555773.00	71730.00	17798.00
美国大都会人寿	美国	799625.00	70641.00	6981.00
英杰华集团	英国	485525.80	61754.30	360.70
英国保诚集团	英国	425225.20	58527.00	2388.80
苏黎世保险集团	瑞士	385869.00	52983.00	3766.00
中国人寿保险（集团）公司	中国	311031.20	67274.00	1048.30
中国平安保险（集团）公司	中国	363111.60	42110.30	3012.40
中国太平洋保险（集团）公司	中国	90659.70	24429.00	1285.80
中国寿险业整体数据	中国	792063.49	151746.03	5847.94

四 人寿保险行业市场产品差异化

（一）产品差异化的概念

产品差异化是指企业向消费者提供有别于其竞争对手的独特产品，其关键是塑造产品特色，核心是为顾客创造价值。产品差异化可以是有形产品差异化和无形服务产品差异化。企业的产品差异化要解决三个方面的问题：一是建立什么样的产品差异；二是在什么地方建立产品差异；三是以何种方式建立产品差异。由于为顾客创造价值是产品差异化的核心，因此建立什么样的产品差异主要是确定目标顾客，确定顾客核心价值和顾客核心价值传达。了解顾客价值需求，可以从分析顾客利益点入手，顾客价值 = 顾客认识利益 - 顾客认知价格。在什么地方建立产品差异化是企业思考在价值链的什么阶段创造差异化属性，实际上在行业价值链的每一项活动之中都存在创造差异化的可能性，创造产品的独特性需要哪些能力和资源。以何种方式建立产品差异，可以通过产品外观、质量、性能等特性，产品销售分销渠道、交货速度与及时性、消费信用，产品营销与品牌塑

造、声誉等识别与认知，产品服务与支持等来建立。

寿险产品差异化是指为满足不同寿险客户的需求，寿险公司向投保人提供有别于其竞争对手的独特产品或独特服务。寿险产品差异化是险种有形差异化和服务无形差异化的统一。险种有形差异化是寿险产品功能特点、质量品质、技术特性、险种名称、品牌形象等方面的独特性；服务无形差异化是险种有形差异化的延伸，表现为寿险公司为顾客在寿险产品支付、保费支付方式、保单交付和售后服务等方面比其他竞争对手更为独特的价值。寿险公司为投保人提供的险种产品或服务标新立异，形成在市场或产业范围内具有独特的东西，可以培养保户忠诚度，提高续保率。通过产品差异化，开发和提供能满足市场需求的新型产品、拳头产品，开发和提供能满足少、中、青不同年龄阶段的普通寿险、分红险、投资万能险、健康险和意外险。例如，针对中国传统文化人们节俭习俗，开发和提供定期储蓄型险种；针对通货膨胀、银行存款利率不高，开发和提供分红型险种等。

（二）保险产品差异化对市场结构的影响

保险产品差异化对市场结构有着重要的影响。首先，寿险公司保险产品的差异化能提高行业的进入壁垒，给潜在进入者设置障碍；其次，寿险公司保险产品的差异化能降低替代品的威胁，这是因为差异化的寿险产品能增加在特色和价值上的吸引力，产生较高的顾客转换成本；最后，寿险公司保险产品的差异化能降低寿险产品价格弹性需求，顾客因寿险产品的独特价值愿意付出更高的价格购买该产品，减少对价格的敏感性。保险产品差异化有利于改善和优化保险市场结构，有些学者提出了实现保险产品差异化的措施，比如说祝乡军、李鹏（2010）在《保险产品差异化：基于保险产品再认识的理论分析》一文中指出，加强人才引进和提高员工素质是实现服务业务差异化的必然途径；分析客户需求，进行市场细分是实现保险行业市场产品差异化的必要途径；改善服务技术与加强信息化、网络化建设是实现服务业务差异化的科学途径。

（三）人寿保险行业市场产品差异化的现状

目前我国人寿保险行业发展中，由于保险费率的厘定严格受保监会监管，各寿险公司开发和提供的寿险产品大同小异，寿险品种类型、险种功能特性和险种定价等差异化程度小。

表 2-15　　　　2002—2011 年不同寿险产品差异对比分析一览

单位：人民币百万元、%

年份	普通寿险产品		分红产品		投资连结险和万能险		意外险		健康险	
	保费收入	市场份额	保费收入	市场份额	保费收入	市场份额	保费收入	市场份额	保费收入	市场份额
2002	94514.50	41.84	104916.69	46.45	7026.16	3.11	7882.29	3.49	11528.45	5.10
2003	90341.33	30.83	164971.99	56.31	6377.10	2.18	7873.02	2.69	23424.40	7.99
2004	99614.55	32.63	167840.28	54.98	5599.83	1.83	8616.33	2.82	23582.38	7.73
2005	96385.28	26.62	200789.07	55.46	26340.34	7.27	9472.08	2.62	29086.15	8.03
2006	103346.28	26.13	202655.51	51.23	44280.47	11.19	10327.10	2.61	34954.28	8.84
2007	103657.07	20.98	222522.90	45.04	120783.58	24.45	11662.83	2.36	35433.37	7.17
2008	104586.98	14.23	377295.76	51.35	185999.52	25.32	13577.45	1.85	53274.05	7.25
2009	100734.61	12.32	530592.20	64.87	121002.30	14.79	15725.93	1.92	49830.83	6.09
2010	97015.93	10.33	719059.87	76.59	50456.32	5.37	19006.42	2.02	53329.23	5.68
2011	92591.53	10.09	732751.41	79.89	9521.72	1.04	22396.84	2.44	59962.60	6.54

表 2-15 给出了 2002—2011 年不同寿险产品差异对比分析，包括普通寿险产品、分红产品、投资连结险和万能险、意外险以及健康险，图 2-8 反映了 2002—2011 年不同寿险产品的保费收入变化，图 2-9 反映了 2002—2011 年不同寿险产品市场份额变动趋势。从表 2-15 及两幅趋势图中可以看出，2002—2011 年这十年中不同寿险产品的保费收入及市场份额的相应变化，其中普通寿险产品和健康险的保费收入波动不大，这也说明了在我国人寿保险市场这十年的普通寿险产品、意外险和健康险产品几乎是同质，没有产生产品差异化的扩大效应。而另外几种产品，如投资连结险和万能险及分红产品的保费收入波动较大，其中分红产品的保费收入随着时间的推移而逐渐增加，且增长的幅度是几种产品中最大的，从 2002 年的 104916.69 百万增长至 2011 年的 732751.41 百万，说明了消费者对分红产品产生了消费偏好，从而带动了分红产品的蓬勃发展。同时，从市场份额图来看，这十年期间，分红产品的市场份额跟其他产品相比所占比重也是最大的，虽然其波动较大，但是总体趋势还是在上升，但普通寿险产品的市场份额在下降，健康险、意外险所占的市场份额并不大，且处于稳定状态。结合这两张图，可以得知消费者越来越倾向于投资分红产

品，寿险产品种类并不多，且几乎同质，产品差异化需要进一步加大，从而让消费者有更多的选择。

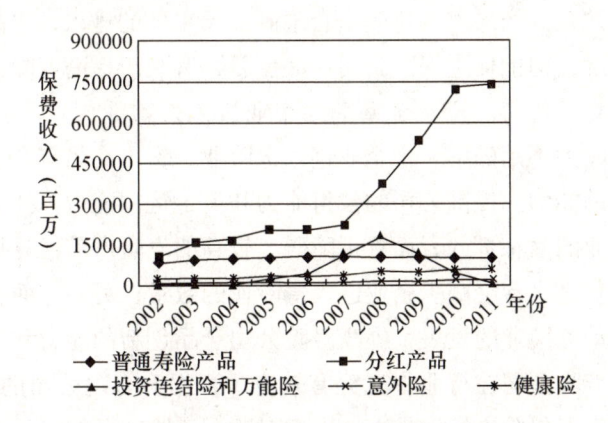

图 2-8　2002—2011 年不同寿险产品的保费收入变化

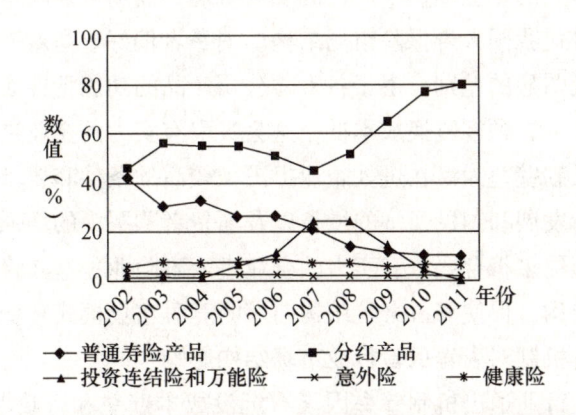

图 2-9　2002—2011 年不同寿险产品市场份额变动趋势

第三节　准入、退出机制对人寿保险行业市场结构的影响

一　准入机制对人寿保险行业市场结构影响

前文分析了寿险市场准入机制的主要因素壁垒，包括经济壁垒中的规模经济壁垒、产品差别化壁垒、资本金壁垒、技术壁垒、市场容量壁垒和消费者偏好壁垒，行政性壁垒中的许可限制和经营范围限制。规模经济壁

垒给潜在进入企业提出了更高的要求，与寿险业发展规模性的内在要求是相符合的，同时激发了在位寿险公司如何去扩大寿险业务规模，降低经营成本，提高效益。产品差别化壁垒会限制市场主体的进入，提高寿险行业的市场集中度，但能促进保险公司产品创新，有利于提高寿险公司在寿险业经营中的竞争优势。资本金壁垒为企业进入寿险业规定了资金最低限额，能防止实力不足的中、小企业进入保险业，资本充足有利于寿险公司增强抗风险的能力，提高公司的偿付能力和资金运用能力。技术壁垒一方面，给寿险业的潜在进入者设置了障碍，较高的寿险产品精算技术和信息网络化技术管理平台会减少企业进入寿险业的数量；另一方面，先进的技术有利于推动寿险业的发展，提高寿险公司产品创新的能力和优质服务的能力，使各寿险公司在行业中充分有效竞争，提升寿险公司的竞争优势。而目前我国人寿保险市场容量大，人们对购买寿险产品的需求大，为有能力进入寿险市场的企业提供了巨大的发展机遇，而随着寿险市场主体的增多，有利于优化我国人寿保险市场结构。消费者偏好壁垒对寿险公司产品需求没有形成明显的差别，由于各寿险公司产品的功能特性大同小异，险种价格不相上下，顾客转换成本低，这会吸引有实力的企业进入。保险业行政性许可限制壁垒为潜在进入企业提出了较高的条件和要求，随着我国寿险业的不断发展和国民经济的增长以及消费者购买力的增强，适当降低准入限制，让更多符合要求有实力的企业进入寿险业，这必将优化我国人寿保险市场结构，促使寡占寿险结构向垄断竞争市场模式转变。

二 退出机制对人寿保险行业市场结构影响

人寿保险行业退出机制壁垒因素有沉没成本壁垒和行政性退出壁垒。与世界主要国家成熟的寿险业相比，目前我国各人寿保险公司固定资本比率较低，在一定程度上反映了我国寿险业退出的沉没成本壁垒不高。沉没成本壁垒不是人寿保险公司退出市场的主要因素。寿险业是高风险的金融服务业，国家对其有严格的监督管理要求，行政性退出壁垒是人寿保险公司退出市场的决定性因素。我国保险法规定：经营有人寿保险业务的保险公司，除因分立、合并或者被依法撤销外，不得解散。正因为如此，这不利于各人寿保险公司在经营竞争中优胜劣汰，事实上，目前较高的行政性退出壁垒致使在中国没有发生一起寿险公司破产的案例。因此，借鉴成熟发达国家寿险业的成功经验，逐步建立寿险公司因经营不善致使偿付能力不足或出现违法违规行为的退市机制，国家监管部门只要加强宏观监管能力，让各人寿保险公司在市场机制作用下自由竞争，真正做到有进必有出。规范有序的保险市场退出机制有利于优化人寿保险业市场结构，提高人寿保险行业资源配置效率和人寿保险公司经营绩效，促进人寿保险业形成良性竞争和健康发展。

三 准入、退出机制与人寿保险行业市场结构影响关联性分析

准入、退出机制与人寿保险行业市场结构存在较强的关联性。一般来说，一个行业的进入壁垒高，该行业的退出壁垒也会相应高，如金融、通信、能源、交通、医药等事关国计民生的行业，广播、水电、公交等公用事业；相反，行业的进入壁垒低，该行业的退出壁垒也较低。行业准入、退出壁垒高，企业进入该行业的机会少，符合条件能进入到该行业中来的企业数量少，行业市场主体不能形成充分有效的竞争，少数在位企业可凭借政府政策的保护壁垒形成寡头垄断，使得行业市场集中度高，降低行业效率，资源在行业中不能得到高效的配置利用。保险业是三大金融行业之一，国家对其有着较高的监管限制。目前我国人寿保险业的准入、退出壁垒较高，国家在资金资本量、经营范围、组织形式等方面有严格的准入限制，对寿险公司的经营有偿付能力资金最低限额要求。寿险公司因偿付能力不足或违法违规经营，国家保监部门会限期整改或分立、合并以及接管但不得解散，这一方面是对正常保险秩序的维护和投保人利益的最大保护，但另一方面使得一些实力不强，经营不善的中小寿险公司在某种程度上得到了政府干预机制的保护。因此，在中国寿险业快速发展过程中，将我国保险业的发展与世界先进发达国家保险业接轨，适当降低准入壁垒，真正建立寿险公司因经营不善导致的偿付能力不足或因违法违规处罚的退市机制，同时加强保险监管部门对寿险业的监管，使各寿险公司按市场竞争机制法则开展经营活动，中小寿险公司加强管理，大型寿险公司进一步做大做强，优化我国寿险业市场结构，提高寿险行业资源配置效率，提升国家在世界寿险业的整体竞争力。

第四节 本章小结

本章对保险市场准入、退出机制进行了探讨，从人寿保险行业市场结构的主要影响因素——市场集中度、规模经济和范围经济以及产品差异化

等方面，对我国人寿保险业市场结构进行了研究，并分析了保险市场准入、退出机制对人寿保险行业的影响。研究发现我国保险市场准入、退出的行政性政策壁垒还较高，调整或降低保险市场准入壁垒，建立保险公司的适当退出市场机制对人寿保险业的发展非常必要。我国人寿保险行业发展大体经历了四个演变阶段，随着人寿保险业的发展我国寿险业市场集中度在逐步降低，但与主要发达国家相比，中国寿险业市场集中度较高，2011年CR_4为0.6949、HHI为0.1876，属于寡占Ⅲ型市场结构。从人寿保险业市场规模和范围经济来看，我国寿险业的保费规模、保险密度、保险深度在逐步提高，保险资产规模在增加，保险资产总额占GDP的比重、保险资产总额占整个金融资产的比重在上升，但将中国与世界主要国家寿险业对比，我国寿险业保费规模、保险密度、保险深度，保险资产总额占GDP的比重、保险资产总额占整个金融资产的比重还较低，同时对比中国主要寿险公司与世界主要寿险公司资产规模、保费收入，我国与美、日、英等发达国家主要寿险公司的资产规模、保费规模还有差距，这也说明了与发达国家成熟的人寿保险行业相比，中国人寿保险业处在成长发展时期。我国人寿保险行业市场寿险产品同质化现象较严重，相对于普通寿险产品、投资连结险、万能险、意外险、健康险，分红险产品成为各人寿保险公司开发的重点和趋势。降低保险市场进入壁垒，建立适当的退市机制有利于优化人寿保险市场结构，提高人寿保险业资源配置效率。

第三章 人寿保险行业市场结构竞争行为

第一节 人寿保险业市场竞争关系影响因素与地位层次结构

一 人寿保险行业市场竞争关系影响因素

市场竞争关系是指在市场竞争中形成的各种关系，影响市场竞争关系的因素有很多，如产品、价格、质量、服务、品牌等。而对于人寿保险行业市场竞争关系影响因素而言，最主要的是产品、价格和服务。

（一）产品

人寿保险是区别于其他保险的一种保险形式，它是人身保险的一种，它的保险标的是被保险人的生存或者死亡。所以如何在众多保险品种、众多人寿保险公司中脱颖而出并被人接受，从而占据竞争的有利态势，其首先就需要一个能满足消费者迫切需求，并能给消费者带来切实保障的产品。人寿保险产品一般包括定期人寿保险、终身人寿保险、生存保险、生死两全保险、养老保险和健康险等。现有的人寿保险产品按其功能主要可以分为两种，一种是风险保障型人寿保险；另一种是投资理财型人寿保险。而风险保障型人寿保险又可以分为定期死亡险、终身死亡险、两全保险、年金保险。投资理财型人寿保险可以分为分红保险、投资连结保险和万能寿保险。这些保险产品具有普遍性的特征，如何以这些产品为基础，开发出适合特定市场、特定人群的产品是在竞争中取胜的关键。

（二）价格

保险的价格即保险费。人寿保险的保险费由两部分组成：纯保险费和附加保险费。人寿保险费率厘定包含三要素：死亡率、利率和费用率。纯保费以死亡率和利率为基础；附加保险费以费用率为基础。定期死亡保险一般价格低廉,终身死亡保险价格较高,而两全保险是人寿保险中价格最高的。在同类的产品中,对于消费者来说,价格是决定其投保与否的关键。所以,根据不同的保险,不同的消费人群,制定不同的价格,有利于在竞争中抢占先机。

(三)服务

服务对人寿保险行业的发展来说至关重要。因为保险业和其他行业不同,保险业的产品不能为消费者所直接感受到,这种产品只能通过保险合同、保险产品的宣传材料以及周围人群的介绍来了解这一产品,且这种产品只有在被保险人发生保险事故,或者保险期限届满时,保险产品的使用价值才体现出来。由于保险产品的这种特殊性,所以这就使得保险产品的各种价值的体现都必须依附于保险公司的服务和长久建立起来的信誉。人寿保险也不例外。人寿保险服务的核心是提供保险保障,而其他如咨询与申诉、防灾防损、七月保全、附加价值服务等都是人寿保险的扩散性服务。这种保险服务具有非实体性、差异性、缺乏所有权、双重属性、完整性、超值性等特征。通常,人寿保险服务一般包括售前服务、售中服务和售后服务。其中,售前服务包括购买咨询服务和风险规划与管理服务;售中服务包括迎宾服务、承包服务、技术性服务和建立档案服务;售后服务包括保险赞助活动、贵宾卡、提供保险契约保全服务、咨询与申诉服务等。

二 人寿保险行业市场竞争地位层次结构

人寿保险行业市场竞争地位层次结构分为大型保险企业、中型保险企业、小型保险企业三种结构。根据2011年9月2日国家统计局发布的《统计上大中小微企业划分办法的通知〔国统字(2011)75号〕文件规定,依据从业人员、营业收入、资产总额等指标或替代指标,将我国的企业划分为大型、中型、小型和微型。大型、中型和小型企业须同时满足所列指标的下限,否则下划一档;微型企业只需满足所列指标中的一项即可。而人寿保险行业属于金融业,在划分标准中并未明确标出,其划分标准按照其他未列明行业的标准执行。所以,按照其他未列明行业划分标准,本章将人寿保险的大型保险企业、中型保险企业、小型保险企业划分标准做如下规定(如表3-1所示):

人寿保险行业共55家企业,其中中资寿险公司30家,外资寿险公司25家。因无法获取中资寿险公司平安寿险和平安养老以及外资寿险公司平安健康从业人员数量,所以对这三家公司暂不作划分。按照上述标准,

表3-1　　　　　人寿保险行业大中小型企业划分标准

行业名称	指标名称	计量单位	大型	中型	小型
人寿保险行业	从业人员(x)	人	$x \geqslant 300$	$100 \leqslant x \leqslant 300$	$10 \leqslant x < 100$

注：从业人员为期末从业人员。

根据2012年年底各人寿保险公司从业人员的基本情况，对52家人寿保险企业作如下划分（如表3-2所示）。

表3-2　　　　　人寿保险行业大中小型企业情况一览

公司名称	从业人员数量	划分类别	公司名称	从业人员数量	划分类别	公司名称	从业人员数量	划分类别
人保寿险	180254	大型	英大人寿	8977	大型	北大方正	934	大型
人保健康	4553	大型	国华人寿	6216	大型	中英人寿	1481	大型
太平人寿	82882	大型	幸福人寿	14435	大型	海康人寿	1296	大型
太平养老	1637	大型	百年人寿	2062	大型	招商信诺	4044	大型
民生人寿	46525	大型	中邮人寿	630	大型	长生人寿	2160	大型
华夏人寿	18576	大型	中融人寿	345	大型	恒安标准	4481	大型
阳光寿险	19381	大型	利安人寿	3011	大型	瑞泰人寿	646	大型
信泰人寿	15411	大型	建信人寿	2478	大型	大都会人寿	1534	大型
泰康人寿	212501	大型	光大永明	3394	大型	国泰人寿	809	大型
天安人寿	433	大型	中宏人寿	1447	大型	中航三星	404	大型
生命人寿	102836	大型	中德安联	875	大型	中法人寿	39	小型
安邦人寿	767	大型	工银安盛	6207	大型	中新大东	1439	大型
合众人寿	38260	大型	交银康联	479	大型	君龙人寿	1055	大型
长城人寿	14840	大型	信诚人寿	1864	大型	汇丰人寿	384	大型
农银人寿	17550	大型	中意人寿	7423	大型	新光海航	146	中型
昆仑健康	1078	大型	太保寿险	42167	大型	友邦上海	3343	大型
和谐健康	745	大型	华泰人寿	3235	大型			
正德人寿	1046	大型	中荷人寿	5722	大型			

资料来源：《中国保险年鉴》。

由表 3-2 我们可以发现，按照上述标准，在这 52 家人寿保险企业中 50 家人寿保险企业属于大型保险企业，其中包括 28 家中资寿险公司，22 家外资寿险公司。而中型保险企业是新光海航，小型保险企业是中法人寿，这两家保险公司都属于外资保险公司。

第二节 人寿保险行业市场产品设计行为

按照产品设计类型分类，一般人寿保险产品主要分为普通型、分红型、万能型、投资连结型。其中普通型人寿保险是指保险缴费、保险期限、保险金额、现金价值等都在保险合同订立时有明确规定的额度，在保险期间内一般保持不变动的保险产品；分红型人寿保险一般包括分红寿险、分红养老险、分红两全险。其主要特点是在每一个会计年度结束之后，保险公司会将上一个会计年度本分红险投资国债、存款、基金或者大型基础设施建设的盈利，按一定比例以现金红利或增值红利分配给客户；万能型人寿保险同时具有养老保障和投资功能，客户投保后，扣除初始费用和保障成本，其他部分进入客户的个人账户，这种保险可在保障固定收益的同时获得不确定的额外收益；投资连结型人寿保险就是人寿保险与投资挂钩的保险，属于高风险、高收益的保险，当客户与保险公司签订一份保单开始，客户在以后任何时刻获得的所有收益都与投资基金的投资表现相关联。

人寿保险普通型、分红型、万能型、投资连结型产品的设计行为主要包括三个方面：保单条款设计、账户设计、运作方式设计。其中保单条款设计主要涉及保险费的缴纳方式、保单借款条款、保单面值、成本及费用条款以及其他等方面。不同的人寿保险产品保单条款具有一定的差别。保险账户一般包括一般账户和分离账户，账户设计即客户缴纳的保险费用如何进行管理。一般账户由保险人统一操作，并暴露在保险公司债权人的求偿权下，适用于普通型寿险、万能型寿险等；分离账户不受保险公司一般债权人的追索，客户可自由选择投资工具并直接分享投资绩效，适用于投资连结型寿险。

一 人寿保险产品差异化界定与衡量

人寿保险产品之间存在着一定的差异，这种差异主要体现在保费的缴纳方式是否固定、保单利率是否固定、现金价值是否固定、投资收益是否固定、保险保障是否具有弹性等方面，这些差异使得不同的人寿保险产品具有不同的特点（如表 3 – 3 所示），适合不同的人群，由于人寿保险不同产品之间的差异化，所以其各自也具有一定的优缺点（如表3 – 4所示）。

表 3 – 3　　　　　　　　人寿保险产品及特点一览

险种	普通型	分红型	万能型	投资连结型
保费缴纳方式	固定	固定	不固定	固定
保单利率	固定预定利率	固定预定利率	不固定，一般有保障利率，但比较低	不固定
现金价值	固定	依固定预定利率，超过的部分以红利的形式发放	不固定，一般有最低现金价值保证	不固定
投资收益	固定	按照各保险公司的盈余进行分配，没有作为保障的红利	大部分保险企业有最低保证的报酬率，但是其实际的收益与保险公司相关账户的投资收益密切相关	资金大部分在分离账户，由专业投资人运作。实际的投资收益，与客户选择的分离账户的投资项目相关，具有不确定性
保险保障	缺乏弹性	缺乏弹性	较大弹性	一般具有最低死亡给付标准，这种给付会随着投资收益的增加而增加
运作模式	保险产品给付金额固定不变	投资国债、存款、基金和大型基础设施建设	一般具有一个投资者的个人账户，有保证收益，且还有不确定的额外收入	一般开设几个风险程度不一的投资账户供客户选择
客户偏好	其保险收入不会随保险公司的经营状况和资本市场的变动而变动，适合风险厌恶者	红利的发放提高了消费者的投资兴趣	大部分保险公司有最低报酬率作为保证，有获得高报酬的可能，适合理性、且坚持长期投资的投资者	投保后在一定时期内不能退保，且客户需承担投资风险，有获得高报酬的可能，这种保险适合于风险爱好者

表3-4 人寿保险不同产品优缺点比较一览

险种	普通型	分红型	万能型	投资连结型
优点	保险给付金额固定,不会受公司经营状况和资本市场的变动而变动	能防范风险,抵御各种金融风险,有获得保险公司红利分配的机会	有保底利率,收益上不封顶,存取灵活,且客户可根据自己家庭的不同情况调整寿险保障额度	分散风险,对偿付能力有一定的保证,解决资产与负债不匹配的问题,拓宽服务领域
缺点	没有额外收益	获得的红利收益并不确定	对年龄较大的投资者而言,保障费用非常高,且需终身扣保障费用。投资收益并不会太高	本身利润增长难以提升,风险较大,人力资源成本大

二 人寿保险产品同质化成因及提升

(一) 人寿保险产品同质化成因

伯川德悖论说过两个以上的生产同质产品的厂商,以不变的规模收益生产同类产品,以边际成本销售,会失去获利空间。人寿保险产品一直面临产品同质化的困境,2013年人寿保险业保费收入总额为9425.14亿元,占保险行业所有业务保费收入的54.73%,但是其增长速度却只有5.8%。具体情况如图3-1和图3-2所示。

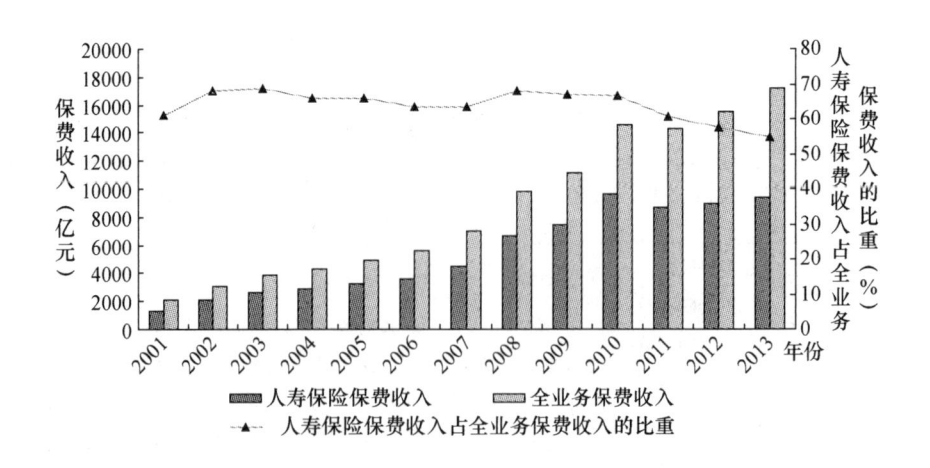

图3-1 保险公司全业务保费收入及人寿保险公司保费收入及其比值

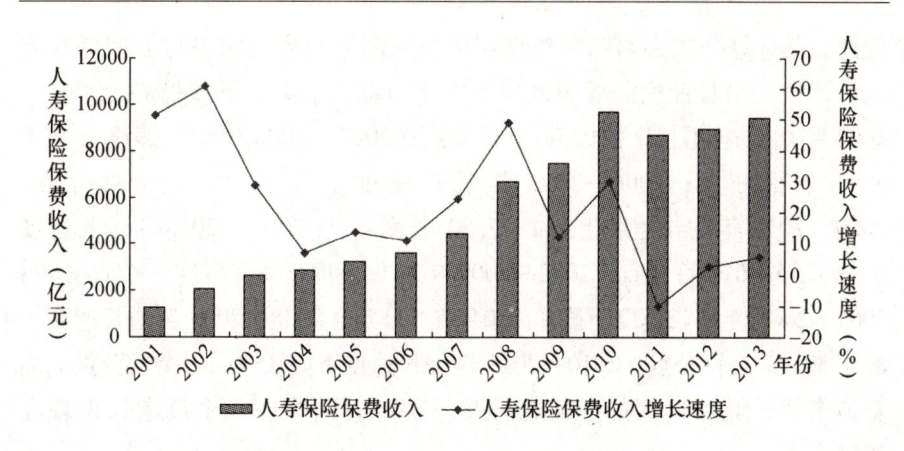

图 3-2 人寿保险保费收入及其增长速度

由保险公司全业务保费收入及人寿保险公司保费收入及其比值图可以发现，人寿保险保费收入从2001—2013年呈现波动增长的趋势，保险公司保费收入总额从2001—2013年一直呈现增长的态势，但是人寿保险保费收入在保险公司的所有保费收入中所占的比重却有逐步下降的趋势，2001年保险公司保费收入总额是2109.35亿元，而到2013年保险公司总的保费收入达到了17222.24亿元，增长了8倍多，从2001—2013年的13年间保险公司保费收入总额的平均值为8728.03亿元，标准差为5289.04亿元。2001年人寿保险保费收入为1287.58亿元，到2013年人寿保险的保费收入达到了9425.14亿元，增长了7倍多，从2001年到2013年的这13年间人寿保险保费收入的平均值为5462.06亿元，标准差为3084.48亿元。而人寿保险保费收入占保险公司全业务保费收入的比重从2001年的61.04%下降到了2013年的54.73%，下降了6.31个百分点。其中人寿保险保费收入占保险公司全业务保费收入比重的最大值出现在2003年，比值为68.79%，最低值出现在2013年，比值为54.73%。

从人寿保险保费收入及其增长速度图可以看出，人寿保险的保费收入最大值出现在2010年，值为9679.51亿元，最小值出现在2001年，值为1287.58亿元。从2001—2010年人寿保险保费收入呈增长态势，增长了8391.83亿元；从2010—2011年人寿保险保费收入呈现下降趋势，下降了983.92亿元；从2011—2013年人寿保险保费收入又表现出增长的趋势，增长了729.55亿元。而从增长速度来看，这里的增长速度是指环比增速,其计算公式是本期保费收入减去上期保费收入的差与上期保费收入的比值。增长速度曲线表现出5个上升趋势,4个下降趋势,2001—2002年增长速度上升了9.78个百分点;2004—2005年增长速度上升了6.97个百分点;2006—2008年增长速度上升了38.43个百分点;2009—2010年增长速度上升了17.80个百分点;2011—2013年增长速度上升了15.96个百分点;2002—2004年增长速度下降了54.25个百分点;2005—2006年增长速度下降了3.04个百分点;2008—2009年增长速度下降了37.17个百分点;2010—2011年增长速度下降了39.96个百分点。而整体来看,增长速度的变化趋势是下降的,而唯一一个负增长出现在2011年。

由上我们可知,在人寿保险保费收入占保险公司保费收入总额的比重下降,同时,人寿保险保费收入增速迅速下降的现状下,人寿保险产品的同质化问题更加亟待解决,否则将不利于人寿保险行业的长远发展。人寿保险产品同质化的主要原因有以下几点:

1. 人寿保险产品的易复制性

由于人寿保险产品的特殊性,人寿保险产品容易被复制,一个新的产品出来后,就面临着被复制的威胁,而复制的周期通常只有半个月,最短的只有10天。所以,消费者在市场上见到的不同保险公司的人寿保险产品基本上大同小异。有的只是换了个名称,或者有的干脆连名称都不换,保单上的主体条款也基本一致。

2. 人寿保险产品缺乏知识产权保护

人寿保险公司开发的产品很难对其进行知识产权的保护,因为一些产品,你并无法确定到底是由谁第一个开发。同时,人寿保险行业的产品一般是仿造外国的人寿保险产品而开发的,很多外国保险公司或者已经对其开发的产品进行了知识产权申报,或者正在申报知识产权,所有中国的人寿保险企业很难占到先机。

3. 人寿保险产品开发成本非常高,且投入和产出不成正比

人寿保险公司开发一个新的产品,需要经过相当多的程序,需要对市场进行调研,了解消费者的需求,需要付出巨大的精力和成本。而花费了如此多的时间和精力开发出来的人寿保险产品,由于人寿保险产品的公开程度高,在投入市场初期,就可能被竞争对手复制,而竞争对手因并不需要进行前期的开发,但自己因前期的巨额投入所以价格并不能马上下调,

所以竞争对手的价格会比自己的价格低，或者还要低很多。从而同时失去了产品优势和价格优势，在竞争中完全处于劣势，产品创新的激励机制缺乏，造成现在人寿保险公司普遍只注重保费收入，而不注重技术含量。如果将新开发的人寿保险产品比作"良币"，而已存在的人寿保险产品比作"劣币"，那么人寿保险市场就存在着劣币驱逐良币的现象。

4. 人寿保险产品的开发人才匮乏

人寿保险产品的开发需要专业的视角，专业的调查，这就缺少不了专业的人才，而人寿保险市场的现状是，全国中高等院校保险专业和保险院校并不多，且保险产品开发专业技术人才相当缺乏。

(二) 加快人寿保险产品开发创新

解决人寿保险行业保险产品的同质化问题迫在眉睫，这不管对于保险监管部门、保险公司以及投资者个人都有重要意义。对保险监督机构而言，要建立一个更加开放的保险市场，要加快推进利率市场化，尽快出台保护人寿保险产品知识产权的相关政策，营造一个良好的市场环境。例如，保险产品分为保障类产品和投资类产品，而现在大量的人寿保险产品都是投资类的，保障类的保险产品所占比例很低。这就和保险利率以及渠道创新有关。所以，保险监管机构的决策，对保险行业有着重要的指导作用。可以从以下主要几个方面入手：

第一，从客户需求出发，对客户市场进行细化。客户的需求是人寿保险企业的追求，开发人寿保险产品要以客户需求为导向，而不是以保险公司本身为大导向。目前，人寿保险公司提供的产品都是保险公司已经规定好的，客户只有接受的份，而没有进一步选择的余地。只有真正关注客户的需求，这样开发出来的人寿保险产品才能被市场接受，从而在竞争中获利。我们可以尝试开发那种为客户量身定制的人寿保险产品，根据个人情况的特殊性，来订立保险合同。

第二，拓展服务，靠服务赢得市场和客户。人寿保险的服务严格来说也属于保险产品的一部分，所以，我们可以在致力于开发人性化产品的同时，提高我们的人寿保险服务水平，建立从售前到售后的服务体系，制定严格的客户评价、投诉规范，或者定期举办一些活动，如服务节等，让客户不出险也能感受到人寿保险公司的关怀。

第三，扩大保险的功能。一般而言，保险标的是我们一般所认知的那些风险，而有一些风险，它对于其他人而言不是风险，但是对于特定的人群或个人而言属于风险,现在的人寿保险开发可以从这方面加以考虑。对于一个钢琴家而言,他的手要比大多数人灵活。如果他由于一场车祸,把手摔断了,经过治疗痊愈了,但是手远不如从前灵活,这对钢琴家而言,是一种风险,如何把这种风险打造成一个保险产品,是我们开发人寿保险产品的一个切入点。

第四,提高人寿保险从业人员素质。人寿保险产品的开发离不开专业且有着丰富经验的专业保险人才,人寿保险公司,一方面要提高本公司保险从业人员的进入门槛,一方面要加大对人寿保险从业人员的日常业务和个人素质的培训力度。同时可以和高校联合,从学校引进专业的保险人才。

第五,扩大行业之间的业务合作。人寿保险公司开发产品不能局限于人寿保险行业本身,应该走出去,与其他行业合作。开发出具有更多功能的保险产品,以满足不同人群在不同时期对人寿保险产品的不同需求。

第三节 人寿保险行业市场定价行为

人寿保险的定价是一个比较复杂的过程,一般人寿保险产品定价要先确定纯保费,再在纯保费的基础上加上附加保费,而附加保费包括保单的费用率和代理人的佣金率等,这样就形成了毛保费。但是保单最终推向市场的价格还需要对影响保费价格的各个因素进行敏感性分析,确定保单的金融财务分析,最后确定产品是否能盈利,是否推向市场。

第一,保费厘定的原理。要厘定保费,需要对历史数据进行分析,并在一定的精算假设前提下,利用数理统计的手段,借助于专业的软件来进行。而对于历史数据而言,主要是指寿险行业的经验生命表,目前国内一般采用中国保监会于2003年年初正式决定编制的《中国人寿保险业经验生命表(2000—2003)》。精算假设主要是指对未来事故发生率、投资收益率、费用率和保单失效率等要素所设定的假设条件的总称。精算假设需要明确地假设数值,需要有得出这一假设数值的依据,并需要精算人员说明实际经验率与假设数值之间的合理管理。

第二,市场价格的计算。寿险产品市场价格的确定是利用资产份额定价模型,对人寿保险公司的未来现金流和利润的预测。市场价格考虑的是市场的系统风险,如市场的宏观经济环境、市场的竞争状况等。

第三，敏感性分析。敏感性分析就是对利用资产份额定价模型确定市场价格后的保险产品进行定价风险的分析。这类似于一个可行性分析，需要对定价后的人寿保险产品进行评估，该人寿保险产品这样定价后能不能被消费者接受？定价后的人寿保险产品会不会滞销？设计出来的产品能不能满足目标群体的需求？精算假设是否符合市场的实际情况？这个产品存在的风险会不会对寿险公司的整体业绩造成影响等问题都是敏感性分析必须回答的问题。

一 人寿保险产品的价格构成

人寿保险产品的产品价格从量的方面来看由纯费率、附加费率和安全系数三部分构成。

（一）纯费率

纯费率是人寿保险产品最重要的组成部分，是指纯保费占保险金额的比率，是作为保险金赔付给被保险人的金额。纯费率与保险事故发生的概率以及保险事故发生后的赔偿金额有关。所以人寿保险纯费率的计算公式为保额损失率加减均方差，即保额损失率与加减稳定系数的积。而保额损失率是赔偿金额与保险金额的比例；均方差是各保额损失率与平均损失率离差平方和平均数的平方根。它反映各保额损失率与平均保额损失率之间的差距；最后是确定稳定系数，它是均方差与平均保额损失率之比，衡量期望值与实际结果的密切程度，一般稳定系数越大，则认为人寿保险经营的稳定性越低。

（二）附加费率

人寿保险产品的保险费率可以按保险人经营保险业务的各项费用和合理利润与纯保费的比率计算得到，也可以按纯保险费率的一定比例来确定。附加费率一般在保险费率中处于次要地位，但是其较高的费用率是提高人寿保险公司竞争力的重要保障。附加保费一般包括营业费用、预期利润以及异常风险费用。

（三）安全系数

人寿保险产品价格中的安全系数是指在人寿保险产品存续期间内，由于不可抗力的影响，如自然灾害、意外事故等引起的人寿保险公司赔款支出以及保险金给付在各年间的波动，这些都不利于人寿保险公司财务经营状况的稳定，为了保证人寿保险公司的偿付能力和稳定经营，一般需在人寿保险的保险产品价格中加入一个安全系数。

二 人寿保险市场价格战成因

人寿保险市场价格战由来已久,人寿保险市场的价格战,究其原因主要有以下几点:

(一)人寿保险市场巨大利润的诱导

一方面中国人口众多,在当前经济发展速度越来越快,人们的生活水平也越来越高,对生活品质的要求也越来越高,很多时候人们都会为未来的生活寻求保障;另一方面当前老龄化问题突出,老人如何度过自己的晚年也成了一个不容忽视的社会问题,购买人寿保险能够为这些老人的生活提供帮助,所以人寿保险因其能满足人们对于保障和投资的需求,受到越来越多人的关注。但2012年人寿保险公司只有55家,可谓人多粥少,利润自然也水涨船高。我们以中国平安、中国人寿、太平人寿的寿险业务为例可以看出,2005年12月到2013年6月,中国平安、中国人寿、太平人寿的寿险业务的半年度总投资收益平均值分别为168.86亿元、458.90亿元、25.85亿元,其总投资收益率分别为4.94%、4.50%、3.95%,投资收益率一直保持着较好水平,如表3-5和图3-3所示:

表3-5 中国平安、中国人寿、太平人寿的寿险业务总投资收益和总投资收益率一览

时间	中国平安:总投资收益(亿元)	中国人寿:总投资收益(亿元)	太平人寿:总投资收益(亿元)	中国平安:寿险业务:总投资收益率(%)	中国人寿:总投资收益率(%)	太平人寿:总投资收益率(%)
2005年12月	0.00	91.83	0.00	0.00	3.92	4.30
2006年6月	87.48	135.50	0.00	5.90	3.32	0.00
2006年12月	192.99	309.51	0.00	7.80	8.05	8.70
2007年6月	220.38	344.21	20.07	8.90	5.34	0.00
2007年12月	437.56	913.77	52.50	14.20	10.27	15.60
2008年6月	88.74	341.95	20.00	4.20	2.33	0.00
2008年12月	-93.44	537.69	26.77	-2.40	3.46	5.30
2009年6月	136.85	338.24	16.93	5.20	3.27	0.00
2009年12月	284.93	628.07	34.83	6.70	5.78	5.50
2010年6月	96.40	323.71	19.70	3.80	2.51	0.00
2010年12月	267.78	682.80	44.32	5.00	5.11	5.00

续表

时间	中国平安：总投资收益（亿元）	中国人寿：总投资收益（亿元）	太平人寿：总投资收益（亿元）	中国平安：寿险业务：总投资收益率（%）	中国人寿：总投资收益率（%）	太平人寿：总投资收益率（%）
2011年6月	139.53	358.66	26.39	4.30	4.50	4.10
2011年12月	266.09	648.23	44.92	4.10	3.51	3.60
2012年6月	123.93	394.12	20.34	3.70	2.83	3.60
2012年12月	221.58	800.06	46.51	2.80	2.79	3.10
2013年6月	230.92	494.00	40.34	4.90	4.96	4.40

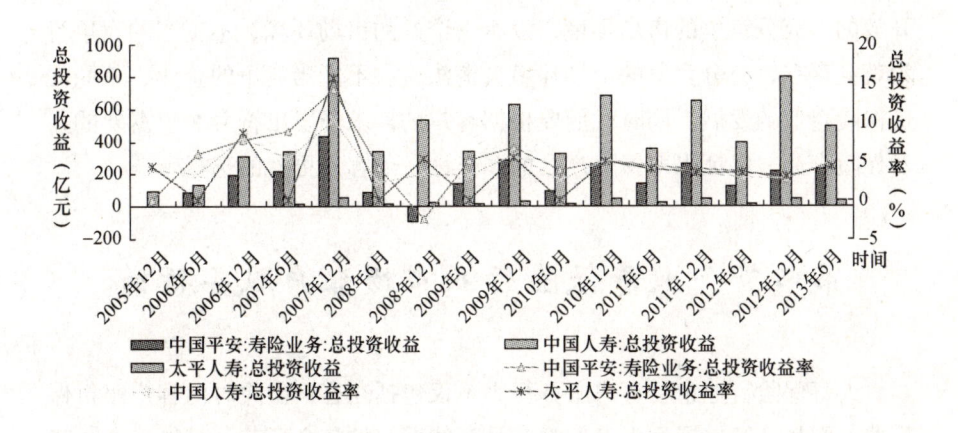

图 3-3　2005—2013 中国平安、中国人寿、太平人寿总投资收益及总投资收益率

（二）人寿保险企业产生的规模效应

人寿保险企业经过不断的发展，其规模也越来越大。特别是一些战略集团的发展，其规模效应更加凸显出来。一个保险企业规模效应的产生，意味着其在人才、管理、销售渠道、资金等方面更容易实现资源共享，这样，单位商品所分摊到的成本将会进一步下降，从而实现低成本战略的优势就显现出来了。

（三）人寿保险产品的同质化

由于人寿保险产品的差异比较小，对于企业而言，其产品创新无法实现竞争优势，从消费者而言，由于市场上人寿保险产品基本上大同小异，同时，消费者很多时候对产品的质量难以把握，尤其是一些复杂的人寿保险产品,其收益到底如何,消费者难以在相同类型的商品中作出抉择,这时消费者就会放弃对人寿保险产品质量的关注,转而关注产品的价格。因此企业要获得竞争优势,消费者要选择价格低的产品,这样价格战就自然而然产生了。

(四) 寿险市场体系不完善

寿险市场体系不完善也是造成人寿保险产品价格战的一个原因,由于我国现在的人寿保险市场并不十分完善,相关法制也不是很健全,所以,在人寿保险市场上会出现一些以低于成本价格出售人寿保险产品的不正当竞争行为,这种行为的存在推动了价格战的发生。

要解决人寿保险市场存在的价格战问题,我们需要建立一个健全的、开放的、充分竞争的市场环境,没有一个好的市场环境,不正当的竞争行为就会存在,充分竞争的市场环境会淘汰这些不正当竞争的企业,从而促进保险企业的发展。同时我们要根据客户的需求开发出符合客户需要的人寿保险产品,保证人寿保险产品的多样性,给客户更多的选择。

第四节 人寿保险行业市场客户服务行为

人寿保险行业市场客户服务行为不仅包括在客户出险时向客户赔付保险费,而且已经扩展到人寿保险产品存续期间的各个环节。具体来说,我们可以把人寿保险行业市场客户服务行为概括为售前客户服务行为、售中客户服务行为和售后客户服务行为的总和。

售前客户服务行为是指在客户选择人寿保险产品前为客户提供的设计保险产品的服务,在充分了解客户需求的基础上,激发客户购买人寿保险产品所做的所有服务。主要包括传播人寿保险知识;介绍人寿保险公司状况、形象及信誉,并宣传人寿保险产品;充当顾客的保险顾问。

售中客户服务行为是指在客户购买人寿保险产品时,人寿保险公司保险从业人员为销售保险产品所提供的所有服务。具体包括迎宾服务、投保服务、承保服务、建立客户档案等。

售后客户服务行为是指客户购买人寿保险产品之后,保险公司提供的所有服务。具体包括防灾防损服务、理赔服务、附加值服务、契约保全服务、咨询与申诉服务。

一 人寿保险市场客户服务内涵及演变

人寿保险市场客户服务的内涵从一般意义来讲是指人寿保险公司为社会提供的一切有价值的活动总和。人寿保险市场客户服务具有非实体性、差异性、缺乏所有权、具有双重属性、完整性和超值性。非实体性是指它不以实物形态出现，它是具有特殊使用价值的劳动。它的非实体性也体现在人寿保险产品的生产和消费过程同时进行，人寿保险公司从业人员在提供人寿保险服务的同时，客户也在消费服务，另外人寿保险产品的不可储存性也体现了人寿保险产品的非实体性。差异性是指人寿保险产品的服务具有不可界定性，这是由于这种服务是针对人而展开的，而人的个性各有差异，所以人寿保险产品的服务也经常变化。缺乏所有权是指人寿保险产品的服务并不涉及所有权的转移问题，服务在保险从业人员提供时就消失了。双重属性是指人寿保险产品既具有无偿性又具有有偿性，其无偿性体现在，人寿保险从业人员在提供客户服务时并不需要客户支付费用，而其有偿性体现在，人寿保险公司提供的这种服务是为了树立保险公司的形象，建立保险公司的信誉，提高保险公司的知名度，其服务效果的好坏，关系到人寿保险企业的盈利和发展。完整性是指由于人寿保险产品的特殊性，所以也要求人寿保险从业人员不仅需具备专业的知识，也需要具有热情和好的服务效果。超值性是指人寿保险公司提供的服务可能超过客户所购买的人寿保险产品本身，而人寿保险企业的发展和壮大，也和人寿保险企业提供服务的质量密切相关。

人寿保险市场客户服务经过了一个演变过程，以前的观念认为，人寿保险市场客户服务就是在被保险人出险时提供保险给付的过程。而在人寿保险市场客户服务不断成熟的今天，人寿保险市场客户服务已远不限于这些，它已经演变成了扩大化的人寿保险客户服务，这些服务包括核心性服务——提供保险保障；扩散性服务——附加值服务；扩散性服务——咨询服务；扩散性服务——其他。

二 人寿保险市场客户服务问题与改善

人寿保险市场客户服务由于市场以及自身条件限制的原因，还存在着很多问题，具体表现在忽视客户服务文化的建立、期望和认知服务的差异、缺乏对人寿保险客户服务人员激励机制、人寿保险市场的服务竞争日趋激烈等。针对人寿保险市场客户服务存在的各种问题，人寿保险公司可以通过建立服务客户的企业文化、以客户的需求作为制定相关服务标准和规范、建立专业的客户服务团队等方面进行改进。

（一）人寿保险市场客户服务问题

1. 人寿保险企业文化忽视客户服务

一些人寿保险企业的企业文化中并不注重对客户的服务，所以其公司的保险从业人员只会给客户提供最基础的客户服务。这样人寿保险公司会降低客户的满意度，损害公司的形象，其公司竞争力也难以提升。

2. 期望服务和认知服务差异

期望服务是客户期望人寿保险公司提供的服务，而认知服务是指人寿保险公司自己所认知的需要对顾客提供的服务。在实际的人寿保险服务中，这两者通常存在着差异，这种差异体现在四个方面：客户需要的服务与管理者认为客户需要的服务之间的差异；管理者认为客户所需要的服务与管理者为顾客指定的员工客户服务规范之间的差异；管理者为保险从业人员制定的客户服务规范与保险从业人员实际提供给客户的客户服务之间的差异；人寿保险公司实际的服务水平与人寿保险公司承诺给客户提供的服务水平之间的差异。

3. 对人寿保险客户服务人员缺乏激励机制

由于部分人寿保险公司的客户服务缺乏一个完善的激励措施，其标准也不够清晰，所以客户服务人员的积极性也相对不高，不能完全以客户需求及愿望来提供客户服务。

4. 人寿保险市场的服务竞争日趋激烈

由于人寿保险公司的目的也是追求利润的最大化，所以在产品同质化严重，而市场竞争日趋激烈的今天，人寿保险企业想在市场上占有一席之地，对人寿保险产品的附加价值即人寿保险客户服务的重视不可或缺。

（二）改善人寿保险市场客户服务

1. 建立服务客户的企业文化

一个企业的文化对于一个公司发展的重要性不言而喻，建立一个以客户为导向的企业文化，有利于人寿保险企业从业人员把服务的理念融入保险服务的各个环节。

2. 以客户的需求作为制定相关服务标准和规范

客户通常是依据他们看到的事实来判断产品、公司、销售人员、客户人员所提供服务的好坏。一个好的客户服务规范顾客是可以感受到的，真正好的服务不仅是人寿保险公司自己觉得好，更重要的是客户觉得好。所以人寿保险公司需要以客户的标准来看待自己所提供的服务以及所制定的服务规范。

3. 建立专业的客户服务团队

客户人员的整体素质直接关系到客户人员所提供服务的好坏,所以要发展和向客户提供优质的客户服务,就必须建立专业的客户服务团队,并重视对客户工作人员的选择和培训。另外人寿保险企业需要建立一套评估体系,定期对客户服务人员的服务进行一个整体的评估,对评估表现好的采取正激励,对评估表现差的进行负激励。

第五节　本章小结

本章对人寿保险行业市场结构竞争行为进行了研究,分别从人寿保险行业市场竞争关系影响因素与市场竞争地位层次结构、人寿保险市场产品设计行为、人寿保险市场定价行为以及人寿保险市场客户服务行为四个方面展开。以从业人员为依据对人寿保险企业进行了划分,将52家人寿保险企业中50家人寿保险企业划分为大型保险企业,其中包括28家中资寿险公司,22家外资寿险公司,而中型保险企业是新光海航,小型保险企业是中法人寿。提出要从提高人寿保险从业人员素质,扩大保险的功能,从客户需求出发、对客户市场进行细化三个方面解决人寿保险产品同质化问题;要建立一个充分开放竞争的市场环境,并根据顾客需求来开发人寿保险产品才能更好地解决人寿保险市场存在的价格战现象;同时指出解决客户服务问题需要从建立服务客户的企业文化、以客户需求制定服务标准和规范、建立专业的客户服务团队三个方面入手。

第四章 人寿保险行业市场开放度效率

近年来，国内对保险市场效率的研究主要有：林江（2006）[127]认为，保险市场的进入和退出壁垒会对市场效率产生较大的影响，进入壁垒可能会引起价格扭曲，造成福利损失，也可以抑制无效竞争，而退出壁垒使得低效率企业无法退出市场，造成保险市场的低效率。胡颖和李万军等（2007）[128]通过综述国内外文献，发现对保险业的效率研究，多采用数据包络分析方法、自由分布方法、随机前沿方法。蔡华（2009）[124]运用Berger和Hannan模型对中国产险市场结构、效率与绩效关系进行实证检验，结果发现，中国产险市场中不存在市场力量假说和效率结构假说。周梅和李梦斐等（2009）[129]从保险市场存在的风险与低效率的表现入手，分析对外开放风险、信息不对称风险、诚信缺失风险、系统性风险导致的保险业的低效率运行。周文杰（2012）[88]的研究显示，从交易效率来看，总体交易效率，依然是寿险公司高于财险公司。高俊和陈秉正等（2013）[89]通过对中国人寿保险市场效率的测算，发现中国人身保险存在着异质性的需求结构，从整体上看中国人身保险市场效率呈螺旋式提高且在省际间有不断收敛的趋势，基于市场效率的人身保险市场地区排名与传统指标（包括保费收入、保险密度及保险深度）排名有较大的差异。

目前国内学者对市场开放度的研究主要在商业银行业：朱华培（2009）[130]基于投资与储蓄关系的F—H条件模型和基于利率平价理论的利率平价条件模型作为实证模型分别研究金融市场对外开放程度。习江平（2009）[131]运用博弈论和信息经济学的相关理论，对债券市场信息不对称、境外机构发行人民币债券和境外机构市场准入问题进行了静态和动态博弈分析。赵雪芳和贺战兵（2009）[132]用Calor型黏性价格的黏性度作为产品市场开放度的衡量指标，建立了一个两国家四部门的实际汇率的黏性价格理性预期模型来分析市场开放度对实际汇率动态调整的影响。温振华和孟宪强等（2011）[133]利用定性的名义测度方法和定量的实际测度方法对金砖国家证券市场开放的流出、流入和总开放程度进行了测算。

以上国内外学者的研究成果对后来的研究者提供了许多经验和思想，但一些学者主要注重对保险市场效率的研究，针对市场开放度的研究主要是商业银行业而在人寿保险业市场开放度效率的研究较少，本章从人寿保险业开放的市场规则入手，对我国人寿保险业开放竞争的市场布局和市场开放度效率进行实证分析，并得出相关研究结论。

第一节 人寿保险行业开放度市场规则构成

市场规则是指由政府或行业协会制定的参与市场活动的各方必须共同遵守的行为准则。一般包括市场进出规则、市场竞争规则、市场交易规则等。人寿保险市场行业开放度市场规则，即由政府或行业协会制定，有关人寿保险行业开放的参与市场活动的各方必须遵守的行为准则，我们也将人寿保险行业开放度市场规则概括为人寿保险市场进出规则、人寿保险市场竞争规则以及人寿保险市场交易规则。

一 人寿保险市场进出规则

人寿保险市场的进出规则是指市场主体和市场客体进入或退出市场的行为准则与规范。人寿保险公司市场进入规则包括人寿保险公司的成立需经国务院保险监督管理机构批准，市场主体主要股东要有持续的盈利能力，信誉良好，最近三年无重大违法违规记录；章程合法；注册资本合法，其最低注册资本不得少于人民币2亿元，且必须为实缴资本；有健全的机构和制度；有符合任职条件的公司高管；有符合条件的经营场所，同时必须符合《中华人民共和国保险法（修订版）》规定的其他条件。在市场客体方面，人寿保险合同必须合法。人寿保险公司的退出机制有：经营有人寿保险业务的保险公司，除因分立、合并或者被依法撤销外，不得解散。

二 人寿保险市场的竞争规则

市场竞争规则一般包括禁止不正当竞争行为、禁止限制竞争行为、禁止垄断行为等。人寿保险市场的竞争规则是指市场主体之间地位平等、机会均等竞争关系在制度上的体现，和一般市场竞争规则基本一致。《中华人民共和国保险法（修订版）》规定保险公司开展保险业务，应当遵循公平竞争的市场原则，不得从事不正当竞争。

三 人寿保险市场的交易规则

人寿保险市场的交易规则是指人寿保险公司在市场上进行交易时必须遵守的行为准则与规范，主要包括市场交易方式的规范，市场交易行为的规范。如《中华人民共和国保险法（修订版）》规定保险公司从业人员应有职业资格证书，不得损害公司的利益。

由于在第二章保险市场准入、退出机制对人寿保险市场进出规则进行了分析，而人寿保险市场的交易规则伴随在人寿保险市场的竞争规则之中，同时第三章对人寿保险业的市场竞争行为进行了研究，因此本章重点对人寿保险业市场竞争中的开放和市场布局进行探讨。

第二节 人寿保险行业市场开放性和市场布局

一 人寿保险行业市场开放性

市场的开放性是指一个国家或地区经济对外开放的程度，具体表现为市场的开放程度。人寿保险行业市场开放性主要是人寿保险行业市场开放的程度，可以分三个阶段来描述。

第一阶段，2001年前，人寿保险市场的开放程度不高，但中国寿险市场已得到了初步发展，其市场竞争格局也开始初步形成。1979年11月19日停办20多年的国内保险业务开始复业，中国保险学会成立。1982年，中国人民保险公司恢复人寿保险业务，并于1999年分拆其寿险业务。1991年9月，我国开始起草新中国成立以来的第一部保险法。1994年深圳平安保险公司［中国平安保险（集团）股份公司的前身］开始承保寿险。1992年，外资保险公司美国友邦保险有限公司正式在国内开展寿险业务。1996年后，新华人寿保险股份有限公司等一批寿险公司相继成立。1995年10月1日，《中华人民共和国保险法》公布实施，标志着我国保险业进行了法制建设的新时期。1999年10月中国平安推出投资连结险。

第二阶段，2001—2004年，以中国加入WTO为起点，中国保险业逐步开放保险市场，中国人寿保险也迎来了新的发展机遇。加入WTO后，先后有 6 家外国保险公司被批准进入中国市场，这些保险公司也先后在中国开展人寿保险业务。保险业的开放城市也从上海、广州扩大到了深圳、大连和佛山等地，并于 2003 年取消了法定分保。

第三阶段，2004 年以后，保险业取消了地域的限制，到 2004 年 12 月 11 日，国内保险市场对外资全面开放，人寿保险业也进入了一个全面开放的时期。到 2012 年 12 月，保险公司已有 164 家，其中保险集团公司 10 家，中资保险公司 101 家，中外合资保险公司 52 家。截止到 2013 年 12 月，中国人寿保险保费收入已达到 8425.14 亿元，人寿保险赔付支出已达到 2253.13 亿元，保险资产总额达到 82886.95 亿元，银行存款 22640.98 亿元，投资额达 54232.43 亿元。

二　人寿保险行业市场布局

市场布局一般是指为了最大限度地满足消费需求、最有效地分销企业产品、最经济地控制营销成本，公司根据产品性质、区域性质、人口与购买力、交通条件、竞争状况、环境障碍和发展趋势等因素，在市场上对本公司的公司设立、产品推广、人员安排等一系列环节的规划。市场布局的战略一般有广泛布局、重点布局和分片布局。市场布局的策略包括重点突出策略、梯度推进策略和跳跃发展策略。市场布局的区域有区域内市场布局和区域间市场布局。

（一）人寿保险业区域内市场布局

人寿保险行业到目前为止，已形成了比较合理的市场布局，就出资形式来看，截至 2013 年 12 月，人寿保险公司已达到 55 家，其中中资寿险公司 30 家，外资寿险公司 25 家。这些 30 家中资寿险公司分别是：安邦人寿、百年人寿、长城人寿、光大永明、国华人寿、华夏人寿、和谐健康、合众人寿、农银人寿、建信人寿、昆仑健康、利安人寿、民生人寿、平安寿险、平安养老、人保寿险、人保健康、生命人寿、太保寿险、泰康人寿、太平人寿、太平养老、天安人寿、幸福人寿、信泰人寿、阳光人寿、英大人寿、正德人寿、中融人寿、中邮人寿；25 家外资寿险公司分别是：长生人寿、大都会人寿、国泰人寿、海康人寿、北大方正、恒安标准、华泰人寿、汇丰人寿、交银康联、工银安盛、君龙人寿、平安健康、瑞泰人寿、信诚人寿、新光海航、友邦、招商信诺、中德安联、中法人寿、中航三星、中荷人寿、中宏人寿、中新大东方、中意人寿、中英人寿。这 55 家人寿保险公司的寿险业务遍及全国各地。

下面按照东、中、西部的划分以全国各地寿险保费收入指标来分析人寿保险业的区域内市场布局。按照统计年鉴的划分标准，对东、中、西部的范围做如下划分，东部包括北京等16个省（直辖市）；中部包括山西等8个省；西部包括重庆等12个省（自治区、直辖市）。

西部地区指内蒙古、广西、陕西、甘肃、青海、宁夏、新疆、四川、重庆、云南、贵州、西藏12个省（直辖市、自治区）。从2006—2013年中国西部各省（直辖市、自治区）寿险保费收入一览表和保费收入变化趋势图中可以发现（如表4-1、图4-1所示），从2005年之后人寿保险保费收入由高到低基本排序分别是四川、陕西、重庆、云南、新疆、甘肃、贵州、宁夏、青海、西藏，各个地区保费收入呈现逐年递增的态势，这表明在2006—2013年期间，人寿保险行业在西部各地区的比重各有不同，以2013年为例，四川、陕西、重庆、云南、新疆、甘肃、贵州、宁夏、青海、西藏10省（直辖市、自治区）在西部市场上的市场份额分别为 35.93%、17.02%、14.38%、9.08%、8.58%、6.61%、5.17%、2.21%、0.95%、0.94%。

表4-1　　　　2006—2013年中国西部各省（直辖市、自治区）寿险保费收入一览　　　　单位：亿元

年份	四川	内蒙古	广西	重庆	云南	贵州	西藏	陕西	甘肃	青海	宁夏	新疆
2006	150.14	44.32	46.01	59.27	48.00	26.70	0.00	78.05	37.07	3.82	10.22	49.63
2007	211.91	53.50	56.21	80.41	50.26	30.93	0.03	101.50	46.36	4.49	12.63	58.84
2008	344.96	79.15	82.50	148.95	91.69	45.43	0.09	159.24	68.82	6.67	18.11	94.72
2009	386.11	92.51	86.33	181.60	92.40	52.47	0.20	181.24	80.34	8.79	22.45	88.53
2010	522.64	106.59	110.08	235.77	117.41	67.70	0.43	228.65	98.98	13.42	29.46	108.60
2011	499.02	98.12	116.71	206.19	106.52	63.20	0.78	221.97	84.16	11.86	26.70	102.86
2012	483.07	109.45	124.25	207.00	116.24	68.35	0.98	223.59	90.84	13.20	28.71	113.68
2013	520.99	121.38	135.42	208.42	131.65	74.90	0.94	246.82	95.78	13.82	32.11	124.40
均值	389.86	88.13	94.69	165.95	94.27	53.71	0.43	180.13	75.29	9.51	22.55	92.66

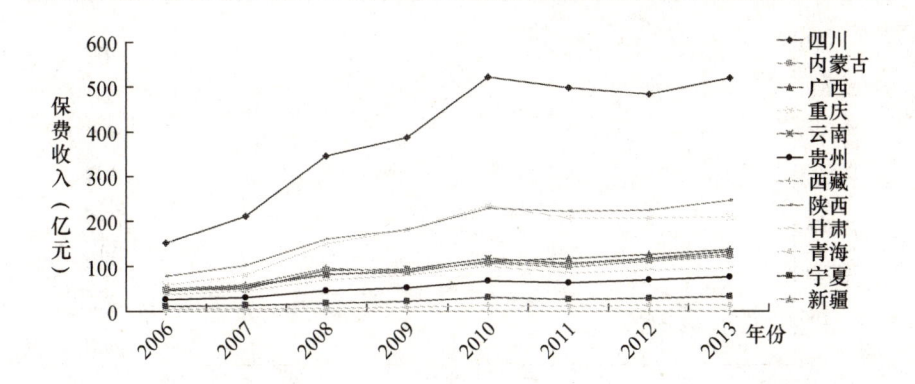

图 4-1 2006—2013 年中国西部各省（直辖市、自治区）寿险保费收入变化趋势

中部地区包括山西、吉林、黑龙江、安徽、江西、河南、湖北、湖南 8 个省。从 2006—2013 年中国中部各省寿险保费收入一览表和保费收入变化趋势图可以发现（如表 4-2、图 4-2 所示），中部各省人寿保险业务也呈现逐年递增的趋势。2006—2013 年中部各省人寿保险费用由高到低分别是河南、湖北、湖南、安徽、山西、黑龙江、江西、吉林。这表明中部各地人寿保险的布局比重各有不同，以 2013 年为例，河南、湖北、湖南、安徽、山西、黑龙江、江西、吉林的市场份额分别是 4.99%、9.85%、6.19%、9.88%、9.96%、7.29%、25.19%、14.90%。

表 4-2　　　　2006—2013 年中国中部各省寿险保费收入一览　　　单位：亿元

省份 年份	山西	吉林	黑龙江	安徽	江西	河南	湖北	湖南
2006	94.65	65.03	119.35	112.87	67.63	185.45	105.32	98.48
2007	120.98	78.74	110.82	138.98	76.74	238.63	131.70	135.73
2008	187.12	118.66	190.87	218.47	127.22	411.01	240.71	229.06
2009	205.68	134.29	207.44	251.56	130.08	434.45	278.65	247.77
2010	253.59	165.93	254.49	295.51	169.21	618.34	372.26	305.70
2011	232.87	140.85	212.43	267.53	151.99	637.16	353.28	289.70
2012	234.11	138.23	219.60	257.89	155.24	595.49	357.29	283.56
2013	239.70	150.68	240.47	242.56	177.52	613.40	362.81	286.13
均值	196.09	124.05	194.43	223.17	131.95	466.74	275.25	234.52

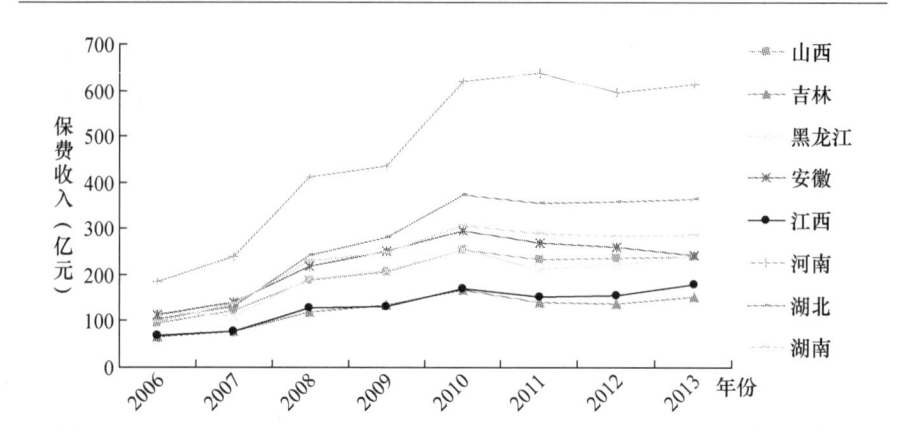

图 4-2 2006—2013 年中国中部各省寿险保费收入变化趋势

东部地区包括辽宁、北京、天津、河北、山东、江苏、上海、浙江、福建、广东、海南11个省（直辖市）。从 2006—2013 年中国东部各省（直辖市）寿险保费收入一览表和保费收入变化趋势图可以发现（如表4-3、图 4-3 所示），东部各省人寿保险业务的布局比重基本呈现逐年递增的趋势，以 2013 年为例，东部辽宁、北京、天津、河北、山东、江苏、上海、浙江、福建、广东、海南各省人寿保险市场份额分别为 4.88%、11.48%、2.99%、9.40%、12.64%、16.28%、8.77%、8.75%、5.17%、16.20%、0.72%。

表 4-3 2006—2013 年中国东部各省（直辖市）寿险保费收入一览

单位：亿元

年份\省份	辽宁	北京	天津	河北	山东	江苏	上海	浙江	福建	广东	海南
2006	126.80	275.63	67.86	171.15	220.11	337.83	264.92	168.21	90.68	283.73	9.40
2007	149.15	334.39	102.74	228.90	274.26	375.99	317.12	200.64	111.41	387.27	11.54
2008	233.34	390.58	118.70	351.05	389.54	528.19	382.06	288.06	159.81	601.76	17.53
2009	236.99	466.05	92.50	439.26	450.56	619.49	458.40	302.01	175.37	651.98	18.84
2010	306.04	676.49	133.91	513.59	569.50	780.41	630.61	386.58	217.89	840.15	27.25
2011	214.21	505.83	118.62	470.21	549.88	741.09	453.87	371.55	201.78	757.36	28.37
2012	227.76	554.27	126.98	459.02	572.48	765.87	482.45	401.25	211.45	759.51	30.76
2013	242.73	570.81	148.54	467.24	628.46	809.17	435.89	435.16	257.17	805.11	35.62
均值	217.13	471.76	113.73	387.55	456.85	619.76	428.17	319.18	178.20	635.86	22.41

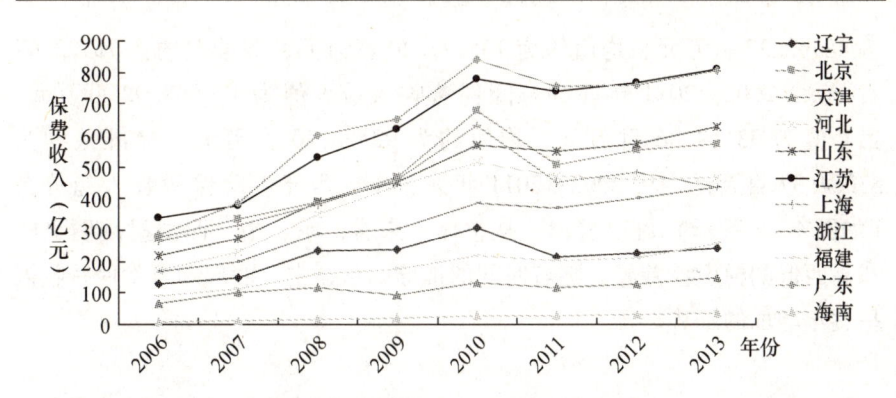

图 4-3 2006—2013 年中国东部各省（直辖市）寿险保费收入变化趋势

根据上面对中国东、中、西部人寿保险市场布局的分析，结合 2006—2013 年各地区累计寿险保费收入柱状图可以发现人寿保险保费收入在我国各省（直辖市、自治区）布局比重由高到低分别是：江苏、广东、河南、山东、北京、上海、四川、河北、浙江、湖北、安徽、湖南、辽宁、山西、黑龙江、福建、重庆、陕西、江西、天津、吉林、广西、内蒙古、云南、新疆、甘肃、贵州、海南、宁夏、青海、西藏（如图 4-4 所示）。

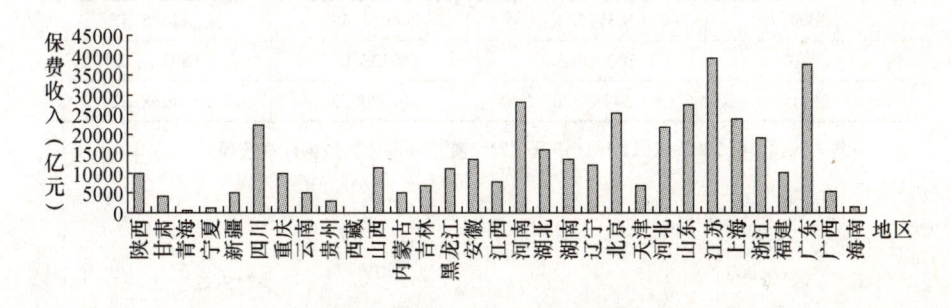

图 4-4 2006—2013 年各地区累计寿险保费收入

（二）人寿保险业区域间市场布局

1. 保费收入、保险深度、保险密度

由 2002—2011 年东、中、西部寿险保费收入（如表 4-4 所示）可以得出，2002—2011 年东部寿险保费收入最大值为 580616.30 百万元，最小值为 145891.00 百万元，均值为 338544.00 百万元，标准差为 159635.50 百万元；2002—2011 年中部寿险保费收入最大值为 247980.28 百万元，最小值为 48462.37 百万元，均值约为 135127.20 百万元，标准差约为 75123.07 百万元；2002—2011 年西部寿险保费收入最大值为 174048.02 百万元，最小值为 33119.06 百万元，均值约为 92566.40 百万元，标准差约为 53064.37 百万元。从 2002—2011 年东、中、西部寿险保费收入趋势图（如图 4-5 所示）可以看出，从整体上来看，东、中、西部呈现明显的东高西低的梯度性差异。随着时间的推移，东、中、西部的寿险保费收入呈逐年增加的趋势。

表 4-4　　　　2002—2011 年东、中、西部寿险保费收入　　　单位：百万元

区域 年份	东部	中部	西部
2002	145891.00	48462.37	33119.06
2003	194640.10	67368.41	43071.33
2004	199159.90	75959.01	47190.80
2005	232053.50	81492.25	53977.55
2006	252123.10	93116.57	64899.83
2007	316427.30	112533.87	79874.08
2008	431196.70	184368.03	126716.72
2009	483775.30	204658.58	142445.57
2010	580616.30	235333.01	160321.02
2011	549556.6	247980.28	174048.02

资料来源：根据 2002—2011 年《中国保险年鉴》各卷相关数据计算整理。

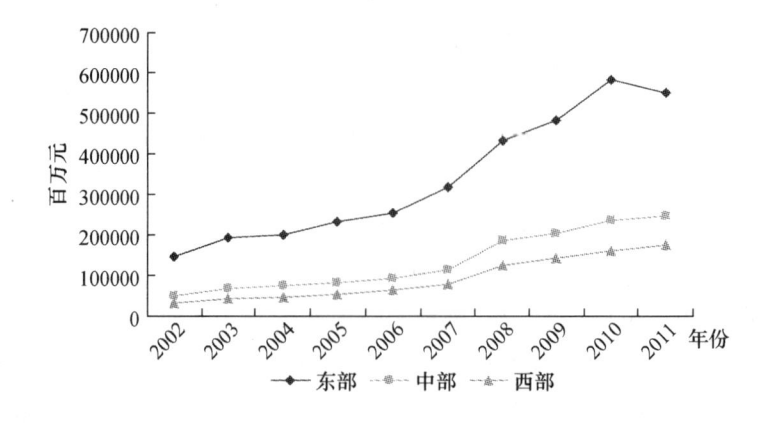

图 4-5　2002—2011 年东、中、西部寿险保费收入趋势

由 2002—2011 年东、中、西部寿险保险深度（如表 4-5 所示）可以得出，2002—2011 年东部寿险保险深度最大值为 2.22%，最小值为 1.21%，均值为 1.83%，标准差为 0.29%；2002—2011 年中部寿险保险深度最大值为 2.39%，最小值为 1.63%，均值为 1.98%，标准差为 0.28%；2002—2011 年西部寿险保险深度最大值为 2.18%，最小值为 1.62%，均值为 1.82%，标准差为 0.20%。

表 4-5　　　　2002—2011 年东、中、西部寿险保险深度　　　　单位:%

年份＼区域	东部	中部	西部
2002	1.94	1.63	1.65
2003	2.22	2.03	1.88
2004	1.88	1.88	1.71
2005	1.21	1.76	1.62
2006	1.66	1.74	1.65
2007	1.75	1.75	1.68
2008	1.73	2.36	2.18
2009	2.09	2.39	2.11
2010	2.11	2.26	1.98
2011	1.70	1.95	1.75

资料来源：根据 2002—2011 年《中国保险年鉴》各卷相关数据计算整理。

由 2002—2011 年东、中、西部寿险保险深度趋势图（如图 4-6 所示）可以看出，随着时间的推移，东、中、西部都呈现波动变化趋势，2002—2004 年，东部保险深度最大，中部次之，西部最小；2004—2006 年，中部保险深度最大，西部保险深度次之，东部保险深度最小；2006—2007 年，中部保险深度最大，东部保险深度次之，西部保险深度最小；2007—2009 年，中部保险深度最大，西部保险深度次之，中部保险深度最小；2009—2011 年，中部保险深度最大，东部保险深度次之，西部保险深度最小。

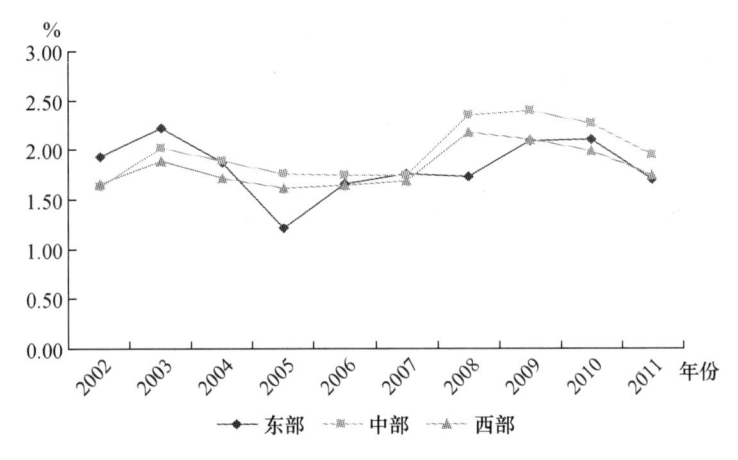

图 4-6 2002—2011 年东、中、西部寿险保险深度趋势

由 2002—2011 年东、中、西部寿险保险密度（如表 4-6 所示）可以看出，2002—2011 年东部寿险保险密度最大值为 1022.99 元/人，最小值为 33.08 元/人，均值为 591.32 元/人，标准差为 309.89 元/人；2002—2011 年中部寿险保险密度最大值为 570.39 元/人，最小值为 113.70 元/人，均值为 317.23 元/人，标准差为 175.68 元/人；2002—2011 年西部寿险保险密度最大值为 480.28 元/人，最小值为 90.45 元/人，均值为 253.16 元/人，标准差为 146.16 元/人。

表 4-6　　　　　2002—2011 年东、中、西部寿险保险密度　　　　单位：元/人

区域 年份	东部	中部	西部
2002	33.08	113.70	90.45
2003	385.04	157.30	116.84
2004	386.95	177.47	127.14
2005	430.60	190.96	145.96
2006	465.40	220.46	178.54
2007	584.63	265.90	218.76
2008	790.44	438.65	346.95
2009	882.01	478.36	386.89
2010	1022.99	559.09	439.76
2011	932.05	570.39	480.28

资料来源：根据 2002—2011 年《中国保险年鉴》各卷相关数据计算整理。

由 2002—2011 年东、中、西部寿险保险密度趋势图（如图 4-7 所示）可以看出，从整体上看，东部保险密度最大，中部次之，西部最小；随着时间的推移，东、中、西部寿险保险密度大体呈现逐年增加的趋势。

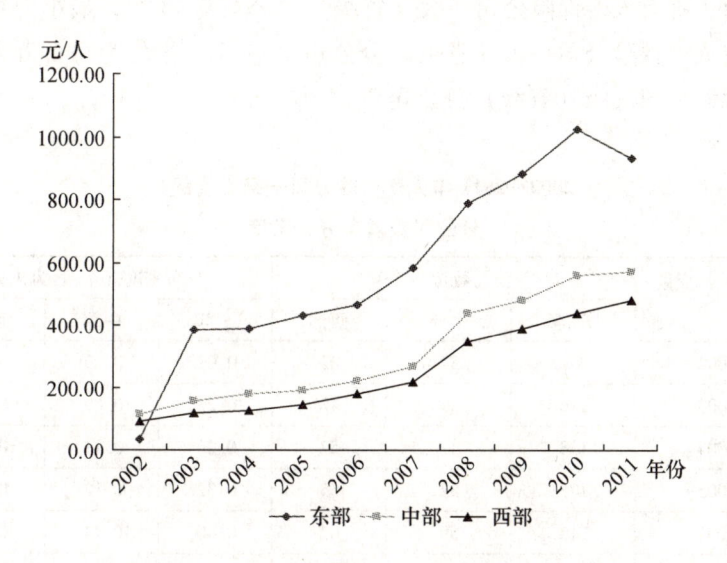

图 4-7 2002—2011 年东、中、西部寿险保险密度趋势

2. 保险公司数量和分布密度

随着经济体制和保险体制改革的深入，我国逐步形成了主体多样化的保险市场格局，保险机构数量不断增多。从人寿保险公司一级（省级）分公司数量和分布密度表（如表 4-7 所示）可以看出，从 2002—2011 年，东部人寿保险公司一级（省级）分公司数量最大值为 470.00 个，最小值为 96.00 个，均值为 264.90 个，标准差为 138.92 个；中部人寿保险公司一级（省级）分公司数量最大值为 161.00 个，最小值为 37.00 个，均值为 86.80 个，标准差为 45.84 个；西部人寿保险公司一级（省级）分公司数量最大值为 155.00 个，最小值为 42.00 个，均值为 87.00 个，标准差为 42.39 个。从 2002—2011 年东部人寿保险公司一级（省级）分公司分布密度最大为每百万人拥有人寿保险公司一级（省级）分公司 0.80 个，最小为每百万人拥有人寿保险公司一级（省级）分公司 0.02 个，平均为每百万人拥有人寿保险公司一级（省级）分公司 0.47 个；中部人寿保险公司一级（省级）分公司分布密度最大为每百万人拥有人寿保险公

司一级（省级）分公司 0.37 个，最小为每百万人拥有人寿保险公司一级（省级）分公司 0.09 个，平均为每百万人拥有人寿保险公司一级（省级）分公司 0.20 个；西部人寿保险公司一级（省级）分公司分布密度最大为每百万人拥有人寿保险公司一级（省级）分公司 0.43 个，最小为每百万人拥有人寿保险公司一级（省级）分公司 0.11 个，平均为每百万人拥有人寿保险公司一级（省级）分公司 0.24 个。

表 4-7　　2002—2011 年人寿保险公司一级（省级）分公司数量和分布密度

年份 \ 变量	分公司数量（个）			分布密度（个/百万人）		
	东部	中部	西部	东部	中部	西部
2002	96	37	42	0.02	0.09	0.11
2003	116	39	43	0.23	0.09	0.12
2004	133	47	52	0.26	0.11	0.14
2005	175	52	55	0.32	0.12	0.15
2006	214	59	62	0.40	0.14	0.17
2007	262	93	84	0.48	0.22	0.23
2008	353	115	115	0.65	0.27	0.31
2009	412	127	126	0.75	0.30	0.34
2010	418	138	136	0.74	0.33	0.37
2011	470	161	155	0.80	0.37	0.43

资料来源：根据 2002—2011 年《中国保险年鉴》各卷相关数据计算整理。

从 2002—2011 年人寿保险公司一级（省级）分公司数量变化趋势图（如图 4-8 所示）可以看出，东、中、西部 2002—2011 年人寿保险公司一级（省级）分公司数量逐年增加，且东部人寿保险公司一级（省级）分公司数量多于中部和西部，中部和西部人寿保险公司一级（省级）分公司数量和变化趋势基本一致。从 2002—2011 年人寿保险公司一级（省级）分公司分布密度趋势图（如图 4-9 所示）可以看出，东、中、西部 2002—2011 年人寿保险公司一级（省级）分公司分布密度逐年增加，且东部人寿保险公司一级（省级）分公司分布密度最高，西部次之，中部最小。

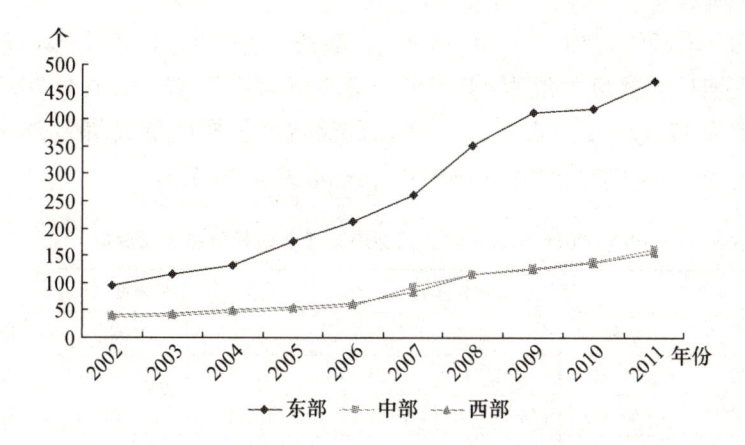

图 4-8 2002—2011 年人寿保险公司一级（省级）分公司数量变化趋势

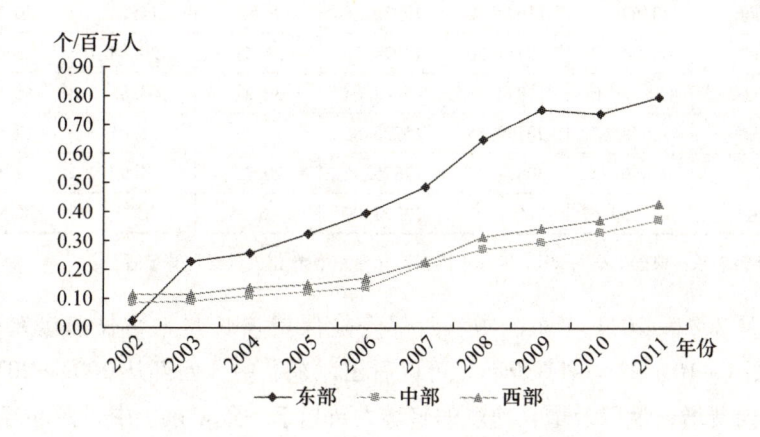

图 4-9 2002—2011 年人寿保险公司一级（省级）分公司分布密度趋势

3. 保费增长量和增长速度

由 2002—2011 年东、中、西部寿险保费增长量和增长速度（如表 4-8 所示）可以看出，2002—2011 年东部保费增长量最大值为 114769.40 百万元，最小值为 -31059.67 百万元，均值为 40899.34 百万元，标准差为 44217.81 百万元；2002—2011 年中部保费增长量最大值为 71834.16 百万元，最小值为 5533.24 百万元，均值为 20758.92 百万元，标准差为 19443.81 百万元；2002—2011 年西部保费增长量最大值为 46842.64 百万元，最小值为 -1190.91 百万元，均值为 13973.80 百万元，标准差为 12926.89 百万元。2002—2011 年东部保费增长速度最大值为 36.27%，最

小值为 -5.35%，均值为 15.33%，标准差为 13.65%；2002—2011 年中部保费增长速度最大值为 63.83%，最小值为 5.37%，均值为 20.93%，标准差为 17.77%；2003—2011 年西部保费增长速度最大值为 58.65%，最小值为 -3.47%，均值为 18.60%，标准差为 16.73%。

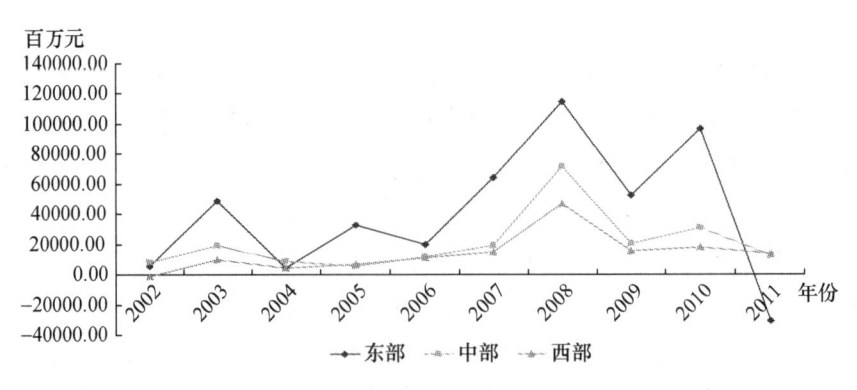

表 4-8　2002—2011 年东、中、西部寿险保费增长量和增长速度

年份	增长量（百万元）			增长速度（%）		
	东部	中部	西部	东部	中部	西部
2002	5327.80	8071.29	-1190.91	3.79	19.98	-3.47
2003	48749.08	18906.04	9952.27	33.41	39.01	30.05
2004	4519.82	8590.60	4119.47	2.32	12.75	9.56
2005	32893.62	5533.24	6786.75	16.52	7.28	14.38
2006	20069.57	11624.32	10922.28	8.65	14.26	20.23
2007	64304.20	19417.30	14974.25	25.51	20.85	23.07
2008	114769.40	71834.16	46842.64	36.27	63.83	58.65
2009	52578.63	20290.55	15728.85	12.19	11.01	12.41
2010	96840.96	30674.43	17875.45	20.02	14.99	12.55
2011	-31059.67	12647.27	13727.00	-5.35	5.37	8.56

资料来源：根据 2002—2011 年《中国保险年鉴》各卷相关数据计算整理。

从 2002—2011 年东、中、西部寿险保费增长量、增长速度趋势图（如图 4-10、图 4-11 所示）可以看出，东、中、西部从 2002—2011 年寿险保费增长量以及增长速度的趋势大致趋于一致。东、中、西部寿险保费增长量和增长速度最大值都出现在 2008 年，且东部地区在 2011 年寿险保费增长量和增长速度出现了负值。

图 4-10　2002—2011 年东、中、西部寿险保费增长量趋势

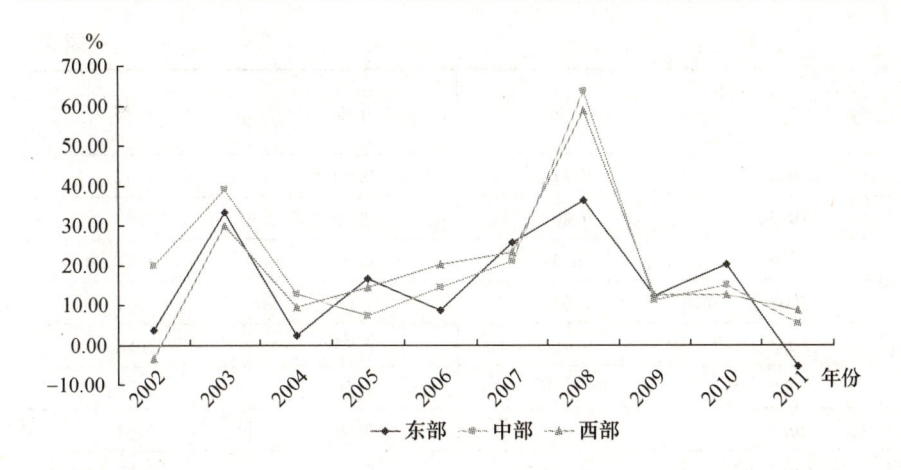

图 4-11 2002—2011 年东、中、西部寿险保费增长速度趋势

4. 保费收入 GDP 弹性系数

保费收入 GDP 弹性是保费收入对 GDP 变动的反应程度，表示 GDP 每增加或减少 1 个百分点引起保费收入变化的百分率，用保费收入增长率与 GDP 增长率之比计算。由 2002—2011 年东、中、西部寿险保费收入 GDP 弹性系数（如表 4-9 所示）可以看出，2011 年东、中、西部寿险保费收入 GDP 弹性系数分别为 -0.30、0.24、0.37。区域间存在一定的差距。东、中、西部寿险保费收入 GDP 弹性的不同反映了各区域基于当地经济规模的保险相对发展水平的差距。中、西部寿险保费收入 GDP 弹性系数都大于 0，说明中、西部寿险发展水平和自身经济发展水平相适应的潜在保险规模之间的差距小，该区域内寿险增长速度快于其经济增长速度。东部地区寿险保费收入 GDP 弹性系数小，说明该区域寿险发展水平和自身经济发展水平相适应的潜在保险规模之间的差距大，即该地区寿险业并未随着地区经济规模的持续发展而表现出相应的增长速度和发展水平，应在现有较大保险存量的基础上进一步开发保险资源。

表 4-9 2002—2011 东、中、西部寿险保费收入 GDP 弹性系数

年份 \ 区域	东部	中部	西部
2002	0.34	2.13	1.76
2003	2.00	3.22	2.14

续表

区域 年份	东部	中部	西部
2004	0.11	0.60	0.47
2005	0.20	0.50	0.68
2006	-0.41	0.91	1.14
2007	1.35	1.03	1.11
2008	0.95	2.94	2.58
2009	-1.70	1.16	0.78
2010	1.04	0.69	0.64
2011	-0.30	0.24	0.37

资料来源：根据2002—2011年《中国保险年鉴》各卷相关数据计算整理。

5. 潜在保源转化率

潜在保源转化率是指不同险种的实际承保数量与市场保险拥有量之比的综合加权，一般来说，居民储蓄存款和单位存款表示了居民个人和单位购买保险的实际和潜在能力，因此可用存款余额来表示潜在保险需求量，通过保费收入与存款余额计算出潜在保源转化率。从2002—2011年东、中、西部寿险潜在保源转化率（如表4-10所示）可以看出，2002—2011年东部寿险潜在保源转化率最大值为1.54%，最小值为0.98%，均值为1.19%，标准差为0.19%；2002—2011年中部寿险潜在保源转化率最大值为2.16%，最小值为1.40%，均值为1.69%，标准差为0.22%；2002—2011年西部寿险潜在保源转化率最大值为1.62%，最小值为1.19%，均值为1.34%，标准差为0.15%。从2002—2011年东、中、西部寿险潜在保源转化率趋势图（如图4-12所示）可以看出，中部寿险潜在保源转化率最高，西部次之，东部最小。

表4-10　　　2002—2011年东、中、西部寿险潜在保源转化率　　　单位:%

区域 年份	东部	中部	西部
2002	1.41	1.40	1.44
2003	1.54	1.67	1.56

续表

区域 年份	东部	中部	西部
2004	1.24	1.69	1.24
2005	1.10	1.54	1.20
2006	1.03	1.51	1.22
2007	1.15	1.60	1.28
2008	1.34	2.16	1.62
2009	1.15	1.88	1.39
2010	1.00	1.80	1.27
2011	0.98	1.65	1.19

资料来源：根据2002—2011年《中国保险年鉴》各卷相关数据计算整理。

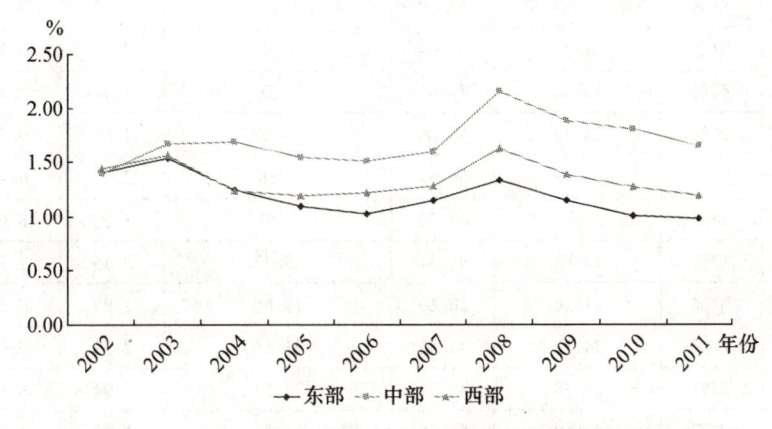

图4-12　2002—2011年东、中、西部潜在保险转化率趋势

6. 区域寿险产品结构

从2002—2011年东、中、西部区域寿险产品结构（如表4-11所示）可以看出，普通寿险产品保费收入比例最大值为44.05%，最小值为9.18%，均值为23.70%，标准差为10.92%；分红产品保费收入比例最大值为82.29%，最小值为43.31%，均值为58.23%，标准差为12.62%；投资连结险和万能险保费收入比例最大值为27.77%，最小值为0.48%，均值为8.65%，标准差为8.65%；意外险保费收入比例最大值为5.09%，最小值为1.40%，均值为2.63%，标准差为0.83%；健康险保费收入比例最大值为9.74%，最小值为4.05%，均值为6.78%，标准差为1.61%。

表4-11　　　　2002—2011年东、中、西部区域寿险产品结构　　　　单位:%

年份	区域	普通寿险产品	分红产品	投资连结险和万能险	意外险	健康险
2002	东部	42.37	45.18	4.24	2.99	5.22
	中部	38.71	52.37	0.93	3.93	4.05
	西部	44.05	43.51	1.23	5.09	6.12
2003	东部	29.29	56.67	3.08	2.41	8.55
	中部	30.01	60.78	0.53	2.71	5.97
	西部	38.70	47.75	0.90	3.82	8.83
2004	东部	31.91	54.81	2.32	2.73	8.24
	中部	30.12	61.56	0.48	2.37	5.46
	西部	40.22	44.23	2.07	4.04	9.44
2005	东部	24.83	55.90	8.42	2.47	8.38
	中部	27.22	59.04	4.50	2.48	6.77
	西部	33.44	47.84	6.57	3.71	8.45
2006	东部	24.38	50.00	13.27	2.61	9.74
	中部	26.78	56.98	7.58	2.22	6.44
	西部	31.81	47.50	8.57	3.21	8.92
2007	东部	18.84	43.31	27.77	2.35	7.73
	中部	24.36	50.66	17.66	1.99	5.33
	西部	24.53	43.76	21.15	2.93	7.62
2008	东部	12.58	49.29	27.52	1.94	8.67
	中部	16.69	55.65	21.58	1.40	4.67
	西部	16.31	52.07	23.26	2.18	6.18
2009	东部	10.88	63.38	17.14	1.96	6.66
	中部	14.62	67.85	11.28	1.50	4.76
	西部	13.88	65.64	11.93	2.43	6.11
2010	东部	9.18	75.15	7.48	2.07	6.13
	中部	11.77	80.69	1.49	1.58	4.47
	西部	12.30	75.69	3.61	2.52	5.88
2011	东部	9.59	79.28	1.16	2.61	7.37
	中部	10.15	82.29	0.84	1.80	4.92
	西部	11.51	78.21	0.97	2.87	6.43

资料来源:根据2002—2011年《中国保险年鉴》各卷相关数据计算整理。

从 2002—2011 年东部区域寿险产品结构趋势图（如图 4-13 所示）、2002—2011 年中部区域寿险产品结构趋势图（如图 4-14 所示）、2002—2011 年西部区域寿险产品结构趋势图（如图 4-15 所示）可以看出，东、中、西部普通寿险产品，分红产品，投资连结险和万能险，意外险，健康险保费收入比例的变化趋势基本一致，分红产品保费收入比例在所有保费收入中占据领先地位。

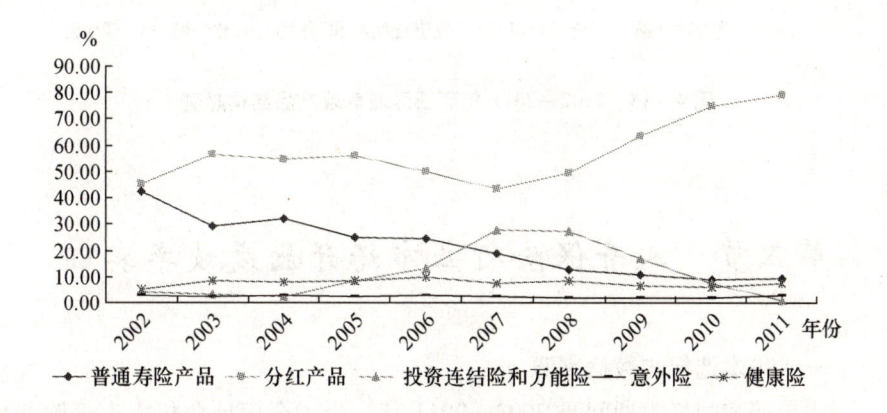

图 4-13　2002—2011 年东部区域寿险产品结构趋势

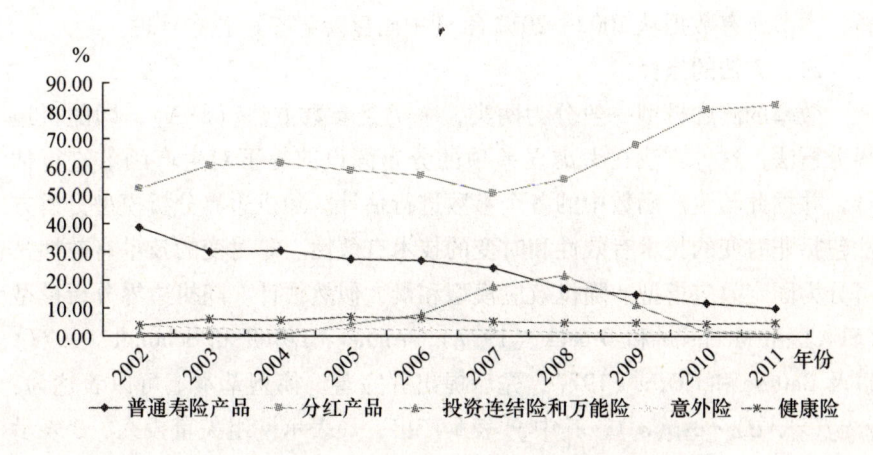

图 4-14　2002—2011 年中部区域寿险产品结构趋势

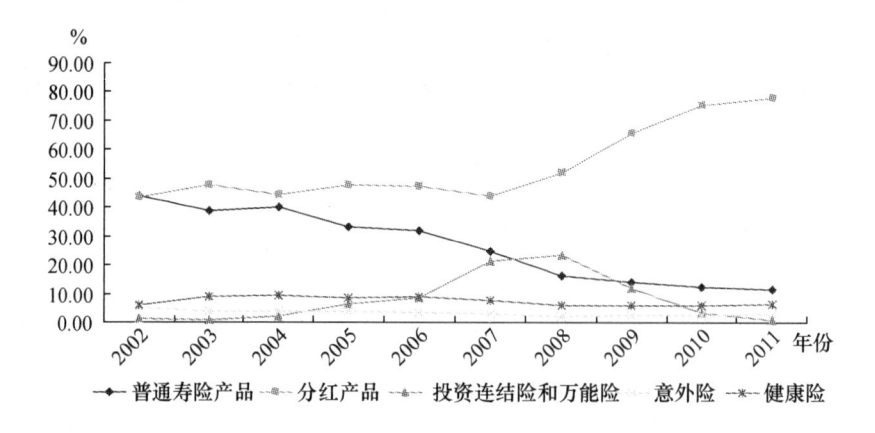

图 4-15　2002—2011 年西部区域寿险产品结构趋势

第三节　人寿保险行业市场开放度效率实证

一　样本选择与数据来源

本节研究的样本期间是 2002—2011 年，为了全面地分析人寿保险行业市场开放度的效率，选择整体人寿保险行业全部寿险公司（分为中资寿险公司和外资寿险公司）作为研究样本，利用 EMS 软件对数据进行分析，本节所有数据从 2002—2012 年《中国保险年鉴》各卷整理。

二　方法的选择

效率的测度模型一般分为两类，一类是参数方法（SFA），即随机边界分析法，这种方法在考虑误差项的分布假设前提下对生产函数进行估计，并据此随生产函数中的各个参数进行估计。随机边界分析模型分析方法包括非时变的技术有效性和时变的技术有效性。非时变的技术有效性又可分为固定效应模型、随机效应模型和最大似然估计。随机边界分析模型（SFA）由 Meeusen 和 Broeck（1977），Aigner、Lovell 和 Schmidt（1977）以及 Battese 和 COrra（1977）先后提出并完善。模型基本上可以表达为：$y_i = f(x_i, \beta) \cdot \exp(\varepsilon_i)$，其中 y_i 表示产出，x_i 表示一组矢量投入，β 表示一组待定的矢量参数。ε_i 为误差项，它是一个复合结构，$\varepsilon_i = v_i - u_i$，其中 v_i 是一个双边误差，也是随机误差项，服从 $N(0, \sigma_v^2)$ 分布。$u_i \geq 0$，其中 u_i 是一个单边误差项，也是管理误差项，表示对某个个体所具有的冲击。

另一类是非参数方法（DEA），数据包络分析法是一种数学规划方法，它是将技术效率的理论研究推广到生产单位的直接效率测度。数据包络分析（the Data Envelopment Analysis，DEA）是 1978 年由 A. Charnes 和 W. W. Cooper 等美国著名的运筹学家提出，以相对效率概念为基础发展起来的，对具有相同类型投入产出的若干部门或单位相对有效性的一种效率评价方法。当企业在运营中，投入产出的作用和地位不同时，要评价投入和产出的 DEA 是否有效率，就需要对投入和产出进行"综合"，而 DEA 正是一种有效综合各个决策单元（DMU）输入、输出数据的评价方法。DEA 模型分为投入导向模型和产出导向模型，投入导向模型一个是 CCR 规模报酬不变模型，一个是 BCC 规模报酬可变模型。基于人寿保险业为商业营利性行业，需针对保险市场客户不同需求设计保单和提供服务，且相对于产出来讲，投入资源较易控制，因此本节选用 DEA 中投入导向 CCR 模型对我国人寿保险行业市场开放度效率进行分析。根据 DEA 原理，建立如下人寿保险业市场开放度效率评估模型。

假设有 n 家人寿保险公司，每家人寿保险公司有 a 种类型的输入指标和 b 种类型的输出指标，设 x_j 和 y_j 分别表示第 j 家人寿保险公司的输入和输出向量，$X_j = (x_{1j}, x_{2j}, \cdots, x_{aj})T$，$Y_j = (y_{1j}, y_{2j}, \cdots, y_{bj})T$，$j = 1, 2, \cdots, n$，$X_{uj}$ 和 Y_{vj} 分别表示第 j 个决策单元 DMU_j，即第 j 家人寿保险公司的第 u 种输入和第 v 种输出，由输入、输出指标的组成的状态集为：

$$T_{C^2R} = \left\{ (X,Y) \mid X \geqslant \sum_{j=1}^{n} \lambda_j X_j, Y \leqslant \sum_{j=1}^{n} \lambda_j X_j, \lambda_j \geqslant 0, j = 1, 2, \cdots, n \right\}$$

具有非阿基米德无穷小（ε）的 DMU 总体效率（θ）输入导向 CCR 模型为：

$$D_{C^2R} = \begin{cases} \min[\theta - \varepsilon(e^{-T}s^- + e^T s^+)] \\ \sum_{j=1}^{n} X_{uj}\lambda_j + S_u^- = \theta X_0 \\ \sum_{j=1}^{n} Y_{vj}\lambda_j - S_v^- = Y_0 \\ \theta \geqslant 0, S_u^- \geqslant 0, S_v^+ \geqslant 0, \lambda_j \geqslant 0, j = 1, 2, \cdots, n \end{cases}$$

式中 X_0、Y_0 是被评价决策单元 DMU_0 的投入和产出向量，$e^{-T} = (1, 1, \cdots, 1) Ea$，$e^T = (1, 1, \cdots, 1) Eb$，$S_u^-$ 和 S_v^+ 分别为松弛变量，ε 为非阿基米德无穷小（一般取 $\varepsilon = 0.000001$），λ_j 为输入、输出指标的权

系数，θ 为人寿保险公司经营绩效评价有效性结果。

若输入对偶规划的最优解为 λ_0、S_0^-、S_0^+、θ_0，则有：当 $\theta_0=1$，$e^{-T}s^-+e^Ts^+=0$，DMU_{j0} 为 DEA 有效；当 $\theta_0=1$，$e^{-T}s^-+e^Ts^+>0$，DMU_{j0} 为弱 DEA 有效；当 $\theta_0<1$，$e^{-T}s^-+e^Ts^+\neq 0$，DMU_{j0} 为非 DEA 有效。若 DMU_{j0} 为非 DEA 有效，可通过输入指标 X_{wj0} 进行适当调整，使 DMU_{j0} 趋向相对有效。

三 变量的选择

建立人寿保险企业开放度效率评价指标应该遵循的原则包括科学性原则、系统优化原则、可行性原则、精简性原则。科学性原则主要是指所确定的各个指标要能客观地反映人寿保险行业开放度的实际情况。系统优化原则是指所选择的指标需要具有横向和纵向的联系。可行性原则是指所选择的指标必须能够反映不同对象的共同属性，具有可测性和可比性。精简性原则是指指标不宜过多，也不要太少，且指标数据的采集方法要明确和规范。在结合前人的研究成果基础上，本节选取 2002—2011 年东、中、西部各省（直辖市、自治区）人寿保险一级公司（省级）分公司数量（个）、劳动力投入（人）、费用支出作为输入指标，保费收入和利润总额作为产出指标来度量人寿保险市场开放度效率。各变量的描述性分析如表 4-12 所示：

表 4-12　　　　　　　　投入、产出变量描述性统计

投入、产出指标		统计量 寿险业	均值	标准差	最小值	最大值
投入项	分公司数量（个）	全国	438.70	226.65	175.00	786.00
		中资	339.30	161.07	161.00	591.00
		外资	99.40	66.69	14.00	195.00
	劳动力投入（人）	全国	258059.70	106968.70	124773.00	413813.00
		中资	244907.30	100739.30	121552.00	394186.00
		外资	13152.40	6881.58	3221.00	20918.00
	费用支出（百万元）	全国	121667.80	67891.93	41160.20	229715.40
		中资	114087.30	63565.78	39441.75	215704.30
		外资	7580.51	4406.17	1718.45	14011.16

续表

投入、产出指标		统计量 寿险业	均值	标准差	最小值	最大值
产出项	保费收入（百万元）	全国	566723.40	296878.00	227464.00	1050088.00
		中资	537318.20	280785.30	223478.00	990941.00
		外资	29405.20	18448.97	3986.00	59147.00
	利润总额（百万元）	全国	38939.16	43562.83	-105.87	105229.10
		中资	40002.79	43351.18	2863.31	106170.60
		外资	-1063.64	837.65	-2969.18	-218.67

四 实证结果分析

由2002—2011年全国、中资、外资寿险市场开放度效率及其排名表（如表4-13所示）和2002—2011年全国、中资、外资寿险市场开放度效率趋势图（如图4-16所示）可以看出，各年份市场开放度效率排名并不一样，2002年人寿保险市场开放度效率全国排名第二、中资排名第一、外资排名第三，且效率都未达到最佳；2003年和2004年人寿保险市场开放度效率全国排名第二、中资排名第一、外资排名第三，且2003年中资保险企业出现效率最佳；2005年人寿保险市场开放度效率全国排名第二、中资排名第三、外资排名第一，且外资出现效率最佳；2006年人寿保险市场开放度效率全国排名第二、中资排名第一、外资排名第三；2007年人寿保险市场开放度效率全国排名第二、中资排名第一、外资排名第三，且中资出现效率最佳；2008—2011年人寿保险市场开放度全国排名第二、中资排名第一、外资排名第三，且2009年和2010年中资出现效率最佳。从整体来看，全国2002—2011年间人寿保险市场开放度10次排名第二，中资9次排名第一，这说明，人寿保险市场开放度效率中资寿险相对较高，全国水平次之，外资寿险较低但呈现递增波动趋势。

表4-13 2002—2011年全国、中资、外资寿险市场开放度效率及其排名

年份	寿险业	效率	排名	年份	寿险业	效率	排名
2002	全国	0.9093	2	2007	全国	0.9631	2
	中资	0.9354	1		中资	1.00	1
	外资	0.3806	3		外资	0.6223	3

续表

年份	寿险业	效率	排名	年份	寿险业	效率	排名
2003	全国	0.9644	2	2008	全国	0.8487	2
	中资	1.00	1		中资	0.8857	1
	外资	0.3571	3		外资	0.4837	3
2004	全国	0.8324	2	2009	全国	0.9689	2
	中资	0.8666	1		中资	1.00	1
	外资	0.4095	3		外资	0.55	3
2005	全国	0.8646	2	2010	全国	0.9901	2
	中资	0.8598	3		中资	1.00	1
	外资	1.00	1		外资	9344	3
2006	全国	0.8122	2	2011	全国	0.8477	2
	中资	0.8670	1		中资	0.8785	1
	外资	0.5358	3		外资	0.57	3

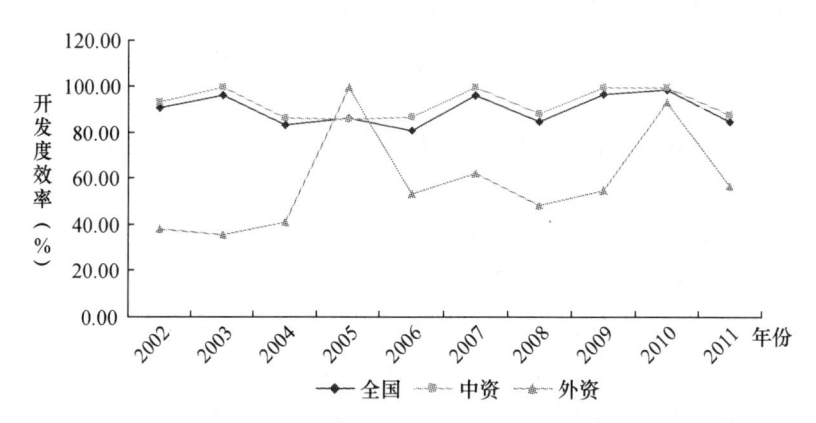

图 4-16　2002—2011 年全国、中资、外资寿险市场开放度效率趋势

第四节　人寿保险行业开放度市场规则的变化对效率的影响

一　市场开放性的变化对效率的影响

市场的开放性对人寿保险市场的开放度效率有着重要影响，这种影响

通过对人寿保险公司数量、劳动投入、保费收入和利润而起作用。一般来说，人寿保险业市场开放与开放度效率呈正相关关系，人寿保险业市场开放有利于提高寿险业的开放度效率。

（一）市场开放性对寿险公司数量的影响

人寿保险业市场开放性强，寿险公司的数量及其分公司的数量会增多。在2001年之前，人寿保险市场才刚刚发展，其开放程度很低，不仅对保险公司设立的地区有限制，而且对外资保险进入我国人寿保险市场设置了很禁止性门槛，这样就造成了2001年之前，我国的人寿保险公司数量极少。2001年之后，人寿保险市场逐步开放，特别是2004年之后，人寿保险市场不仅取消了地域限制，还取消了对外资保险企业进入我国市场经营的限制，所以从2004年之后，人寿保险企业如雨后春笋般成立起来。

（二）市场开放性对劳动力投入的影响

人寿保险市场的开放性，对劳动力投入的影响主要表现在两个方面，一方面，从中资保险公司来看，人寿保险市场开放后，人寿保险公司相继建立，所以人寿保险的从业人员自然增多。另一方面，从外资保险公司来看，对外资保险公司进入中国市场的限制取消后，外国人寿保险公司纷纷看到了中国人寿保险市场的巨大潜力，来华经营，不仅带来了外国的劳动力，也促进了对当地劳动力挖掘。

（三）市场开放性对保费收入、利润的影响

人寿保险市场开放后，保险业的规模越来越大，和人们生活的关系也越来越密切，使得更多的人愿意运用他们的一部分资金来购买保险，以寻求增值和保障机会。同时，随着市场的进一步开放，人寿保险市场提供的产品更加多样化，人寿保险行业提供的服务也越来越契合顾客的需求，这也将坚定了消费者购买保险的信心，从而促使保费收入和利润的迅速增加。

二　市场布局的变化对效率的影响

市场布局的变化会影响人寿保险市场的开放度效率。可以从寿险公司数量、劳动力投入、保费收入以及利润等方面来分析人寿保险市场布局对市场开放度效率的影响。首先，市场布局对保险公司数量的影响。当人寿保险企业根据产品性质、区域性质、人口与购买力、交通条件、竞争状况、环境障碍和发展趋势等因素判断要对在某地开展保险业务，其相应的资源就会向该地转移，寿险公司数量及其分支机构就会增加，同时经营有人寿保险业务的保险公司，除因分立、合并或者被依法撤销外，不得解散，所以人寿保险公司一般不会减少。其次，市场布局对劳动力投入的影响。人寿保险公司市场布局的变化，对劳动力的投入影响较大，人寿保险企业对一个产品在某地的布局广度、深度都会影响到对劳动力的需求。最后，市场布局对保费收入、利润的影响。市场布局的合理程度会影响人寿保险公司的保费收入以及利润，而人寿保险公司对市场的误判会造成在市场上的错误布局，这会直接影响到人寿保险公司的保费收入以及利润。

第五节 本章小结

本章从人寿保险行业开放市场规则的构成、人寿保险行业市场开放性和市场布局、人寿保险行业市场开放度效率的实证分析、人寿保险行业开放市场规则的变化对效率的影响四个方面对人寿保险行业的市场开放度效率进行了研究。人寿保险行业开放度市场规则包括为人寿保险市场进出规则、人寿保险市场竞争规则以及人寿保险市场交易规则，并重点对人寿保险业市场竞争规则中的开放和市场布局进行了探讨。从三个阶段对我国人寿保险行业的市场开放性进行了描述。市场布局的区域有区域内布局和区域间布局，按照东、中、西部的划分以全国各地寿险保费收入指标分析了人寿保险业的区域内市场布局，同时对我国人寿保险业东、中、西区域间市场布局的保费收入、保险深度、保险密度，保险公司数量和分布密度，保费增长量和增长速度，保费收入GDP弹性系数，潜在保源转化率，区域寿险产品结构进行了分析。人寿保险市场开放度效率中资寿险相对较高，全国水平次之，外资寿险较低但呈现递增波动趋势。人寿保险市场开放性和市场布局对寿险业开放度效率有着重要影响，这种影响通过对人寿保险公司数量、劳动投入、保费收入和利润而起作用。一般来说，人寿保险业市场开放与开放度效率呈正相关关系，人寿保险业市场开放有利于提高寿险业的开放度效率。

第五章 人寿保险行业市场规模效率

第一节 人寿保险行业规模市场规则演变

在 2001 年 11 月召开的"中国保险市场与 WTO 国际高峰年会"上，我国保监会发布了加入世界贸易组织后保险业对外开放承诺的内容，这是我国最早公布入世承诺内容的行业。人寿保险公司在发展中，不断追求规模经济成为其重要的发展途径。政府管理部门不断改变市场规则，鼓励保险公司进行改制重组、并购和上市等形式设立大型的金融保险集团。

一 人寿保险行业改制重组

人寿保险行业的改制重组主要集中在国有企业，特别是大型国企中国人保，以下以其改制历程进行分析。作为中国最大的保险公司，成立于 1949 年的中国人民保险公司是我国保险公司进行改制重组的关键。1996 年 7 月 16 日，中国人民保险公司重组为中国人民保险（集团）公司，集团包括财产保险、人寿保险和再保险三个相对独立的子公司；1999 年集团公司开始进一步重组，三个子公司分别更名为中国人民保险公司、中国人寿保险公司和中国再保险公司；公司名称改变的背后是管理体制的转变，自此中国人寿的经营得到更大的独立性。1998 年我国保监会成立，金融分业监管模式正式形成，2001 年我国加入世界贸易组织，太平人寿在国内复业，关于国有保险公司的股份制改革开始启动。

2003 年是人寿保险行业发展模式在 1999 年开始新型产品转型后的一次明显调整，由规模扩展型向规模与效益并重型转变，多家寿险公司的发展战略管理理念、业务结构和销售策略进行了大幅调整。2003 年国有寿险公司的股份制改革取得实质性突破，2003 年 8 月 28 日，中国人寿保险公司重组为中国人寿保险（集团）公司和中国人寿保险股份公司。

2004年是中国人寿保险行业发展的拐点，是行业在重新定位后的理性回归和发展起点。2004年，寿险产品结构得到明显改善，期缴业务增长加快，中国人寿、平安人寿、太平洋人寿等期缴业务比规模保险高出22个百分点；银行产品逐渐转型，风险保障产品发展加快。从行业发展模式来看，集团化与专业化日益凸显。中国人寿和平安集团上市，新华控股成立，集团化趋势开始凸显。平安养老、太平洋养老保险股份公司的批设，标志着专业化成为发展方向。2006年，中国人寿表示欲与母公司中国人寿集团合资组建财险公司。

二 人寿保险行业并购

并购是提高保险公司规模经济的重要途径。2014年3月21日，中国保监会以保监发〔2014〕26号文印发了《保险公司收购合并管理办法》（以下简称《办法》），规范和推进保险公司的并购，鼓励民间资本投资保险业。《办法》分总则、收购、合并、监督管理、附则5章35条，自2014年6月1日起施行。《办法》的主要推进措施包括适度放宽资金来源，允许采取对价总额50%以内的并购贷款进行并购；适度放宽股东资质，对投资人不再要求三年保险投资年限；不再禁止同业收购。同时也根据实际制定了适度的监管措施，包括强化保险公司并购各方的信息披露义务，设定收购过渡期和股权锁定期，对虚假陈述、股权代持等违规行为的惩戒机制等。[1]

从实际来看，我国还没有保险公司之间的并购案例，外资只有作为合资方对国内新成立的保险公司参股。合资方对国内新成立的保险公司参股新的公司有：中英人寿保险有限公司由英国英杰华集团与中国中粮集团合资组建。中美联泰大都会人寿保险公司由上海联和投资有限公司和美国大都会集团下属公司各持50%股份组建。中法人寿保险有限公司是由中国国家邮政局（中国邮政）与法国最大的寿险公司——法国人寿合资设立而成的。中新大东方人寿保险有限公司由新加坡大东方人寿保险有限公司和中国重庆市地产集团合资组建。生命人寿保险股份有限公司由深圳市国利投资发展有限公司、首钢总公司、大连实德、东京海上日动等多股东构成。汇丰控股增持中国平安保险，2005年汇丰控股以81.04亿港元增持中国平安保险已发行股本9.91%，其所持平安保险股权占平安保险已发

---

[1] http：//www.circ.gov.cn/web/site0/tab5168/info3912628.htm.

行股本的19.9%,平安最核心决策层已现汇丰身影。凯雷投资33亿收购太保寿险,2005年12月19日,太保集团与全球私人股权投资公司凯雷投资签署正式协议,约定以对等方式向太保寿险注资66亿元,凯雷及其投资伙伴将持有太保寿险24.975%的股份。

三 人寿保险行业上市

随着我国人寿保险行业开放度的不断增加,人寿保险市场竞争日益充分和激烈,保险公司上市具有较大的制度优势,成为众多企业的选择。上市已经成为我国保险公司进行直接融资的重要途径,截至2013年12月,我国已经上市的人寿保险公司有四家,包括中国人寿、中国平安、中国太保、新华保险。经历了从国外上市开始,到后来逐步回归国内上市的格局。2014年8月,我国政府出台了《国务院关于加快发展现代保险服务业的若干意见》(国发〔2014〕29号),即保险业"国十条",明确支持保险公司到境外上市,这必将成为我国保险公司发展的重要机遇。我国人寿保险行业上市经历了以下阶段:

(一) 海外上市之路

2003年保险行业开始与国际惯例接轨,国有寿险公司成功海外上市。2003年12月17日和18日,中国人寿在纽约和香港上市。2004年6月24日,中国平安在香港上市。另外,太平洋保险于2007年在国内A股上市后,2009年12月23日又在香港H股上市。

(二) 国内A股上市之路

2007年是我国人寿保险公司的上市元年。2007年1月9日,中国人寿保险股份有限公司回归国内A股上市,登陆上海证券交易所,筹集资金283.2亿元,成为我国首个在香港、纽约、A股"三地上市"的大型保险企业。2007年3月1日,中国平安保险(集团)股份有限公司回归A股市场。2007年12月25日,中国太平洋保险(集团)公司A股股票正式在上海上市,其寿险业务是其公司股价的主要贡献者。

(三) 国内外同步上市之路

新华保险作为我国首只A+H股同步发行的保险股,于2011年12月15—16日,在香港和上海证券交易所上市。

通过上市可以提高上市保险公司的承保能力,提高上市保险公司的国际竞争能力和抗风险能力,提高上市保险公司经营活动的透明度,强化外部监管;股份制是现代企业的一种资本组织形式和企业财产形式,有利于提高资本运作效率。

四 人寿保险行业市场集中度演变

随着保险行业市场规模的不断扩大,市场的集中度也在不断地改变。通过计算市场份额排在前四位的人寿保险公司,(中国人寿、平安人寿、太保人寿和新华人寿)可以发现(如图5-1所示),人寿保险行业的市场集中度在不断下降,从初期中国人寿处于绝对优势地位的情况,市场份额达到近60%,到2011年市场份额只有30%多一点;平安人寿在市场竞争的冲击下,市场份额也发生了萎缩,从2002年的近30%,到2011年只有10%左右;太保人寿的市场份额变化不大,始终维持在10%左右;与此同时,新华人寿成长迅速,市场份额从不足5%,逐步增长到近10%。

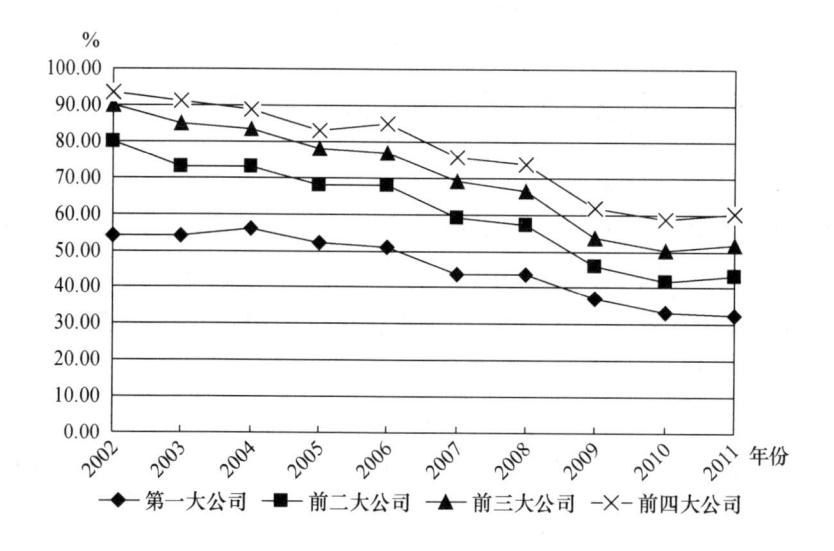

图5-1 2002—2011年人寿保险行业市场集中度变化

通过上述可以发现,我国人寿保险市场从初期的寡头垄断阶段,逐步开始向垄断竞争过渡。早期市场中主要是中国人寿和平安人寿两个寡头,基本垄断了市场份额,总份额达到了92%以上,随着市场竞争的加剧和其他人寿公司的崛起,这两个公司的市场份额逐年开始下降,到2010年已经不足50%。太保人寿和新华人寿等其他公司的不断壮大,推动市场竞争加剧,寡头的地位不断受到挑战,泰康人寿、太平人寿、生命人寿等公司也开始迅速发展,并抢占了一定的市场份额。

五 人寿保险行业中外资市场规模对比

在2001年之前，人寿保险市场才刚刚发展，其开放程度很低。不仅对保险公司设立的地区有限制，而且对外资保险进入我国人寿保险市场设置了禁止性门槛，这样就造成了2001年之前，我国的人寿保险公司数量极少。2001年之后，人寿保险市场逐步开放，特别是2004年之后，人寿保险市场不仅取消了地域限制，还取消了对外资保险企业进入我国市场经营的限制，推动人寿保险企业在2004年以后迅速得到发展，特别是外资保险公司的分公司数量开始显著增长，其分公司数量已经从2002年8个增长到2011年的近150个（如图5-2所示）：

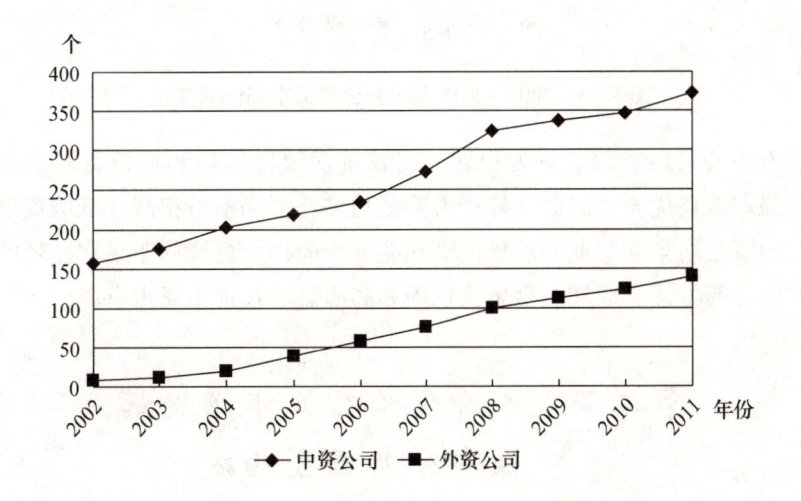

图5-2 2002—2011年中外保险公司的分公司数目变化

比较可以发现，2002—2011年中外资寿险公司的市场格局在不断变化，中资公司市场份额在逐年地下降，特别是2005年和2009年出现了相对比较剧烈的下降，到2009年市场份额已经不足80%（如图5-3所示）。虽然存在很多问题，但是中资公司在市场竞争中仍然具有显著的优势。首先，中资公司经过长期的运营，已经建立了相对完善的营销服务网络与社会关系网络，这在讲究关系的中国来说，是外资寿险公司难以获得的重要宝贵资源。同时，中资公司具有明显的本土优势和成本优势，而外资公司进来都必须解决本土化问题。

虽然如此，但是必须认识到外资公司的市场份额在稳步提升，其度过适应期和发展期后，将会对中资保险公司发展造成巨大的威胁。事实上，

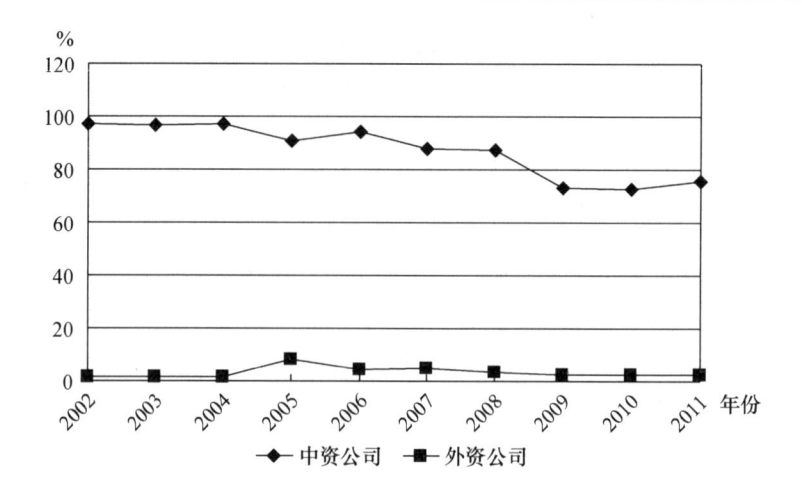

图 5-3 2002—2011 年中外公司的市场份额变化

外资寿险公司在经营上更为稳健，比较重视险种创新和经营管理水平提升，强调效益优先。因此，外资寿险公司多不会采取价格战等低级竞争方式与中资公司争夺短期的市场份额和业务规模，而更倾向于采用品牌的打造和推广等方式，以期获得更为稳固和高质量的长远市场占有率。

第二节 人寿保险行业市场规模效率分析模型构建

人寿保险公司在发展中面临市场规则和市场结构不断演变等环境因素的影响，三阶段 DEA 方法可以相对有效地分离各种环境因素对人寿保险公司效率的影响，使效率评价更为准确和客观。因此，运用三阶段 DEA 研究人寿保险公司在市场规则演变中的规模效率，对于人寿保险公司提升经营效率具有重要意义。

一 实证研究方法

三阶段 DEA 方法由 Fried 等学者于 2002 年提出，此效率评价模型解决了原有评价模型无法计量和剔除相关环境影响要素的不足；此模型旨在剔除环境和随机误差等外生要素对企业效率的影响，使对企业效率的评价更加真实有效。由于三阶段 DEA 模型可较为有效地排除各种非经营因素对效率评价的影响，具有更强的适用性，故在各种研究中应用比较广泛，如方燕（2008）[134]和黄宪（2008）[135]等运用三阶段 DEA 模型对商业银行的效率进行了评价，但在人寿保险行业方面的相关实证文献还不多见。因此，本节将借鉴 Fried 等（2002）所提出的三阶段 DEA 分析方法，从技术效率、纯技术效率和规模效率三个层面研究人寿保险行业的市场效率。研究包括三个阶段：第一阶段为初始效率值与松弛变量计算，即通过收集到的寿险公司投入和产出数据，利用传统 DEA 模型计算原始技术效率和各公司投入变量的差额；第二阶段为环境和随机误差因素影响剔除与投入变量调整，以第一阶段投入变量的差额为被解释变量，以影响效率值的外部环境变量为解释变量，通过 SFA 模型调整公司原有的投入变量；第三阶段为最终效率值计算，利用调整过的投入变量和原有的产出变量再次估计人寿保险公司（分离了环境因素和随机误差影响）的效率值。[136]

（一）第一阶段：初始效率值计算

此阶段利用各寿险公司原始的投入和产出数据。BCC（Banker - Charnes - Cooper，1984）模型把 CCR 固定规模报酬的假设改为可变规模报酬，从而将 CCR 模型中的 TE（Technical Efficiency）分解为 PTE（Pure Technical Efficiency）和 SE（Scale Efficiency），且有 TE = PTE × SE。其中，TE 指既定投入下实现产出最大（既定产出下实现投入最小）的能力；PTE 指剔除规模因素后的效率；SE 表示与规模有效点相比规模经济性的发挥程度。BCC 法的效率分解有利于进行更为深入的分析，因此将采用 BCC 模型计算各寿险公司的技术效率、纯技术效率和规模效率。标准的 BCC 模型为式（5-1），其中假设：有 n 个决策单元（DMU），每个 DMU 包括 m 种投入要素，s 种产出要素；x_{ij} 表示第 j 个 DMU 的第 i 种因素投入量，y_{ij} 代表第 j 个 DMU 的第 i 种产出总量，且 x_{ij} 和 y_{ij} 都 >0；s_{ij}^- 和 s_{ij}^+ 分别为松弛变量和剩余变量；θ_{j0} 和 θ_{j0}' 分别为 DMU 的技术效率和纯技术效率。

$$\min \theta'_{j0}$$

$$S.T. \begin{cases} \theta x_{ij0} - \sum_{j=1}^{n} x_{ij}\lambda_j - s_{ij}^- = 0, \ i = 1, 2, \cdots, m \\ \sum_{j=1}^{n} y_{ij}\lambda_j - s_{ij}^+ - y_{ij0} = 0, \ r = 1, 2, \cdots, s \\ \sum_{j=1}^{n} \lambda_j = 1, \ j = 1, 2, \cdots, n \\ \theta, \ \lambda_j, \ s_{ij}^-, \ s_{ij}^+ \geq 0 \end{cases} \quad (5-1)$$

由于投入相对更为容易进行调整,故采用投入导向的 BCC 模型进行 DEA 分析,评价各寿险公司产出不变情况下达到投入最小的效率。此模型中,无效率有可能是由于管理无效率、环境影响和随机扰动因素综合作用造成的,因此需要在剔除环境变量和随机因素影响后重新测定效率水平,得到更符合实际情况的效率值。

(二)第二阶段:利用 SFA 模型进行误差分解

根据第一阶段 DEA 模型计算结果,可得到原始投入量的差额变量(Slack Variables)数据,然后用 SFA 成本边界模型(Stochastic Frontier Cost Function)进行回归分析,并分离管理无效率、环境无效率、随机误差因素三个因素的影响,从而得出仅是由管理无效率造成的决策单元投入冗余,最后根据所得结果,对原始投入量进行调整。

①第二阶段的 SFA 回归模型的因变量就是第一阶段投入产出变量的差额值。第一阶段的投入松弛变量如式(5-2)所示:

$$s_{ij} = x_{ij} - \sum_{j=1}^{n} X_{ij}\lambda_{ij} \geq 0, \quad i = 1, 2, \cdots, m; j = 1, 2, \cdots, n \quad (5-2)$$

其中,s_{ij} 是第一阶段第 j 个决策单元第 i 个投入变量的松弛(差额)变量,也表示第 j 个决策单元第 i 项投入实际值与最优值的差额(投入差额值);$\sum_{j=1}^{n} X_{ij}\lambda_{ij}$ 为达成技术效率的目标投入量。

②建立松弛变量与环境变量的理论模型。以 s_{ij} 为被解释变量,z_j 为解释变量,构建 m 个独立的 SFA 回归模型:

$$s_{ij} = f^i(z_j; \beta^j) + v_{ij} + u_{ij}, \quad i = 1, 2, \cdots, m; j = 1, 2, \cdots, n \quad (5-3)$$

其中,$z_j = z_{1j}, z_{2j}, \cdots, z_{pj}$ 为 p 个可观测的环境变量;$f^i(z_j; \beta^j)$ 是确定可行的松弛(差额)前沿,一般取 $f^i(z_j; \beta^j) = z_j\beta^j$;$\beta^j$ 表示环境变量对投入松弛变量 s_{ij} 的影响程度,β 为待估计的参数向量;v_{ij} 和 u_{ij} 分别表示统计噪声(反映随机因素的影响)和管理无效率,并假设 $v_{ij} \sim N(0, \sigma_{iv}^2)$,而 u_{ij} 服从截断正态分布①,即 $u_{ij} \sim N^+(0, \sigma_{iu}^2)$,$v_{ij} + u_{ij}$ 为混合误差项,两者独立且不相关。

通过 Frontie 4.1 软件用最大似然法进行参数估计,先求出 σ^2 和 γ 等未知参数,其中相关系数 $\gamma = \sigma_{ui}^2/\sigma_{ui}^2 + \sigma_{vi}^2$,$\gamma$ 越接近于 1 则 σ_{ui}^2 越大,表

---

① 实证时通常假定其服从半正态分布。

示主导因素为管理因素，γ 越接近于 0 则表示随机误差项为主导。同时，γ 的零假设统计检验还被用于检验 SFA 模型设定是否合理，假设和分别为 $\gamma=0$ 和 $\gamma\neq0$ 时待估参数的极大似然估计量，$L(\theta_0)$ 和 $L(\theta_1)$ 分别为似然函数值，则检验 γ 零假设的统计量 LR 为：

$$LR = -2\ln\left[\frac{L(\theta_0)}{L(\theta_1)}\right] = 2[\ln L(\theta_0) - \ln L(\theta_1)] \quad (5-4)$$

若 $\gamma=0$ 的原假设被拒绝，则表明 SFA 模型的设定是合理的。

③利用回归结果调整各 DMU 的投入变量。首先，从 SFA 回归模型的误差中分离随机因素，再运用 Jondrow 等（1982）的方法，根据管理无效率的条件估算式先求出 $E(u_{ij}/v_{ij}+u_{ij})$，可以得到 u_{ij} 的估计量。

$$\hat{E}(u_{ij}+v_{ij}) = \sigma_*\left[\frac{\phi\left(\frac{\varepsilon_i \lambda}{\sigma}\right)}{1-\phi\left(-\frac{\varepsilon_i \lambda}{\sigma}\right)} + \frac{\varepsilon_i \lambda}{\sigma}\right], \ i=1,2,\cdots,m; \ j=1,2,\cdots,n \quad (5-5)$$

式（5-5）中，$\sigma_* = \sigma_v^2\sigma_v^2/s^2$，$\varepsilon_i = u_{ij}+v_{ij}$，$\lambda = \sigma_u/\sigma_v$，$\sigma^2 = \sigma_u^2 + \sigma_v^2$，$\phi$ 和 φ 分别为标准正态分布的密度函数和分布函数。则可得到随机因素的条件估计：

$$\hat{E}[v_{ij} \mid V_{ij}+u_{ij}] = s_{ij} - z_{ij}\hat{\beta}^j - \hat{E}[u_{ij}+u_{ij}], \ i=1,2,\cdots,m; \ j=1,2,\cdots,n \quad (5-6)$$

然后，采用 Fried 等（2002）的调整方法，以环境等条件较差的公司为基准，增加环境条件相对较好公司的投入，将所有寿险公司调整到相同的环境条件，并考虑随机干扰的影响。最后基于最有效的 DMU，以其投入项为基准，根据 $E(v_{ij}/v_{ij}+u_{ij}) = s_{ij} - z_i\beta^j - E(u_{ij}/v_{ij}+u_{ij})$，将所估计的值代入以下调整的公式，对其他各决策单元投入量的调整如下：

$$x_{ij}^A = x_{ij} + [\max_j\{z_i\hat{\beta}^j\} - z_i\hat{\beta}^j] + [\max_j\{\hat{v}_{ij}\} - \hat{v}_{ij}], \ i=1,2,\cdots,m; \ j=1,2,\cdots,n \quad (5-7)$$

其中，x_{ij} 为实际投入，x_{ij}^A 表示调整后的投入。式（5-7）右边第一个中括号表示将各寿险公司都调整至相同环境和条件下，第二个中括号表示使所有决策单元处于同样的自然状态中。调整后，所有的寿险公司处于相同的经营环境和条件中，可剔除环境因素和随机误差的影响，更准确地评价各寿险公司的效率值。

(三) 第三阶段：调整后的 DEA 模型

以调整后的各寿险公司的投入数据替换原始数据，再次运用 BCC 模型计算效率值，可得到剔除环境因素和随机误差后各寿险公司的效率值，可更为准确地反映各公司的实际运营状况。

二 变量选择

一般情况下，DEA 模型中投入变量和产出变量的选择最为关键，直接影响到最终的效率值。因此，指标选择必须要满足效率评价的要求，并考虑研究问题的实际情况，特别是数据的可获取性。寿险业的投入和产出指标并未有明确的限定，本章结合我国人寿保险业主要活动和提供服务的主要特点，根据指标数据口径的一致性、客观真实性、可计算性以及可比性原则，在参考了国内外其他笔者研究投入指标和产出指标基础上，把资本（固定资产）、劳动力投入、费用支出三个变量作为投入指标，将保费收入和投资收益两个变量作为产出指标，具体如表 5-1 所示：

表 5-1 　　　　　　　　　模型变量列表

指标类型	指标名称	计算方法
产出变量	保费收入	从保险年鉴中各人寿保险公司损益表中获取
	投资收益	新会计准则之前来自各人寿保险公司损益表中的"投资收益"，2007 年采用新会计准则之后，投资收益 = 投资总收益 − 对联营企业和合营企业的投资收益 + 公允价值变动收益
投入变量	劳动力投入	各人寿保险公司职工人数，从各人寿保险公司人员结构情况中统计计算
	资本	各人寿保险公司固定资产，从保险年鉴中各人寿保险公司资产负债表中获取
	费用支出	手续费及佣金支出 + 业务及管理费 + 其他业务成本，从保险年鉴中各人寿保险公司损益表中获取
环境变量	成立年数	成立到 2002—2011 年当年截止的存续时间
	市场份额	利用保费收入进行计算
	分公司数目	各人寿保险公司一级（省级）分公司数量
	公司所有权类别	1 代表中资寿险公司，0 代表外资寿险公司

（一）产出变量

寿险公司作为金融服务行业，可从市场份额和盈利能力两方面凸显其经营成果。由于保费收入是衡量寿险公司市场份额的重要指标,投资收益是其盈利能力的重要表现,故选取年保费收入和投资收益作为寿险公司的产出变量。保费收入反映出人寿保险公司总的产出能力,是衡量人寿保险公司效率的一个主要指标;投资是人寿保险公司主要活动,投资收益是寿险公司除承保利润外的重要利润源泉,直接会影响到寿险公司最终的经营绩效。不少论文中都选择净利润作为产出变量,但是由于实际净利润数据中的负数比较多,故未使用。

(二)投入变量

投入变量设定为劳动力投入、资本和费用支出。人力资源是寿险公司营运的关键,其中员工人数是衡量寿险公司劳动力投入的重要指标。固定资产是人寿保险公司经营效率的物质基础,是衡量保险公司规模因素的主要指标。费用支出反映出人寿保险公司的经营成本,是决定人寿保险公司经营效率好坏最直接的因素,包括手续费及佣金支出、营业费用和其他业务成本。

(三)环境变量

选择成立年数、市场份额(孙刚、刘璐,2010)、分公司数目和寿险公司所有权类别(中资、外资)作为相关环境变量。赵桂芹(2009)研究保险业效率影响因素的结果表明,成立年数和市场份额对寿险公司效率的影响相对显著。分公司数目反映公司经营范围,越多表示其经营范围越广,有助于提高市场占有率和分散风险,使公司经营更加稳健,同时也可能会因为经营成本增加而影响效率提升。同时,为研究寿险公司所有权性质对经营效率的影响,比较中外资寿险公司经营效率的差异,将寿险公司所有权类别设为虚拟变量,1代表中资寿险公司,0代表外资寿险公司。[137]

(四)投入产出变量关系分析

DEA模型要求投入和产出变量间具有同向性关系,如Lang和Golden(1989)认为投入变量与产出变量之间要满足Pearson相关性检验,一般相关程度越大表示效率评价结果越可靠。[138]因此,本章利用统计软件对各年数据的相关系数计算显示,各项投入与产出皆显示出高度正相关,除了少数指标之间的相关系数在0.83以上外,其他都在0.95以上,表示当投入项增加时,产出项亦随之增加,符合DEA模型的同向性要求,所选指标是合适的(如表5-2所示)。

表 5-2　　　　　　　　　　　　变量之间相关系数

年份	指标	资本（固定资产）	劳动力投入	费用支出	保费收入	投资收益
2002	资本（固定资产）	1				
	劳动力投入	0.975801	1			
	费用支出	0.972551	0.998647	1		
	保费收入	0.984766	0.998481	0.99647	1	
	投资收益	0.956695	0.969016	0.957291	0.971133	1
2003	资本（固定资产）	1				
	劳动力投入	0.977624	1			
	费用支出	0.978169	0.995975	1		
	保费收入	0.985168	0.990436	0.997702	1	
	投资收益	0.968092	0.994361	0.9967	0.993157	1
2004	资本（固定资产）	1				
	劳动力投入	0.95026	1			
	费用支出	0.978239	0.988895	1		
	保费收入	0.989694	0.979387	0.997661	1	
	投资收益	0.952793	0.997564	0.991875	0.983007	1
2005	资本（固定资产）	1				
	劳动力投入	0.925468	1			
	费用支出	0.979514	0.979095	1		
	保费收入	0.986263	0.958829	0.991883	1	
	投资收益	0.968067	0.981409	0.993956	0.986594	1
2006	资本（固定资产）	1				
	劳动力投入	0.896106	1			
	费用支出	0.975923	0.968245	1		
	保费收入	0.987112	0.942742	0.994878	1	
	投资收益	0.963164	0.970429	0.995407	0.988562	1
2007	资本（固定资产）	1				
	劳动力投入	0.959561	1			
	费用支出	0.969694	0.991176	1		
	保费收入	0.988904	0.954449	0.96595	1	
	投资收益	0.991787	0.964792	0.967553	0.996041	1

续表

年份	指标	资本（固定资产）	劳动力投入	费用支出	保费收入	投资收益
2008	资本（固定资产）	1				
	劳动力投入	0.936479	1			
	费用支出	0.975434	0.98371	1		
	保费收入	0.981512	0.962468	0.99324	1	
	投资收益	0.986343	0.962806	0.992403	0.998003	1
2009	资本（固定资产）	1				
	劳动力投入	0.961436	1			
	费用支出	0.980448	0.984285	1		
	保费收入	0.990059	0.961822	0.988705	1	
	投资收益	0.988851	0.970455	0.976326	0.988771	1
2010	资本（固定资产）	1				
	劳动力投入	0.833015	1			
	费用支出	0.941635	0.928172	1		
	保费收入	0.981254	0.877158	0.985207	1	
	投资收益	0.990423	0.883383	0.961389	0.986735	1
2011	资本（固定资产）	1				
	劳动力投入	0.844967	1			
	费用支出	0.950549	0.963175	1		
	保费收入	0.987932	0.896739	0.979841	1	
	投资收益	0.987947	0.9027	0.975934	0.994252	1

三 数据来源

根据2012年《中国保险年鉴》，截至2011年年底，我国共有人身保险公司61家，其中寿险公司52家，养老保险公司5家，健康保险公司4家；中资公司为36家，外资公司为25家。由于样本人寿保险公司直接影响到对人寿保险行业规模效率评价，因此在选取样本人寿保险公司时，主要考虑以下三个方面主要因素：

（一）所选取样本人寿保险公司具有全面性和代表性

通过样本人寿保险公司规模效率分析能够代表我国人寿保险行业整体规模效率的分析。为此，样本公司选取是以原保险市场或直接保险市场的人寿保险公司为研究对象，而非养老保险公司或健康保险公司，因为人寿保险公司是人身保险公司的主体和基础。本章选取了30家人寿保险公司，包括中资公司15家，中外合资（外资）公司15家。2011年寿险业务原保险保费收入8695.59亿元，所选取30家样本人寿保险公司保费收入8590.11亿元，占人寿保险市场份额的98.79%，足以代表我国人寿保险市场主体整体情况。

（二）所选取样本公司成立和经营持续时间尽可能长

在时间序列上，本章选取了2002—2011年样本人寿保险公司相关数据，样本公司至少成立经营三年以上，剔除了2008年以后成立的人寿保险公司，以使所选投入指标和产出指标更具稳定性并能真实反映我国人寿保险公司经营的现实状况。

（三）所选取样本人寿保险公司所需资料能够公开获取

本章对我国人寿保险公司规模效率分析，所需投入指标和产出指标相关数据资料来源于2003—2012年《中国保险年鉴》各卷公司版所记载的各人寿保险公司资产负债表和损益表，以及全国版所记载的各人寿保险公司人员结构情况和各省、自治区、直辖市、计划单列市人身保险公司市场份额表。

根据美国著名运筹学家A. Charnes经验，在运用DEA模型进行效率评价时决策单元的个数应该大于所选样本公司投入指标和产出指标和的两倍，本章所选取的30家人寿保险公司样本容量，远大于投入指标和产出指标数之和的两倍，人寿保险公司又是相同的决策单元，符合DEA分析要求，故决策单元DMU为2002—2011年我国人身保险市场上30家人寿保险公司。

第三节 人寿保险行业市场规模效率实证结果分析

一 第一阶段：基本DEA计算结果

运用DEAP2.1软件，通过运行规模报酬可变、投入导向型的BCC模型对效率水平进行测算，计算出各年的技术效率TE、纯技术效率PTE和规模效率SE的值，具体见如下分析。

(一) 人寿保险公司效率值分析

1. 技术效率分析

从表 5-3 可以发现，中国人寿、平安人寿、太保人寿、新华人寿、泰康人寿和信诚人寿及友邦上海的效率值达到 0.7 以上，属于第一梯队；太平人寿、民生人寿、生命人寿、中英人寿、中意人寿、安联大众、太平洋安泰、中宏人寿、幸福人寿、国华人寿、华夏人寿、嘉禾人寿、华泰人寿、国泰人寿等属于第二梯队，效率值在 0.5—0.7；合众人寿、金盛人寿、光大永明、海康人寿、恒安标准、瑞泰人寿、中航三星、汇丰人寿等公司的效率值在 0.5 以下，属于第三梯队。

表 5-3 第一阶段各寿险公司 2002—2011 年的技术效率 (TE) 值

公司名称	2002 年	2003 年	2004 年	2005 年	2006 年	2007 年	2008 年	2009 年	2010 年	2011 年	平均值
中国人寿	0.687	1	1	0.103	0.5	1	1	1	1	1	0.829
平安人寿	0.669	0.874	0.996	0.095	0.404	0.68	0.765	0.946	0.975	0.835	0.724
太保人寿	1	1	1	0.09	0.404	0.617	0.9	0.85	1	1	0.786
新华人寿	1	1	1	0.091	0.475	0.402	0.825	1	0.988	1	0.778
泰康人寿	0.652	0.923	1	0.091	0.403	0.612	1	1	0.825	1	0.751
太平人寿	1	0.849	0.984	0.06	0.319	0.353	0.246	0.372	0.635	0.676	0.549
民生人寿		1	0.867	0.024	0.115	0.262	1	0.339	0.627	0.819	0.561
生命人寿		1	0.879	0.237	0.251	0.45	0.779	0.519	0.626	0.713	0.606
合众人寿				0.034	0.308	0.217	0.403	0.41	0.548	0.825	0.392
华泰人寿				0.01	0.22	0.254	1	1	1	0.973	0.637
长城人寿				0.015	0.423	0.253	0.545	0.795	0.506	0.626	0.452
嘉禾人寿				0	0.217	0.414	0.846	0.588	0.725	0.816	0.515
华夏人寿					0.074	0.604	0.946	0.404	0.638		0.533
国华人寿						0	0.729	1	1	0.754	0.697
幸福人寿						0.002	0.626	1	0.765	1	0.679
中宏人寿	0.514	0.662	0.837	0.06	0.289	0.174	0.488	0.705	0.609	0.932	0.527
太平洋安泰	0.34	0.643	0.655	0.042	0.422	0.238	1	0.908	0.725	0.864	0.584
安联大众	0.292	0.489	0.555	0.03	0.668	0.493	0.915	0.751	0.513	1	0.571
金盛人寿	0.215	0.363	0.42	0.023	0.485	0.419	1	0.595	0.4	0.82	0.474

续表

公司名称	2002年	2003年	2004年	2005年	2006年	2007年	2008年	2009年	2010年	2011年	平均值
信诚人寿	0.28	0.903	1	0.023	0.518	0.348	1	1	1	1	0.707
中意人寿	0.102	0.349	1	1	1	0.413	1	1	1	1	0.786
光大永明	0.073	0.295	0.365	0.028	0.243	0.342	0.824	0.784	1	0.979	0.493
友邦上海	1	1	1	0.098	0.456	0.355	0.816	1	1	1	0.773
中英人寿		0.104	0.157	0.045	0.343	0.389	1	1	0.868	0.97	0.542
海康人寿		0.02	0.156	0.019	0.171	0.269	0.653	0.572	0.5	0.796	0.351
恒安标准			0.923	0.071	0.162	0.281	0.723	0.277	0.261	0.524	0.403
瑞泰人寿			0.11	0.019	1	1	0.621	0.043	0.045	0.235	0.384
国泰人寿				1	0.283	0.498	0.263	0.323	0.411	0.54	
中航三星				0.002	0.016	0.057	0.349	0.329	0.301	0.837	0.27
汇丰人寿								0.036	0.125	0.51	0.224

2. 纯技术效率分析

从表5-4可以发现,中航三星、汇丰人寿、国华人寿、幸福人寿、中意人寿、瑞泰人寿、中国人寿、平安人寿、太保人寿、新华人寿、泰康人寿等公司的纯技术效率值在0.9以上,处于第一梯队;华泰人寿、嘉禾人寿、太平洋安泰、安联大众、金盛人寿、信诚人寿、友邦上海、中英人寿、国泰人寿等公司的纯技术效率值在0.7—0.9,属于第二梯队;剩余的人寿保险公司为第三梯队。

表5-4 第一阶段各寿险公司2002—2011年的纯技术效率(PTE)值

公司名称	2002年	2003年	2004年	2005年	2006年	2007年	2008年	2009年	2010年	2011年	平均值
中国人寿	1	1	1	1	1	1	1	1	1	1	1
平安人寿	1	1	1	1	1	0.816	0.902	0.947	1	1	0.967
太保人寿	1	1	1	1	1	1	0.998	0.851	1	1	0.985
新华人寿	1	1	1	0.72	1	0.725	0.826	1	1	1	0.927
泰康人寿	0.664	0.964	1	1	0.724	1	1	1	1	1	0.935
太平人寿	1	0.882	0.986	0.064	0.502	0.775	0.249	0.459	0.673	0.684	0.627
民生人寿		1	0.876	0.115	0.16	0.308	1	0.341	0.628	0.845	0.586

续表

公司名称	2002年	2003年	2004年	2005年	2006年	2007年	2008年	2009年	2010年	2011年	平均值
生命人寿		1	1	0.412	0.267	0.778	0.795	0.523	0.627	0.721	0.68
合众人寿				0.162	0.309	0.361	0.419	0.423	0.55	0.851	0.439
华泰人寿					1	0.8	0.395	1	1	0.977	0.882
长城人寿				0.632	0.433	0.257	0.598	0.849	0.605	0.673	0.578
嘉禾人寿					1	0.552	0.483	0.887	0.607	0.74	0.845	0.731
华夏人寿						0.369	0.664	1	0.466	0.724	0.645
国华人寿						1	0.952	1	1	0.921	0.975
幸福人寿						1	0.775	1	0.954	1	0.946
中宏人寿	0.869	0.983	0.934	0.2	0.317	0.251	0.548	0.748	0.673	0.963	0.649
太平洋安泰	0.476	0.743	0.67	0.278	0.443	0.531	1	1	1	0.979	0.712
安联大众	0.911	1	0.968	0.474	0.796	1	0.938	0.844	0.737	1	0.867
金盛人寿	1	0.842	0.632	0.513	0.54	0.659	1	0.904	0.788	0.873	0.775
信诚人寿	0.84	1	1	0.108	0.638	0.761	1	1	1	1	0.835
中意人寿	1	1	1	1	1	0.862	1	1	1	1	0.986
光大永明	0.736	0.806	0.572	0.295	0.303	0.345	0.88	0.865	1	0.985	0.679
友邦上海	1	1	1	0.146	0.539	0.572	0.833	1	1	1	0.809
中英人寿		1	0.598	0.211	0.371	1	1	1	0.951	1	0.792
海康人寿		1	0.662	0.265	0.282	0.283	0.736	0.644	0.631	0.849	0.595
恒安标准			1	0.379	0.34	0.288	0.78	0.339	0.384	0.607	0.515
瑞泰人寿			1	1	1	1	1	0.937	0.909	0.825	0.959
国泰人寿				1	1	0.541	0.714	0.468	0.596	0.65	0.71
中航三星					1	1	0.815	1	1	1	0.974
汇丰人寿								0.849	0.885	1	0.911

3. 规模效率分析

从表5-5可以发现，中国人寿、太保人寿、新华人寿、泰康人寿、太平人寿、民生人寿、生命人寿、合众人寿等公司处于第一梯队，相对效率值达到0.8以上；平安人寿、华泰人寿、长城人寿、嘉禾人寿、华夏人寿、国华人寿、幸福人寿、中宏人寿、太平洋安泰、安联大众、信诚人寿、中意人寿、光大永明、中英人寿、国泰人寿等公司的效率值在0.6—

0.8，属于第二梯队；其他人寿保险公司的效率值在 0.6 以下，属于第三梯队。

表 5-5　第一阶段各寿险公司 2002—2011 年的规模效率（SE）值

公司名称	2002 年	2003 年	2004 年	2005 年	2006 年	2007 年	2008 年	2009 年	2010 年	2011 年	平均值
中国人寿	0.687	1	1	0.103	0.5	1	1	1	1	1	0.829
平安人寿	0.669	0.874	0.996	0.095	0.404	0.833	0.848	0.999	0.975	0.835	0.753
太保人寿	1	1	1	0.09	0.404	0.617	0.902	1	1	1	0.801
新华人寿	1	1	1	0.127	0.475	0.554	0.998	1	0.988	1	0.814
泰康人寿	0.982	0.957	1	0.091	0.556	0.612	1	1	0.825	1	0.802
太平人寿	1	0.963	0.998	0.942	0.635	0.455	0.986	0.811	0.943	0.988	0.872
民生人寿		1	0.99	0.211	0.72	0.85	1	0.994	0.999	0.968	0.859
生命人寿		1	0.879	0.576	0.939	0.578	0.979	0.994	0.998	0.989	0.881
合众人寿				0.21	0.997	0.601	0.964	0.97	0.997	0.969	0.815
华泰人寿				0.01	0.275	0.642	1	1	1	0.996	0.703
长城人寿				0.024	0.977	0.982	0.911	0.936	0.836	0.93	0.799
嘉禾人寿				0	0.393	0.856	0.954	0.969	0.98	0.965	0.731
华夏人寿						0.2	0.909	0.946	0.867	0.882	0.761
国华人寿						0	0.765	1	1	0.819	0.717
幸福人寿							0.002	0.808	1	0.803	1	0.723
中宏人寿	0.592	0.673	0.896	0.301	0.914	0.691	0.89	0.942	0.905	0.968	0.777
太平洋安泰	0.714	0.866	0.978	0.151	0.952	0.448	1	0.908	0.725	0.883	0.763
安联大众	0.32	0.489	0.573	0.064	0.839	0.493	0.976	0.89	0.696	1	0.634
金盛人寿	0.215	0.431	0.664	0.044	0.898	0.635	1	0.658	0.508	0.939	0.599
信诚人寿	0.334	0.903	1	0.211	0.813	0.458	1	1	1	1	0.772
中意人寿	0.102	0.349	1	1	1	0.479	1	1	1	1	0.793
光大永明	0.1	0.366	0.638	0.096	0.801	0.992	0.937	0.906	1	0.994	0.683
友邦上海	1	1	1	0.669	0.845	0.621	0.979	1	1	1	0.911
中英人寿		0.104	0.262	0.212	0.924	0.389	1	0.913	0.97		0.642
海康人寿		0.02	0.236	0.073	0.605	0.951	0.887	0.888	0.793	0.938	0.599
恒安标准			0.923	0.188	0.477	0.978	0.926	0.818	0.678	0.863	0.731
瑞泰人寿			0.11	0.019	1	1	0.621	0.045	0.049	0.285	0.391
国泰人寿				1	1	0.523	0.698	0.563	0.541	0.632	0.708
中航三星				0.002	0.016	0.07	0.349	0.329	0.301	0.837	0.272
汇丰人寿								0.042	0.141	0.51	0.231

综上可以发现，公司的效率值与其市场规模、成立时间和公司所有权性质具有显著的关系；中资寿险公司的技术效率值普遍高于外资寿险公司，这与其市场规模和成立时间具有明显的关系。从纯技术效率值的比较可以发现，外资公司的效率值比较高，差距要比技术效率值小得多，这充分说明外资公司的经营效率要显著地高于中资公司。结合规模效率可以发现，中资公司的技术效率主要依靠规模效率来实现，而不是依靠纯技术效率。

（二）整体效率均值分析

根据以上结果可以得到各公司各年度的平均结果。可以发现，整体上寿险公司的技术效率有一定波动，在2005年成为发展的谷底，不管是中资，还是外资寿险公司都出现了大幅度下滑现象，而后开始逐步上升，如表5-6所示：

表5-6　　第一阶段各寿险公司2002—2011年的经营效率均值

年份	2002	2003	2004	2005	2006	2007	2008	2009	2010	2011
TE	0.55894	0.693	0.7452	0.1273	0.4159	0.3673	0.76397	0.7009	0.6765	0.8184
中资TE	0.83467	0.9558	0.96575	0.0708	0.3366	0.3727	0.7512	0.7843	0.7749	0.845
外资TE	0.352	0.4828	0.59817	0.1757	0.4838	0.3615	0.7776	0.6175	0.578	0.7919
PTE	0.89257	0.9567	0.8949	0.5759	0.6275	0.6612	0.8446	0.8199	0.8266	0.8991
中资PTE	0.944	0.98075	0.98275	0.6754	0.6456	0.6845	0.8043	0.8	0.8162	0.8827
外资PTE	0.854	0.9374	0.8363	0.4906	0.6121	0.6363	0.88779	0.83987	0.8369	0.9154
SE	0.6225	0.7219	0.80715	0.2504	0.7061	0.6038	0.90645	0.8536	0.8154	0.9053
中资SE	0.88967	0.9743	0.98288	0.20658	0.6063	0.5855	0.93493	0.9746	0.9474	0.9561
外资SE	0.42213	0.5201	0.69	0.28786	0.7917	0.6234	0.87593	0.7326	0.6833	0.8546

（三）中外资寿险公司的比较分析

1. 技术效率分析

从图5-4可以发现，在不考虑环境变量和统计噪声的影响下，除了2005—2008年以外，整体上外资寿险公司的技术效率都要低于中资公司；从发展趋势看，中资和外资寿险公司的发展趋势基本一致；从差距上来看，2002—2004年的差异比较显著，2005—2008年的技术效率值基本是一致的。

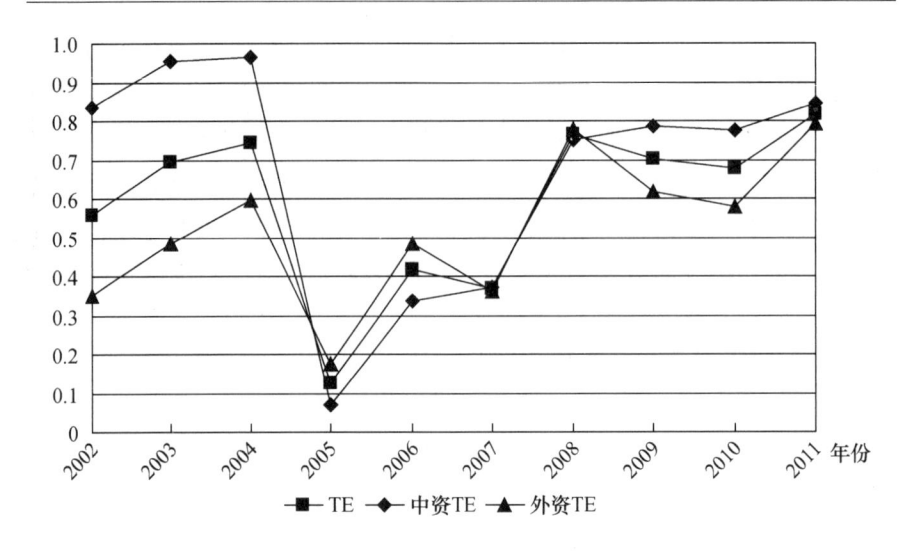

图 5-4 2002—2011 年中资与外资寿险公司技术效率（TE）变化

2. 纯技术效率分析

从图 5-5 可以发现，在不考虑环境变量和统计噪声的影响下，2008 年是个转折点，2008 年之前外资寿险公司的纯技术效率都低于中资寿险公司，2008 年开始高于中资寿险公司纯技术效率；从差距来看，中资和外资寿险公司的纯技术效率差距并不显著。

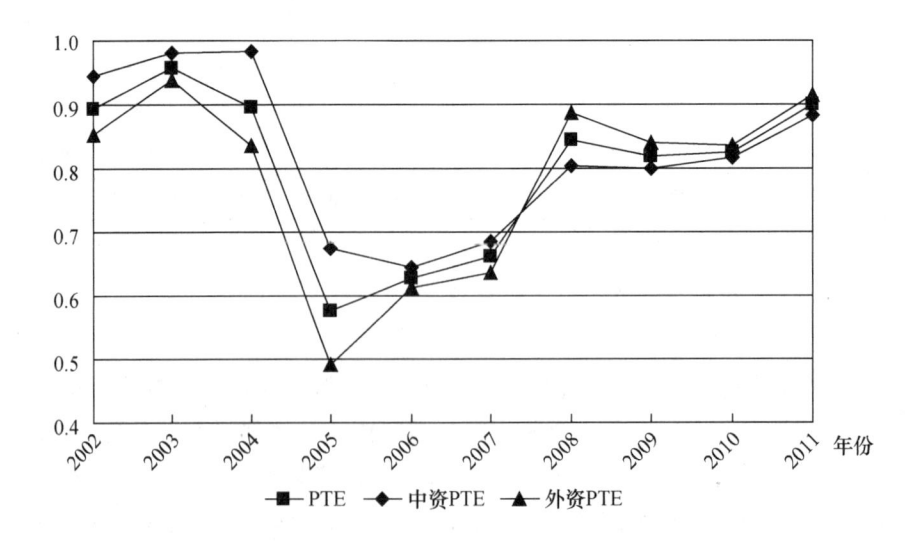

图 5-5 2002—2011 年中资与外资寿险公司纯技术效率（PTE）变化

3. 规模效率分析

从图 5-6 可以发现，在不考虑环境变量和统计噪声的影响下，除了 2005 年和 2006 年以外，中资寿险公司的规模效率都高于外资寿险公司，说明中资寿险公司的技术效率主要依靠规模效率而不是纯技术效率值；从差距来看，2005 年、2007 年和 2008 年的规模效率差距比较小，其他年份的差距比较明显。

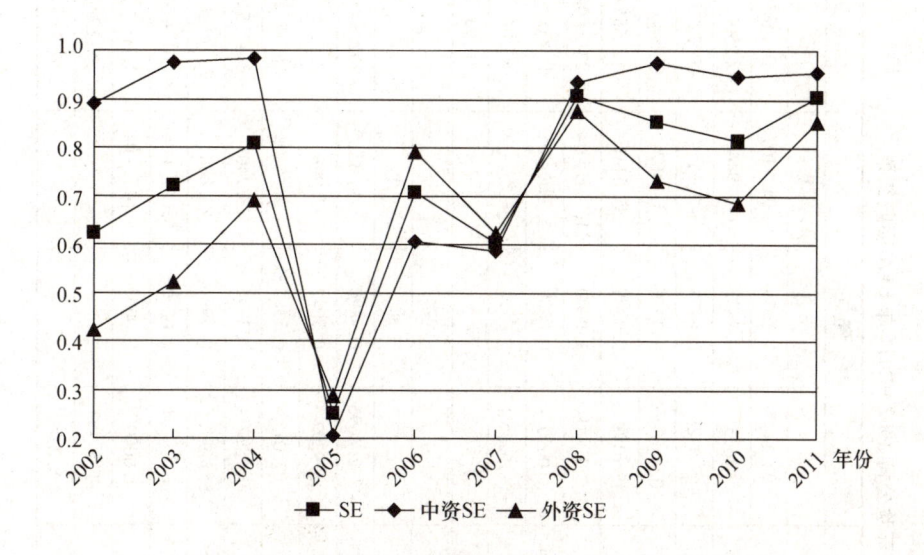

图 5-6 2002—2011 年中资与外资寿险公司规模效率（SE）变化

二 第二阶段：SFA 回归分析结果

以第一阶段得出各个投入变量的松弛变量作为被解释变量，运用软件 Frontier 4.1 对 SFA 的成本边界模型进行最大似然回归，得出 2002—2011 年各投入变量的冗余变量与各环境解释变量（成立年数、市场份额、分公司数目、所有权归属）之间的回归结果。

由于在回归分析的时间跨度比较大，本章采用的是逐年进行截面分析的方式，共建立了 30 个回归方程（如表 5-7 所示）。由于部分回归方程中出现了系数不显著的情况，即部分年份环境变量的影响不显著，在具体的计算过程中，根据结果对变量进行了相应的筛选和剔除。

从表 5-7 可以发现，所有模型的 LR 单边检验 T 值均大于 Mixedχ^2 分布临界值，通过了 0.05 的检验水平，拒绝原假设，表明本 SFA 模型的设

表 5 – 7　第二阶段各寿险公司 2002—2011 年 SFA 回归结果

2002 年	劳动力投入				资本				费用支出			
	coefficient	standard-error	t-ratio		C	S	T		C	S	T	
常数项	-0.1984	0.6126	-0.3238		-92.1447	1.0036	-91.8107		-5.1483	0.9262	-5.5582	
成立年数	0.0192	0.0975	0.1965		5.7633	0.8482	6.7946		0.2500	0.3473	0.7198	
市场份额	-0.0283	0.0676	-0.4184		-5.0328	0.6973	-7.2179		-0.2272	0.2132	-1.0659	
分公司数目	0.0258	0.0412	0.6258		0.4488	0.3936	1.1402		0.4949	0.1908	2.5935	
所有权归属	-0.6305	0.9979	-0.6318		55.6199	0.9995	55.6461		-12.5659	0.9986	-12.5840	
$\sigma^2 Z$	2.8940	0.9953	2.9075		1.38E+04	1.0000	1.38E+04		5.23E+02	1.0000	522.8435	
γ	1.0000	0.0000	4.33E+04		1.0000	0.0000	2.39E+05		1.0000	0.0000	7.25E+05	
Log 函数值	14.52				-76.45				52.06			
LR 单边检验	13.25				7.31				10.24			

2003 年	劳动力投入				资本				费用支出			
	C	S	T		C	S	T		C	S	T	
常数项	-0.0119	0.8663	-0.0138		-332.4696	0.9890	-336.1580		-102.8390	1.0448	-98.4290	
成立年数	-0.0033	0.0959	-0.0344		23.9397	0.7042	33.9980		9.5938	0.2491	38.5120	
市场份额	0.0008	0.0898	0.0094		-27.0153	0.7385	-36.5808		-8.7482	2.2230	-3.9354	
分公司数目	0.0020	0.0403	0.0493		9.2862	0.3996	23.2408		2.5775	0.5676	4.5409	
所有权归属	-0.0518	0.9976	-0.0519		85.7991	0.9991	85.8803		22.7964	1.0050	22.6827	
$\sigma^2 Z$	0.0168	0.0979	0.1713		8.62E+04	1.0000	8.62E+04		8.24E+03	1.0000	8.24E+03	
γ	0.9925	0.4737	2.0953		1.0000	0.0000	4.61E+04		1.0000	0.0002	5.23E+03	
Log 函数值	22.0439				-115.453				95.17			
LR 单边检验	18.24				8.24				6.32			

续表

2004年	劳动力投入			资本			费用支出		
	C	S	T	C	S	T	C	S	T
常数项	-0.0009	0.0050	-0.1711	-32.4894	15.3326	-2.12E+00	-6.9070	2.0205	-3.4185
成立年数	0.0000	0.0009	0.0488	1.6896	1.8932	0.8924	0.4900	0.2357	2.0791
市场份额	-0.0013	0.0016	-0.8018	-2.2622	2.2208	-1.0187	-0.4987	0.2372	-2.1022
分公司数目	-0.0003	0.0025	-0.1202	-1.3589	0.9783	-1.3891	0.1658	0.0622	2.6647
所有权归属	0.0026	0.0152	0.1708	39.1921	71.3913	0.5490			
$\sigma^2 Z$	4.4118	0.4713	9.3617	7.38E+03	0.8504	8.68E+03	65.3482	0.9994	65.3871
γ	1.0000	0.0000	1.66E+07	1.0000	0.0008	1.28E+03	1.0000	0.0000	5.93E+04
Log函数值	69.3			54.76			55.32		
LR单边检验	16.72			14.11			13		

2005年	劳动力投入			资本			费用支出		
	C	S	T	C	S	T	C	S	T
常数项	-10.6517	3.2534	-3.2740	-23.6745	0.6654	-35.5813	-89.9635	1.0040	-89.6066
成立年数				1.9191	0.2019	9.5040	-2.6376	1.1567	-2.2803
市场份额				-1.7063	0.2839	-6.0099			
分公司数目				-0.2137	0.0581	-3.6777	3.8503	0.3993	9.6430
所有权归属	10.6397	1.5824	6.7237	21.9433	0.6792	32.3056			
$\sigma^2 Z$	4.92E+02	1.0002	4.92E+02	3.81E+03	1.0190	3.74E+03	1.65E+04	1.0000	1.65E+04
γ	1.0000	0.0001	8.65E+03	1.0000	0.0000	6.36E+06	1.0000	0.0000	2.90E+05
Log函数值	94.22			-122.899			-145.73		
LR单边检验	22.38			18.21			13.12		

续表

2006 年	劳动力投入			资本			费用支出		
	C	S	T	C	S	T	C	S	T
常数项	-204.3051	1.0095	-202.3779	-123.5660	1.0000	-123.5660	-84.1683	1.0019	-84.0072
成立年数	8.0208	1.4196	5.6502	12.2457	1.0000	12.2457	10.1883	0.7339	13.8819
市场份额	-11.6815	1.0790	-10.8264	-16.8195	1.0000	-16.8195	-8.0873	0.7284	-11.1034
分公司数目	5.2293	1.1907	4.3919	-2.3197	1.0000	-2.3197			
所有权归属	39.6340	1.0011	39.5907	191.2866	1.0000	191.2866	-23.9403	1.0008	-23.9209
$\sigma^2 Z$	3.32E+04	1.0000	3.32E+04	8.71E+04	1.0000	8.71E+04	1.20E+04	1.0000	1.20E+05
γ	1.0000	0.0001	1.05E+04	1.0000	0.0006	1.76E+03	1.0000	0.0000	1.01E+05
Log 函数值	115.2			-166.68			139.59		
LR 单边检验	11.92			12.03			14.75		
2007 年	劳动力投入			资本			费用支出		
	C	S	T	C	S	T	C	S	T
常数项	-10.5095	1.7919	-5.8650	-957.2164	1.2017	-796.5776	-213.5803	1.0009	-213.3969
成立年数	0.7018	0.0814	8.6238	-108.6619	8.7062	-12.4810	6.9485	0.9802	7.0888
市场份额	-0.9924	0.3326	-2.9833	138.7425	5.1209	27.0936	-18.5974	0.8782	-21.1770
分公司数目	0.3348	0.1018	3.2890	47.4691	13.0434	3.6393	9.0702	0.3849	23.5664
所有权归属	-6.4103	2.2573	-2.8398	-4.84E+02	1.0999	-4.40E+02	-26.7145	0.9993	-26.7333
$\sigma^2 Z$	7.81E+02	0.9999	7.81E+02	3.53E+06	1.0000	3.53E+06	4.49E+04	1.0000	4.49E+04
γ	1.0000	0.0000	3.21E+06	1.0000	0.0000	2.87E+04	1.0000	0.0000	4.66E+05
Log 函数值	-122.2			-239.2			-180.24		
LR 单边检验	25.45			14.25			9.05		

第五章 人寿保险行业市场规模效率

续表

2008年	劳动力投入						资本						费用支出		
	C	S	T				C	S	T				S	T	
常数项	-0.0450	0.0180	-2.4923				-4192.4025	0.9986	-4198.375	-6.8523			1.7620	-3.8889	
成立年数							-36.5460	1.9952	-18.3170	0.6985			0.1810	3.8591	
市场份额										-0.9597			0.1871	-5.1304	
分公司数目	0.0034	0.0013	2.5607				157.2686	0.1078	1458.518						
所有权归属	-0.0789	0.0314	-2.5121				-7.18E+02	0.9995	-718.0729	2.9804			0.8648	3.4466	
$\sigma^2 Z$	0.7154	0.1134	6.3070				1.75E+07	1.0000	1.75E+07	30.0209			1.0398	28.8709	
γ	1.00E+00	2.63E-07	3.80E+06				1.0000	0.0000	1.56E+06	1.0000			0.0000	2.04E+06	
Log 函数值	-10.71						264.47			-76.05					
LR 单边检验	33.2						11.52			12.26					
2009年	劳动力投入						资本						费用支出		
	C	S	T				C	S	T				S	T	
常数项	0.0126	0.0054	2.3501				-3821.4613	0.9674	-3950.1857	-2.6066			0.7425	-3.5107	
成立年数	-0.0032	0.0013	-2.3882				142.2583	0.8644	164.5738						
市场份额	-0.0148	0.0066	-2.2382				-249.9612	1.5743	-158.7735	0.1993			0.0513	3.8830	
分公司数目							92.7080	8.1498	11.3754						
所有权归属							381.4966	0.9717	392.6240	-4.6137			1.1908	-3.8746	
$\sigma^2 Z$	0.8935	0.2388	3.7413				7.05E+06	1.0000	7.05E+06	2.78E+03			0.0003	2.78E+03	
γ	1.0000	0.0000	3.24E+07				1.0000	0.0001	1.90E+04	1.0000			0.0000	7.87E+06	
Log 函数值	-19.52						-258.8			-133.44					
LR 单边检验	36.37						13.2			28.35					

续表

2010年	劳动力投入			资本			费用支出		
	C	S	T	C	S	T	C	S	T
常数项	0.0034	0.2907	0.0118	-1556.7591	1.0018	-1553.9330	-59.4677	1.0007	-59.4284
成立年数	-0.0028	0.0039	-0.7086	-74.8483	0.9971	-75.0695			
市场份额	0.0043	0.0181	0.2392	53.8941	0.9574	56.2917	3.3388	0.9482	3.5213
分公司数目	0.0000	0.0439	-0.0004	294.1580	1.0000	294.1640	-60.8000	0.9999	-60.8037
所有权归属	-0.0101	0.9241	-0.0109	2.51E+06	1.0000	2.51E+06	1.37E+04	1.0000	1.37E+04
$\sigma^2 Z$	0.0061	0.0164	0.3757	1.00E+00	1.03E-06	9.73E+05	23.63	0.0011	9.15E+02
γ	0.9985	0.2486	4.0163						
Log 函数值	48.87			-242			-159.9		
LR 单边检验	26.84			14.7					

2011年	劳动力投入			资本			费用支出		
	C	S	T	C	S	T	C	S	T
常数项	-43.2119	0.9977	-43.3126	-942.7751	1.2307	-766.0413			
成立年数				47.0440	3.5134	13.3899			
市场份额	1.1994	0.2181	5.4996	-77.7603	7.7281	-10.0621			
分公司数目				-17.3084	2.1625	-8.0039			
所有权归属				1152.716	3.2043	359.736			
$\sigma^2 Z$	8.31E+03	1.0000	8.31E+03	6.86E+05	1.0000	6.86E+05			
γ	1.0000	0.0000	9.43E+04	1.0000	0.0080	124.8313			
Log 函数值	-157.69			-225.97					
LR 单边检验	25.6			9					

定是合理和必要的。同时，所有回归分析结果都显示，gamma 值趋近于 1，表明组合误差主要是受到管理因素的影响，因此对投入变量进行第二阶段调整相当重要。

从回归的结果来看，各环境变量对劳动力投入的影响存在不显著的情况最为常见，其次是费用支出，对固定资产基本都显示出显著的影响。但整体来看，样本期间成立年数、市场份额、分公司数目和所有权归属都对劳动力、资本投入和经营支出冗余值具有显著影响。

（一）劳动力冗余分析

结果显示，人寿保险公司成立时间对劳动力冗余具有显著的正向影响，表明公司成立时间越长，劳动力冗余越多，特别是不少早期国有人寿保险公司和股份制人寿保险公司长期的经营过程中形成了大量的冗余人员。市场份额则具有显著的负向影响，表明市场份额形成的规模效应有利于节约人力资本。分公司数目也具有显著的正向影响，表明分公司的成立需要更多的人员投入，且人员的投入效率比较低。所有权归属也具有显著的负向影响，表明中资人寿保险公司的劳动力投入效率比较高。

（二）资本投入冗余分析

结果显示，人寿保险公司成立时间对资本投入冗余具有显著的负向影响，表明随着时间的延续，公司会沉淀一定的资产无法发挥效应。市场份额具有显著的正向影响，表明市场份额的提升导致资本冗余增加。分公司数目也具有显著的正向影响，表明分公司的设立会导致资本的冗余。所有权归属也具有显著的负向影响，表明中资人寿保险公司的资本投入冗余比较少，投入效率比较高。

（三）费用支出冗余分析

结果显示，人寿保险公司成立时间对费用支出冗余具有显著的正向影响，表明成立越久的公司在费用支出上面的控制能力比较差，产生了较多的费用冗余。市场份额则具有显著的负向影响，表明市场份额越多的公司在总体费用比例上比较低，费用冗余比较少，规模效率比较明显。分公司数目也具有显著的正向影响，表明在分公司设立过程中，费用控制效率不高，产生了较多的费用支出。所有权归属也具有显著的负向影响，表明中资人寿保险公司的费用支出控制能力更强。

三 第三阶段：调整后的 DEA 计算结果

根据模型设定的方法，对各寿险公司各年的投入变量进行逐个调整，利用调整后的投入变量与原来的产出变量，通过 DEAP2.1 软件再次测算，结果得出如下分析。

（一）调整后人寿保险公司效率值比较

1. 调整后的技术效率分析

从表 5-8 可以发现，除了原来的中国人寿、平安人寿、太保人寿、新华人寿、泰康人寿和友邦上海外，中意人寿的效率值也达到 0.7 以上，而信诚人寿则未达到 0.7。与原来相比，太平人寿、民生人寿、生命人寿、幸福人寿、国华人寿、华夏人寿、华泰人寿的效率值达到 0.5—0.7 之间，而中英人寿、国泰人寿、安联大众、太平洋安泰、中宏人寿、嘉禾人寿的效率值未达到 0.5—0.7，与合众人寿等其他公司的效率值在 0.5 以下，成为第三梯队。

表 5-8 第三阶段各寿险公司 2002—2011 年技术效率（TE）值

公司名称	2002年	2003年	2004年	2005年	2006年	2007年	2008年	2009年	2010年	2011年	平均值
中国人寿	0.771	1	1	0.431	1	1	1	1	1	1	0.9202
平安人寿	0.727	0.899	1	0.442	1	0.821	0.902	0.945	1	0.931	0.8667
太保人寿	1	1	1	0.371	1	1	0.998	0.85	1	1	0.9219
新华人寿	1	1	1	0.406	1	0.682	0.814	1	1	1	0.8902
泰康人寿	0.67	0.964	1	0.396	0.742	0.849	1	1	1	1	0.8621
太平人寿	1	0.808	0.963	0.206	0.573	0.666	0.268	0.478	0.668	0.653	0.6283
民生人寿		0.494	0.825	0.072	0.14	0.304	1	0.416	0.593	0.705	0.50544
生命人寿		0.089	0.786	0.213	0.348	0.646	0.771	0.537	0.595	0.68	0.51833
合众人寿				0.03	0.24	0.471	0.363	0.423	0.512	0.712	0.393
华泰人寿				0.004	0.04	0.206	1	1	1	0.479	0.53271
长城人寿				0.005	0.171	0.391	0.522	0.779	0.433	0.469	0.39571
嘉禾人寿				0	0.092	0.436	0.773	0.551	0.686	0.477	0.43071
华夏人寿						0.041	0.576	1	0.408	0.638	0.5326
国华人寿						0	0.632	1	0.693	0.754	0.6158
幸福人寿						0	0.5	1	0.874	0.602	0.5952
中宏人寿	0.454	0.523	0.724	0.072	0.229	0.28	0.33	0.64	0.542	0.442	0.4236
太平洋安泰	0.321	0.631	0.65	0.064	0.161	0.209	0.862	0.823	0.696	0.504	0.4921
安联大众	0.189	0.393	0.495	0.031	0.285	0.811	0.904	0.724	0.488	0.256	0.4576

续表

公司名称	2002年	2003年	2004年	2005年	2006年	2007年	2008年	2009年	2010年	2011年	平均值
金盛人寿	0.144	0.323	0.348	0.023	0.117	0.276	1	0.531	0.326	0.382	0.347
信诚人寿	0.253	0.888	1	0.036	0.278	0.754	1	1	1	0.507	0.6716
中意人寿	0.057	0.297	0.849	1	1	0.476	1	0.749	0.739	1	0.7167
光大永明	0.057	0.196	0.295	0.025	0.111	0.441	0.527	0.713	0.984	0.525	0.3874
友邦上海	1	1	1	0.196	0.482	0.495	0.524	1	1	0.648	0.7345
中英人寿		0.07	0.158	0.044	0.199	0.805	0.777	0.946	0.857	0.442	0.47756
海康人寿		0.012	0.128	0.015	0.103	0.317	0.529	0.521	0.376	0.373	0.26378
恒安标准			0.697	0.063	0.104	0.327	0.534	0.274	0.244	0.278	0.31513
瑞泰人寿			0.038	0.009	0.248	0.579	0.392	0.033	0.031	0.111	0.18013
国泰人寿				1	1	0.154	0.436	0.215	0.232	0.241	0.46829
中航三星				0.001	0.002	0.01	0.201	0.235	0.185	0.316	0.13571
汇丰人寿								0.025	0.057	0.237	0.10633

2. 调整后的纯技术效率分析

从表5-9可以发现,原为第二、第三梯队的华泰人寿、嘉禾人寿、太平洋安泰、安联大众、金盛人寿、信诚人寿、友邦上海、中英人寿、恒安标准、海康人寿、光大永明、中宏人寿、长城人寿、国泰人寿公司的效率值达到0.9以上,成为第一梯队;只有华夏人寿、太平人寿、民生人寿、生命人寿、合众人寿等公司的效率值在0.7—0.9,属于第二梯队;调整后的纯技术效率值没有在0.7以下的人寿保险公司。

表5-9　第三阶段各寿险公司2002—2011年纯技术效率（PTE）值

公司名称	2002年	2003年	2004年	2005年	2006年	2007年	2008年	2009年	2010年	2011年	平均值
中国人寿	1	1	1	1	1	1	1	1	1	1	1
平安人寿	1	1	1	1	1	1	0.821	0.902	0.947	1	0.967
太保人寿	1	1	1	1	1	1	0.998	0.865	1	1	0.9863
新华人寿	1	1	1	0.727	1	0.773	0.87	1	1	1	0.937
泰康人寿	0.672	0.964	1	1	0.757	1	1	1	1	1	0.9393
太平人寿	1	0.907	0.987	0.264	0.694	0.849	0.568	0.567	0.686	0.699	0.7221
民生人寿		1	0.886	0.62	0.612	0.769	1	0.789	0.736	0.868	0.808889
生命人寿		1	1	0.61	0.722	0.887	0.904	0.773	0.686	0.747	0.814333
合众人寿				0.748	0.944	0.73	0.776	0.761	0.694	0.873	0.789429

续表

公司名称	2002年	2003年	2004年	2005年	2006年	2007年	2008年	2009年	2010年	2011年	平均值
华泰人寿				0.946	0.996	0.926	1	1	1	1	0.981143
长城人寿				0.925	0.984	0.896	0.927	0.966	0.832	0.825	0.907857
嘉禾人寿				1	0.943	0.868	0.968	0.921	0.903	0.925	0.932571
华夏人寿							0.923	0.923	1	0.816	0.769	0.8862
国华人寿						1	0.995	1	1	0.924	0.9838
幸福人寿						1	0.98	1	0.982	1	0.9924
中宏人寿	0.944	0.998	0.972	0.668	0.97	0.933	0.971	0.966	0.92	0.988	0.933
太平洋安泰	0.671	0.88	0.716	0.81	0.988	0.961	1	1	1	0.995	0.9021
安联大众	0.963	1	1	0.885	0.995	1	0.98	0.974	0.938	1	0.9735
金盛人寿	1	0.967	0.813	0.891	0.993	0.956	1	0.993	0.965	0.987	0.9565
信诚人寿	0.915	1	1	0.602	0.985	0.95	1	1	1	1	0.9452
中意人寿	1	1	1	1	1	0.986	1	1	1	1	0.9986
光大永明	0.91	0.961	0.789	0.782	0.973	0.944	0.993	0.982	1	0.977	0.9311
友邦上海	1	1	1	0.563	0.968	0.935	0.985	1	1	1	0.9451
中英人寿		1	0.761	0.719	0.971	1	1	1	0.985	0.972	0.934222
海康人寿		0.994	0.771	0.782	0.959	0.917	0.973	0.957	0.955	0.97	0.919778
恒安标准			1	0.896	0.948	0.822	0.979	0.905	0.896	0.928	0.92175
瑞泰人寿			1	0.971	1	1	1	0.998	0.995	0.989	0.994125
国泰人寿				1	1	0.961	0.972	0.95	0.925	0.942	0.964286
中航三星				1	1	0.983	1	1	1	1	0.997571
汇丰人寿								0.997	0.995	1	0.997333

3. 调整后的规模效率分析

从表5-10可以发现，原有的中国人寿、太保人寿、新华人寿、泰康人寿、太平人寿相对效率值仍然达到0.8以上，平安人寿调整后效率值达到0.8以上，成为第一梯队，而民生人寿、生命人寿、合众人寿则未达到0.8；原来的华夏人寿、国华人寿、幸福人寿、信诚人寿、中意人寿的相对效率值仍然在0.6—0.8，生命人寿和友邦上海调整后的效率值也达到0.6以上，这些公司属于第二梯队，而其他公司的效率值都在0.6以下，属于第三梯队。

表 5-10　　第三阶段各寿险公司 2002—2011 年规模效率（SE）值

公司名称	2002年	2003年	2004年	2005年	2006年	2007年	2008年	2009年	2010年	2011年	平均值
中国人寿	0.771	1	1	0.431	1	1	1	1	1	1	0.9202
平安人寿	0.727	0.899	1	0.442	1	1	1	0.998	1	0.931	0.8997
太保人寿	1	1	1	0.371	1	1	1	0.982	1	1	0.9353
新华人寿	1	1	1	0.558	1	0.881	0.935	1	1	1	0.9374
泰康人寿	0.997	1	1	0.396	0.981	0.849	1	1	1	1	0.9223
太平人寿	1	0.891	0.975	0.779	0.826	0.785	0.471	0.844	0.974	0.935	0.848
民生人寿		0.494	0.931	0.116	0.228	0.395	1	0.527	0.805	0.812	0.589778
生命人寿		0.089	0.786	0.349	0.481	0.728	0.853	0.696	0.867	0.911	0.64
合众人寿				0.04	0.254	0.644	0.468	0.556	0.739	0.815	0.50229
华泰人寿				0.005	0.041	0.223	1	1	1	0.479	0.53543
长城人寿				0.005	0.174	0.436	0.563	0.807	0.52	0.568	0.439
嘉禾人寿				0	0.098	0.503	0.798	0.598	0.76	0.516	0.46757
华夏人寿						0.045	0.625	1	0.5	0.83	0.6
国华人寿						0	0.635	1	0.693	0.816	0.6288
幸福人寿						0	0.51	1	0.89	0.602	0.6004
中宏人寿	0.48	0.524	0.745	0.108	0.236	0.301	0.34	0.662	0.589	0.447	0.4432
太平洋安泰	0.479	0.716	0.908	0.079	0.162	0.218	0.862	0.823	0.696	0.506	0.5449
安联大众	0.196	0.393	0.495	0.035	0.286	0.811	0.923	0.743	0.52	0.256	0.4658
金盛人寿	0.144	0.334	0.428	0.026	0.117	0.288	1	0.535	0.338	0.388	0.3598
信诚人寿	0.277	0.888	1	0.06	0.282	0.794	1	1	1	0.507	0.6808
中意人寿	0.057	0.297	0.849	1		0.483	1	0.749	0.739	1	0.7174
光大永明	0.063	0.204	0.374	0.033	0.114	0.468	0.53	0.726	0.984	0.537	0.4033
友邦上海	1	1	1	0.349	0.498	0.529	0.532	1	1	0.648	0.7556
中英人寿		0.07	0.207	0.062	0.205	0.805	0.777	0.946	0.87	0.455	0.48856
海康人寿		0.012	0.166	0.019	0.107	0.345	0.544	0.544	0.393	0.384	0.27933
恒安标准			0.697	0.07	0.11	0.398	0.546	0.303	0.272	0.299	0.33688
瑞泰人寿			0.038	0.009	0.248	0.579	0.392	0.033	0.031	0.113	0.18038
国泰人寿				1	1	0.16	0.448	0.226	0.25	0.256	0.47714
中航三星				0.001	0.002	0.011	0.201	0.235	0.185	0.316	0.13586
汇丰人寿								0.026	0.058	0.237	0.107

综上可以发现，调整后的公司纯技术效率出现了显著的提升，基本都在0.85以上，说明纯技术效率被低估了。调整后更多的公司无法体现出其规模效率了，说明这些公司的规模效率被高估了，特别是中资人寿保险公司。

（二）调整后效率均值分析

根据以上结果可以得到各公司各年度的平均结果。可以发现，整体上寿险公司的技术效率、纯技术效率、规模效率有一定波动，在2005年成为发展的谷底，不管是中资还是外资寿险公司都出现了大幅度下滑，而后开始逐步上升（如表5-11所示）。从调整后效率均值看纯技术效率提高了，而规模效率、技术效率呈现下降趋势。

表5-11　　调整后各寿险公司2002—2011年的经营效率均值

平均	2002年	2003年	2004年	2005年	2006年	2007年	2008年	2009年	2010年	2011年
调整后TE	0.5459	0.5882	0.6978	0.198269	0.410192	0.46369	0.69431	0.680267	0.640633	0.578733
调整后中资TE	0.8613	0.7818	0.9468	0.214667	0.528833	0.500867	0.741267	0.7986	0.764133	0.74
调整后外资TE	0.3094	0.4333	0.5318	0.184214	0.3085	0.423857	0.644	0.561933	0.517133	0.417467
调整后PTE	0.9339	0.9817	0.9348	0.823423	0.938538	0.923793	0.953931	0.9437	0.9303	0.945933
调整后中资PTE	0.9453	0.9839	0.9841	0.82	0.887667	0.896133	0.920733	0.905933	0.889	0.908667
调整后外资PTE	0.9254	0.98	0.9018	0.826357	0.982143	0.953429	0.9895	0.981467	0.9716	0.9832
调整后SE	0.5851	0.6006	0.73	0.243962	0.440385	0.506172	0.722517	0.718633	0.6891	0.6188
调整后中资SE	0.9158	0.7966	0.9615	0.291	0.59025	0.565933	0.790533	0.8672	0.849867	0.814333
调整后外资SE	0.337	0.4438	0.5756	0.203643	0.311929	0.442143	0.649643	0.570067	0.528333	0.423267

（三）调整后中外资寿险公司比较分析

1. 技术效率比较

从图 5-7 可以发现，考虑环境变量和统计噪声的影响下，除了 2005 年基本一致外，外资寿险公司的技术效率基本都低于中资寿险公司。从发展情况来看，近年来差距在逐步扩大，但是都有下降的趋势。

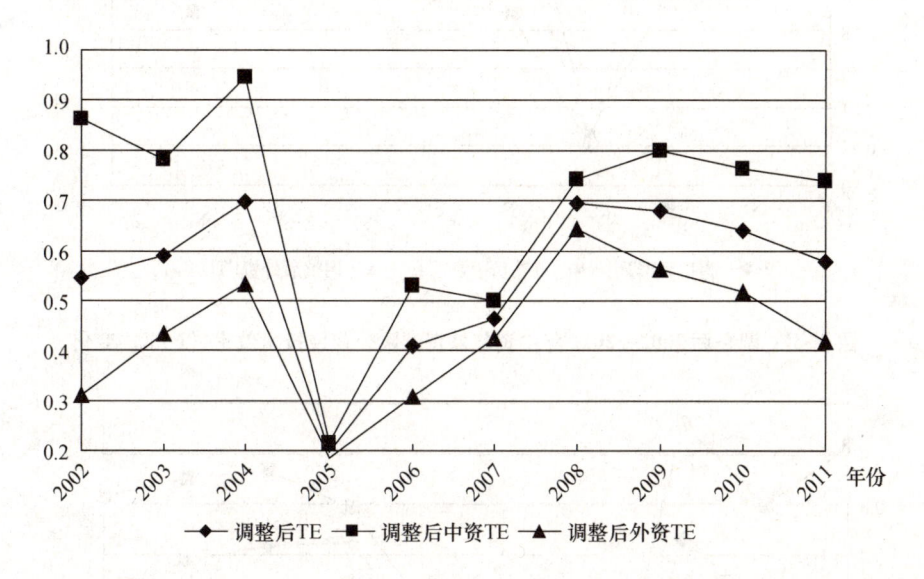

图 5-7 调整后 2002—2011 年中资与外资寿险公司技术效率（TE）变化

2. 纯技术效率比较

从图 5-8 可以发现，考虑环境变量和统计噪声的影响下，2005 年是一个转折点，2005 年之前中资寿险公司的纯技术效率高于外资公司，但 2005 年以后外资寿险公司的纯技术效率都显著地高于中资寿险公司。从发展情况来看，近年来差距变化不大，但是都有一定的波动。

3. 规模效率比较

从图 5-9 可以发现，考虑环境变量和统计噪声的影响下，除了 2005 年基本一致外，外资寿险公司的规模效率基本都低于中资寿险公司。从发展情况来看，2005 年为发展的谷底，经营效率值不足 0.3，之后开始逐年的上升，中资寿险公司到 2009 年接近 0.9，但之后开始有一定的下降趋势。

（四）调整前后比较分析

1. 技术效率比较

从图 5-10 可以发现，考虑环境变量和统计噪声前后的比较来看，除

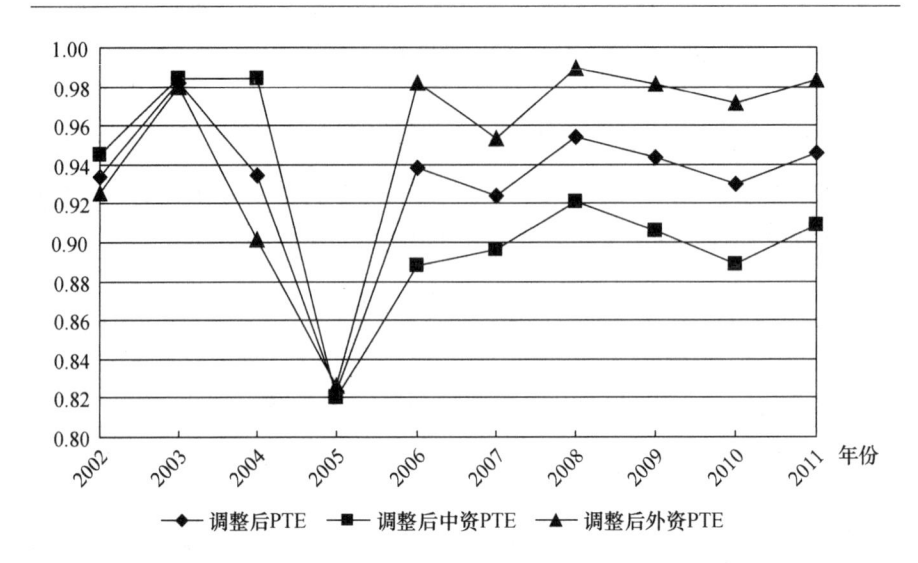

图 5-8 调整后 2002—2011 年中资与外资寿险公司纯技术效率（PTE）变化

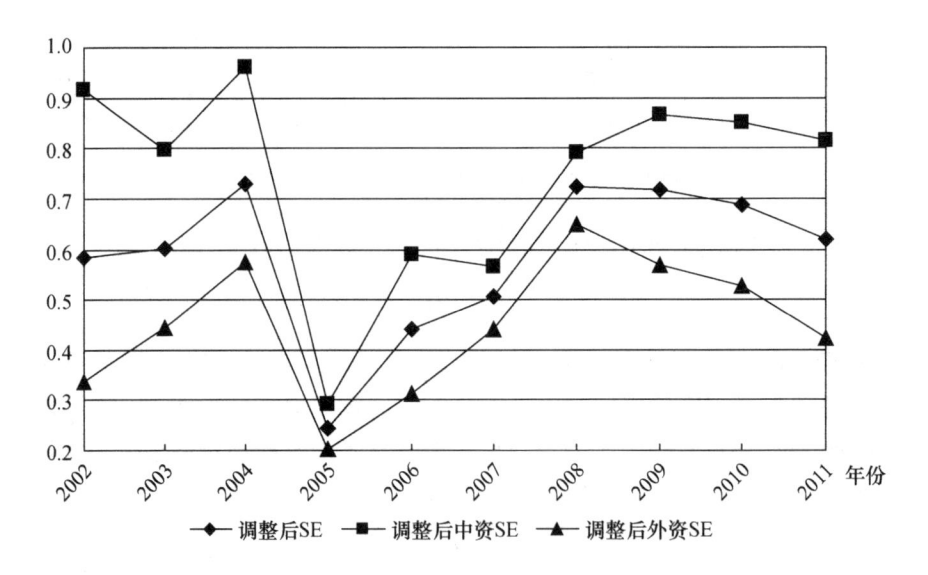

图 5-9 调整后 2002—2011 年中资与外资寿险公司规模效率（SE）变化

了 2011 年的差距比较明显外，调整后公司的技术效率值与调整前的差距不大；从发展趋势看，调整后的技术效率值波动性要明显小于调整前；具体来看，2002 年和 2006 年调整前后技术效率基本一致，2003 年、2004 年、2008 年、2009 年、2010 年和 2011 年调整后的技术效率要低于调整前，而 2005 年和 2007 年调整后的技术效率要高于调整前。

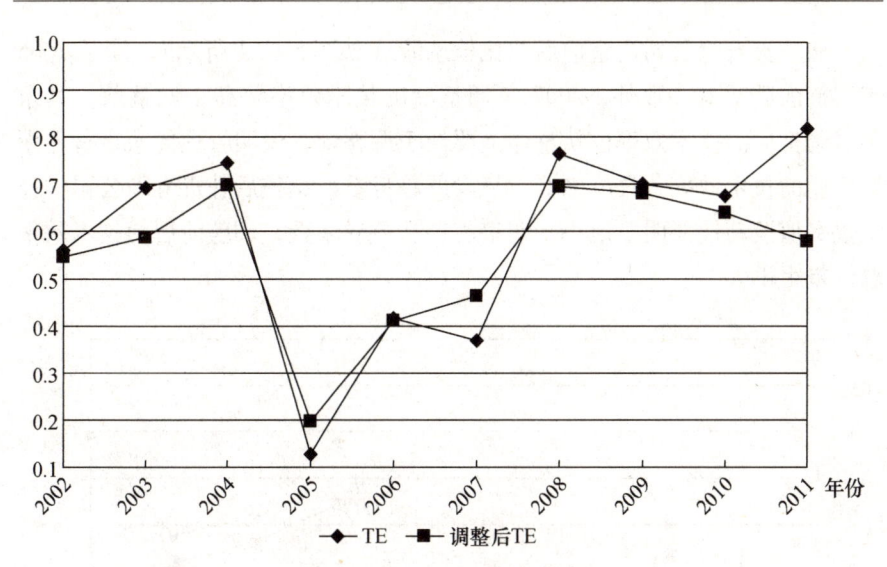

图 5-10 调整前后 2002—2011 年技术效率（TE）变化

从中资寿险公司调整前后的比较来看（如图 5-11 所示），2005—2007 年调整后的技术效率要高于调整前，2002 年、2004 年、2008 年和 2009 年调整前后的差异不大，其他年份的技术效率值要低于调整前，说明外部环境要素显著地影响了公司的技术效率；从发展趋势看，调整后中资寿险公司的技术效率值波动性要明显地小于调整前；从差异来看，调整前后的技术效率总体差距不大。

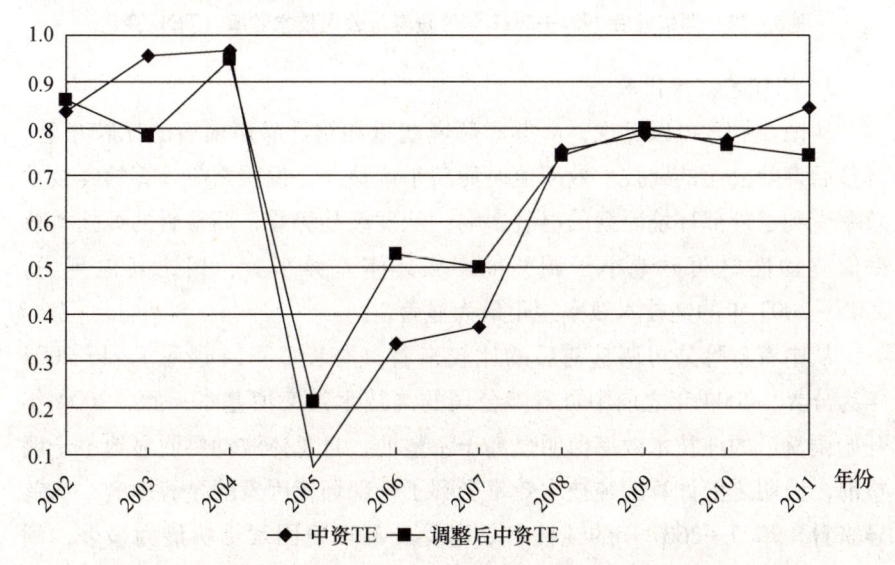

图 5-11 调整前后 2002—2011 年中资寿险公司技术效率（TE）变化

从外资寿险公司调整前后的比较来看（如图5-12所示），除了2005年调整前后基本一致外，2007年调整后的技术效率要高于调整前，其余年份调整后的技术效率值从整体上要低于调整前，说明管理要素显著地影响企业的技术效率。具体来看，从发展趋势看，调整后外资寿险公司的技术效率值波动性要明显地小于调整前；从差异来看，调整前后的技术效率总体差距不大。

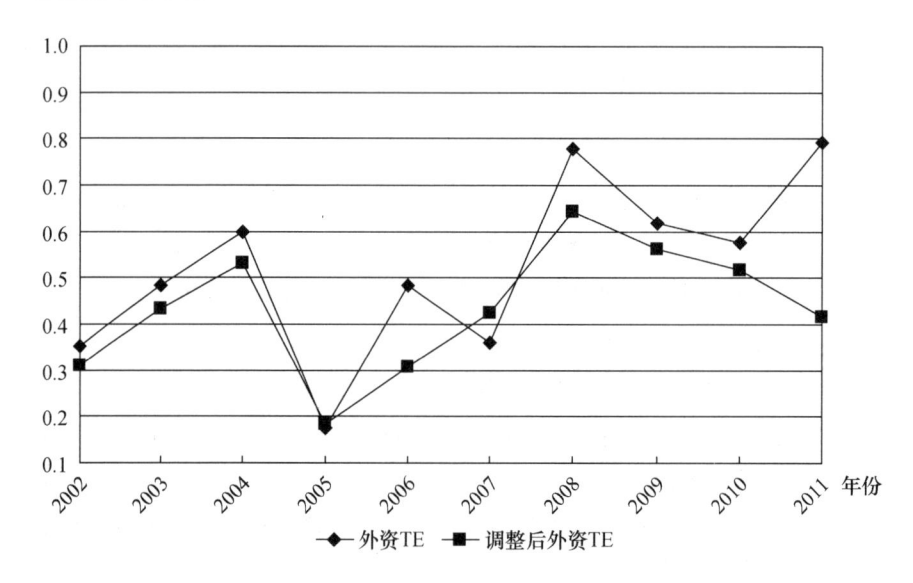

图5-12 调整前后2002—2011年外资寿险公司技术效率（TE）变化

2. 纯技术效率比较

从图5-13可以发现，从考虑环境变量和统计噪声前后的比较来看，调整后寿险公司的纯技术效率值明显高于调整前，说明之前计算的纯技术效率受到了外部环境因素的显著影响；从发展趋势看，调整后的纯技术效率值波动性要明显地小于调整前；从具体差异来看，相比其他年份，2005—2007年的纯技术效率差距最为显著。

从中资寿险公司调整前后的比较来看（如图5-14所示），以2004年为分界，2004年之前中资寿险公司的纯技术效率值基本一致，2004年开始调整后的纯技术效率值明显高于调整前，且总体波动要明显地小于调整前，说明之前计算的纯技术效率受到了外部环境因素的显著影响；从差异来看，2005—2007年的纯技术效率受外部环境因素影响最为显著，到2011年纯技术效率又趋向一致。

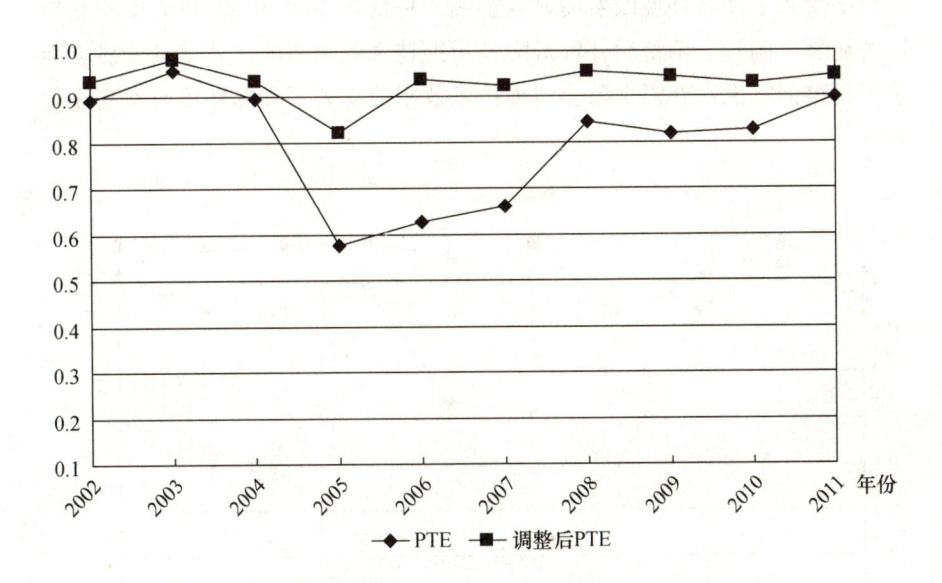

图 5-13 调整前后 2002—2011 年纯技术效率（PTE）变化

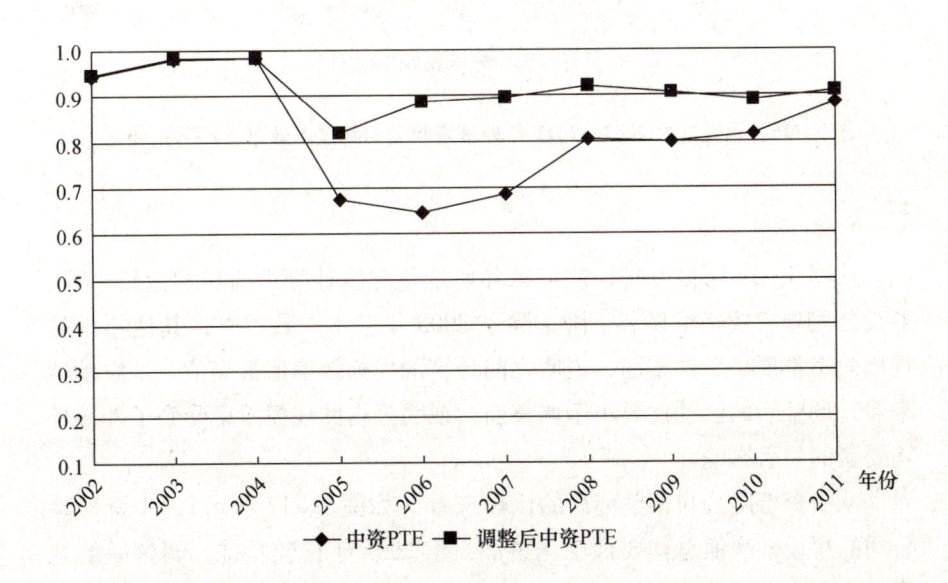

图 5-14 调整前后 2002—2011 年中资寿险公司纯技术效率（PTE）变化

从外资寿险公司调整前后的比较来看（如图 5-15 所示），调整后外资寿险公司的纯技术效率值明显增加，说明之前计算的外资寿险公司纯技术效率受到了外部环境因素的显著影响，特别是 2005 年到 2007 年的差异极为显著。同时，调整后外资寿险公司纯技术效率值的总体波动要显著地小于调整前，说明外资寿险公司纯技术效率值受到了外部环境要素的显著影响。

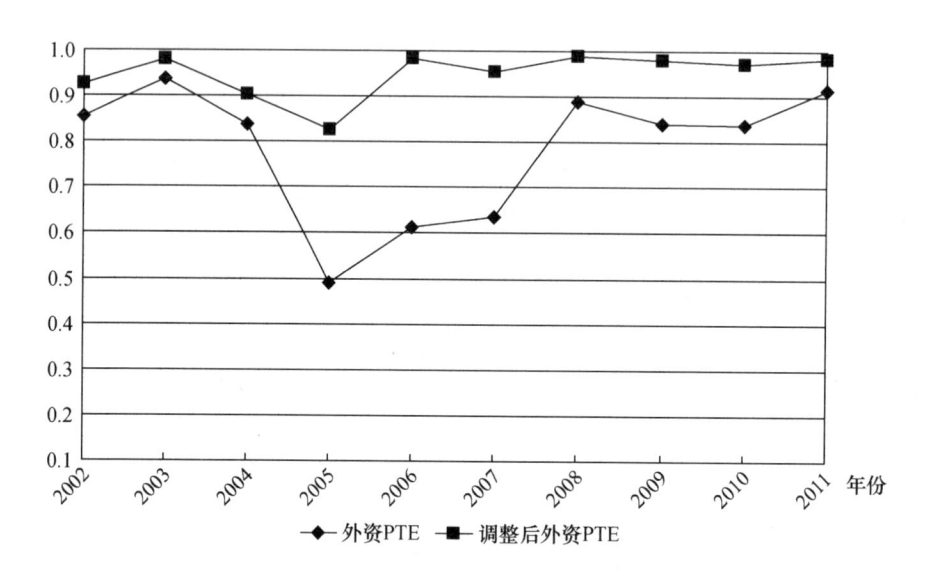

图 5-15　调整前后 2002—2011 年外资寿险公司纯技术效率（PTE）变化

3. 规模效率比较

从图 5-16 可以发现，从考虑环境变量和统计噪声前后的比较来看，寿险公司规模效率值显著下降，除了 2005 年基本一致以外，其他年份的规模效率都要小于调整前，说明之前计算的规模效率值被高估。从波动性来看，调整后的波动要小于调整前，说明公司的规模效率受到了外部环境要素的显著影响。

从中资寿险公司调整前后的比较来看（如图 5-17 所示），中资寿险公司的规模效率值总体要低于调整前，但 2005 年比较特殊，调整后的规模效率更高；具体来看，除 2002 年、2004 年、2006 年和 2007 年中资寿险公司的规模效率与调整前基本一致外，其他年份的规模效率都要小于调整前，说明之前计算的中资寿险公司的规模效率值被高估。

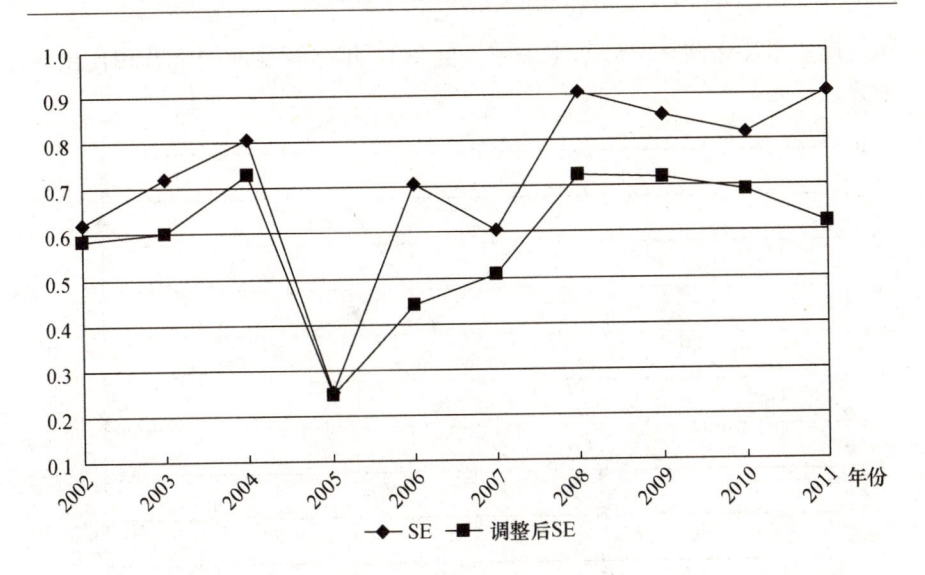

图 5-16　调整前后 2002—2011 年规模效率（SE）变化

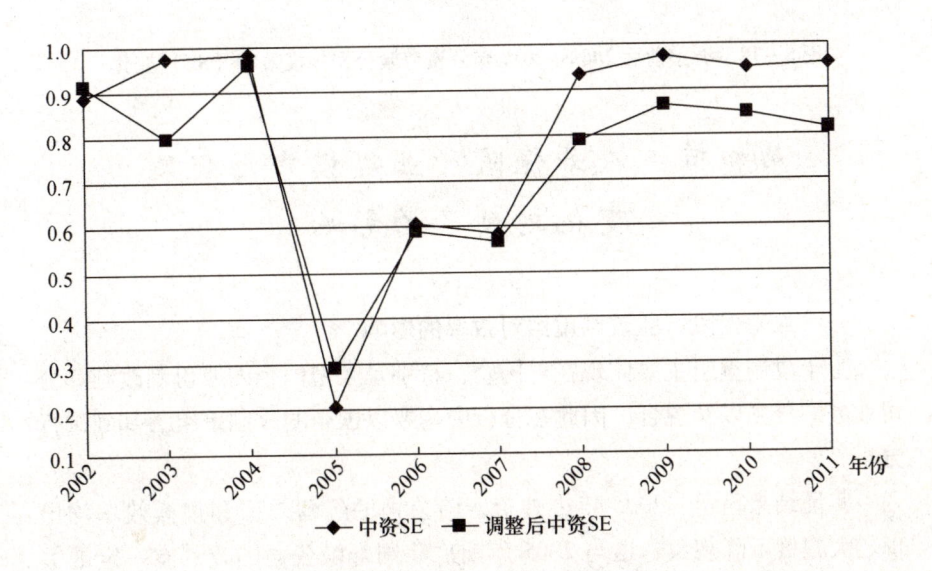

图 5-17　调整前后 2002—2011 年中资寿险公司规模效率（SE）变化

从外资寿险公司的前后比较来看（如图 5-18 所示），外资寿险公司所有年份的规模效率值全部要低于调整前，说明之前计算的外资寿险公司的规模效率值被高估；从差距来看，2006 年和 2011 年外资寿险公司规模效率的差距更为显著，其他年份的差异不大；从发展趋势看，外资寿险公司规模效率变化调整前后基本一致，但 2011 年与调整前的上升相比出现下降。

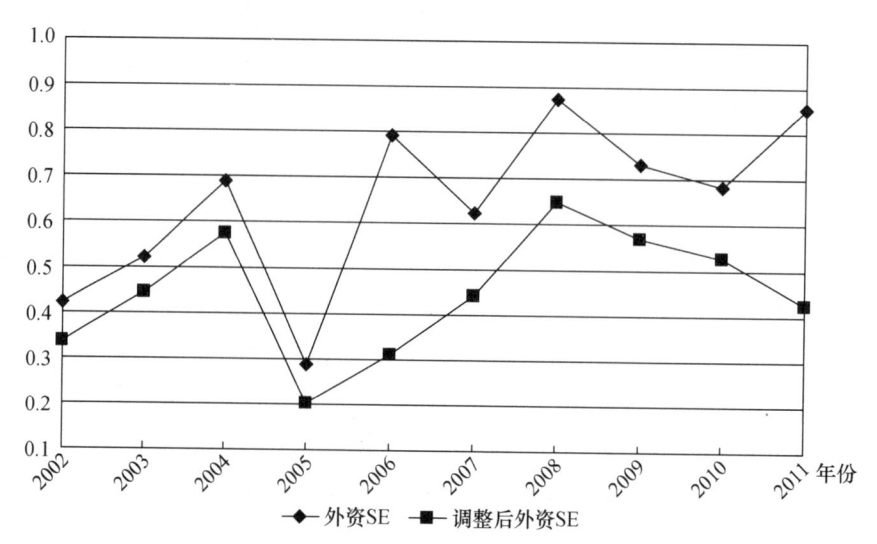

图 5-18 调整前后 2002—2011 年外资寿险公司规模效率（SE）变化

第四节 人寿保险行业规模市场规则变化对效率的影响

一 人寿保险行业改制重组对效率的影响

由于改制重组主要体现在对国企，特别是大型国企的股份制改制和公司业务的分立以及混合，因此在分析中主要以国企的改制重组为基础进行分析。

实证结果显示，2005 年中外资寿险公司的经营效率和规模效率均出现较大幅度下降现象，这与 2005 年前后我国寿险公司的改制有一定的关系。2005 年中国寿险市场的低速增长，分红、投连、万能等产品创新给寿险市场带来的增量动力逐步递减和释放；同时 2005 年前后我国寿险公司的体制改革不断深入，治理结构不断深化，但体制改革、公开上市、增设新市场主体、资金运用渠道放宽等对行业发展所产生的新增动力还没有完全形成，这都可能导致效率的下降。

到了 2006 年开始，寿险公司的效率水平有了较大幅度的上升，并开始进入稳步增长的轨道，这也与寿险行业管理体制的不断完善有一定的关系。2006 年我国出台《国务院关于保险业改革发展的若干意见》，保险行业改制开始向经营体制层面深化，保险业在经济社会发展中的定位进一步明确。同时，根据中国在加入 WTO 过程中的承诺，2006 年保险业五年的过渡期结束，对外资寿险公司放开地域限制，并允许外资寿险公司向中国公民和外国公民提供健康险、团体险和养老年金险服务，外资保险获得了更大的发展空间，纯技术效率得到大幅提高。

二 人寿保险行业并购对效率的影响

保险行业的并购是提高市场占有率，实现规模经济的重要途径，保险同业并购最鲜明的案例则是美国的 AIG，其通过持续的合并与收购才成长为现在的保险龙头企业。在行业进入发展放缓期，市场主体有了一定数量保证的情况下，从向规模、数量看，到向质量、效益看，中间必经的阶段就是合并重组、优胜劣汰。随着我国保险业向社会资本开放的不断加快，保险公司数量持续增加，各种动机、形式和规模的保险公司并购交易开始逐步活跃。2014 年 10 月 13 日，安邦保险集团宣布以 19.5 亿美元收购希尔顿旗下华尔道夫酒店之后，晚间宣布，收购比利时 FIDEA 保险公司，成为中国保险公司首次以 100% 股权收购欧洲保险公司。

国内寿险业整体进入增速放缓期与业务结构调整期，以前重理财上规模的业务发展模式，随着国内投资市场的萧条，已不可持续；国内保险公司已达 150 多家，有大、有小、有全国性公司、有区域性公司，除了行业内的中外合资，还有行业外的各色股东，经营特点和市场业务均有差异。合并重组可以实现市场互补、业务互补、规模效益、牌照的获取等。通过兼并重组，弱小的公司或将退出，有成长性的、强大的公司会坚守耕耘，最终实现有能力和实力为客户提供更为完善服务的公司迅速实现发展壮大。

从现有的资料来看，中资保险公司之间的并购还未大规模地展开，对效率的影响还无法进行实证上的讨论。

三 人寿保险行业上市对效率的影响

从上市的情况来看，2003 年是中国人寿保险行业上市的关键年份，目前为止共有中国人寿、平安人寿、太保人寿和新华人寿四个上市保险公司。2003 年中国人寿、2004 年平安人寿在海外上市，中国人寿、平安人寿、太保人寿 2007 年在 A 股上市，新华人寿 2011 年在 A 股和 H 股同步上市。

从这四个公司技术效率变化情况来看（如图 5-19 所示），多数的上市节点年份，寿险公司的技术效率都达到了最高值 1。但是 2007 年，三大寿险公司上市 A 股的年度，平安人寿的技术效率并未达到理想的状态。

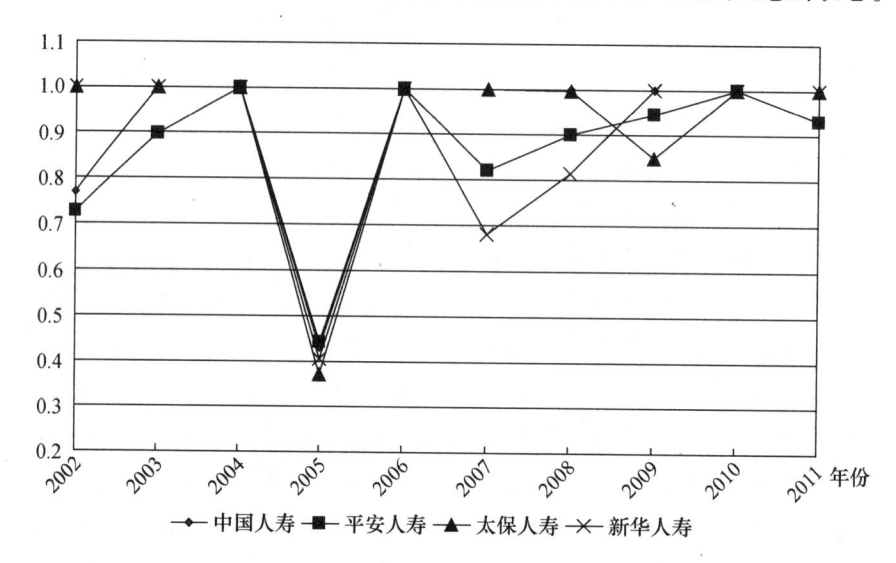

图 5-19　四大上市寿险公司 2002—2011 年公司技术效率（TE）变化

从这四个公司的纯技术效率变化来看（如图 5-20 所示），除了平安人寿 2007 年在国内上市年度的纯技术效率只有 0.82 外，2003 年、2004 年、2007 年、2011 年等上市节点年份，多数寿险公司的纯技术效率都达到了最高值 1。

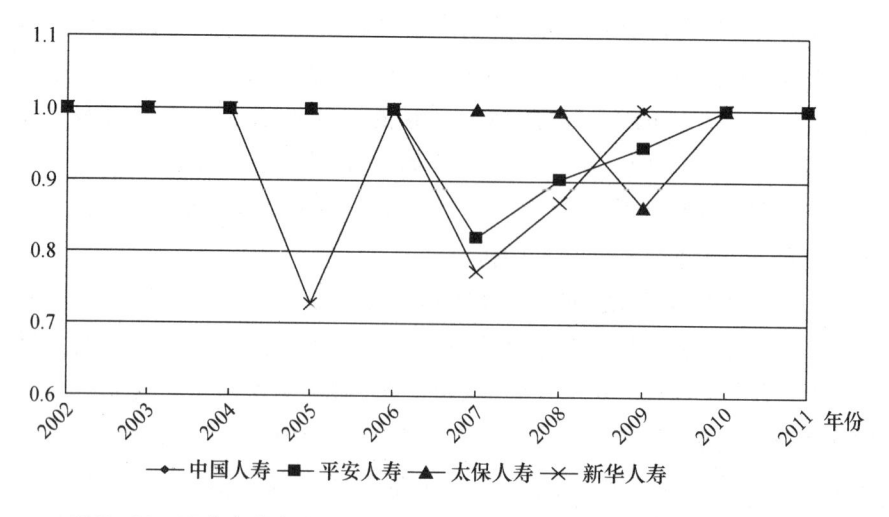

图 5-20　四大上市寿险公司 2002—2011 年公司纯技术效率（PTE）变化

从这四个公司的规模效率变化来看（如图 5-21 所示），所有的上市节点年份，寿险公司的规模效率都达到了最高值。中国人寿在 2003 年，平安人寿在 2004 年，中国人寿、平安人寿、太保人寿在 2007 年，新华人寿在 2011 年都达到了效率最高值 1。

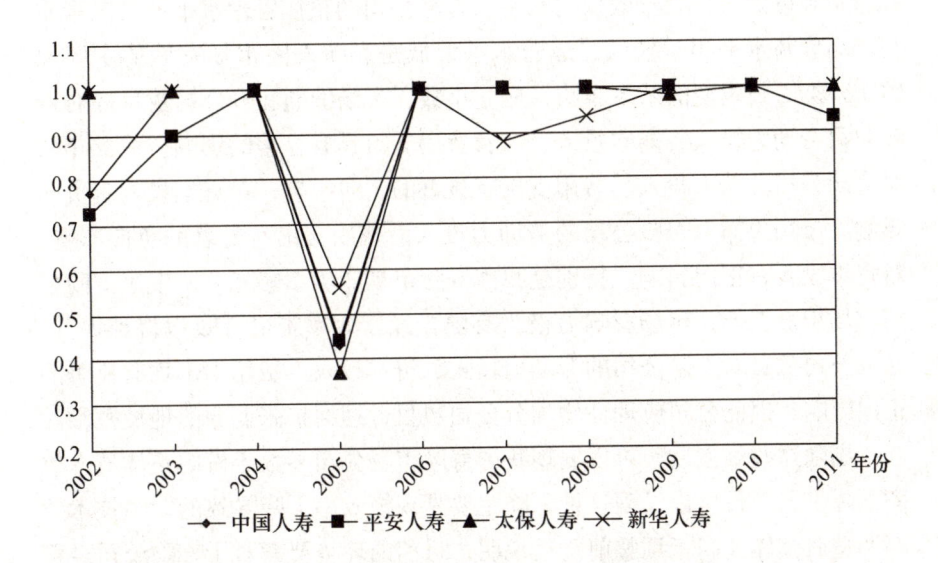

图 5-21　四大上市寿险公司 2002—2011 年公司规模效率（SE）变化

第五节　本章小结

本章分析了人寿保险行业改制重组、并购、上市等规模市场规则，人寿保险行业改制重组、并购和上市对寿险公司规模效率有一定的影响，改制重组使寿险公司规模效率呈波动增长趋势，上市有利于提高寿险公司的规模效率。利用三阶段 DEA 模型分析了我国寿险市场 30 家寿险公司 2002—2011 年的技术效率、纯技术效率和规模效率的发展趋势，第二阶段针对影响我国寿险业发展的几个主要环境因素（包括成立年数、市场份额、分公司数目、所有权类别等），利用 SFA 模型对效率结果进行调整，最终得到剔除环境变量和随机干扰项的各寿险公司的实际经营效率值。结果表明，我国寿险公司的规模效率还较低，中资寿险公司的整体效率值高于外资、合资寿险公司，但这主要是因为规模效率较高，事实上中资寿险公司在纯技术效率上要低于外资寿险公司；外资寿险公司整体效率虽然较低，但是在管理水平相对较高，规模效率低是影响其效率的主要因素。

  整体而言，由于市场竞争放开较晚，中国寿险公司技术效率、纯技术效率和规模效率仍处于较低的水平，寿险公司的整体管理水平、员工素质和产品创新水平相对较低，运营水平偏低是影响寿险市场发展的主要原因。SFA 回归模型的结果表明，成立年数、市场份额和分公司数目等对寿险公司劳动力投入、资本投入、经营费用支出具有显著的影响。成立年数对寿险公司劳动力投入、费用支出有显著的正向影响，对资本投入有负向影响。市场份额对寿险公司的劳动力投入、费用支出有显著的负向影响，对资本投入有正向影响。特别是我国寿险市场竞争不够充分，中小寿险公司市场份额偏低，市场影响力极为有限，经营效率难以有效地得到提升。而分公司数目对寿险公司的劳动力投入、资本投入、费用支出均有显著的正向影响，因此公司应理性增加分公司数目，理性扩张业务的地域范围。

  剔除这些因素后，可以发现我国寿险市场公司多数年份的整体技术效率下降了，分析可以发现这种下降主要是规模效率下降导致的，纯技术效率调整后整体上高于调整前。这说明，目前的环境要素对于寿险公司经营效率具有显著的影响，规模不足和管理能力偏低是技术效率难以有效提升的主要原因。因此，在未来寿险公司必须转变经营理念，改变单一的竞争手段，确保承保质量，提高核心竞争力，将重点放在基础业务的管理上，通过改制重组、并购、上市等方式，组建更多寿险集团化公司，提高寿险业的规模效率和整体竞争力。

第六章 人寿保险行业市场绩效

市场绩效是指在一定的市场结构下由一定的市场行为而生产的产品质量、产量、成本、价格、利润等方面的经济成果。根据传统的产业组织理论，市场绩效是市场结构和市场行为共同作用的结果，它反映了市场运行的效率和资源配置的效果。寿险业作为特殊的金融行业，其经营具有特殊性：寿险公司经营的是风险管理业务，为家庭与个人提供风险保障服务；寿险公司经营的成本具有不确定性，这是因为保险事故的发生具有偶然性，保险费率的厘定是根据过去经验数据计算得出的；寿险公司经营的资产具有负债性，实质上其资产很大一部分是对被保险人未来的赔偿或给付的负债。通过第二章我国寿险业市场结构的分析，目前中国寿险业市场集中度较高，属于寡占Ⅲ型市场结构，通过第五章我国寿险业规模效率的研究发现中国寿险业整体规模效率不高。那么在寡头垄断市场结构下的中国寿险业，其市场绩效又如何呢？高市场集中度下有较大市场份额的寿险公司是否有高额的垄断利润或较好的经营绩效呢？本章首先对我国人寿保险业的经营绩效进行分析，进而运用数据包络分析（DEA）方法实证探讨中国寿险业经营绩效的有效性，并从比较视角对比分析中国与世界主要国家寿险业经营绩效。

第一节 人寿保险行业经营绩效分析

按照保险经济学的盈利理论，保险公司的利润来自承保利润和投资收益两个方面。寿险公司经营绩效涉及财务效益、资产安全、资产流动性以及发展能力等方面。因此，从考察经营绩效的财务指标入手，综合考察我国寿险业主要寿险公司的盈利能力、偿付能力和稳健发展能力。持续盈利能力是寿险公司经营的目标和核心，充足的偿付能力是保证寿险公司资本安全性的基础,稳健发展能力是提高寿险公司经营绩效的途径和未来价值增长的源泉。通过承保利润率、投资收益率、保费利润率和资产利润率等指标分析寿险公司的盈利能力,运用资产负债率、退保率、赔付率等指标来分析寿险公司的偿付能力,选择保费增长率和费用率指标来分析寿险公司稳健发展能力。

一 人寿保险行业市场盈利能力分析

(一) 承保利润及承保利润率

表6-1给出了2002—2011年主要寿险公司承保利润,表6-2给出了2002—2011年主要寿险公司承保利润率。从中可以发现,在我国寿险业快速发展过程中,主要寿险公司的承保利润和承保利润率均为负数,这也说明中国寿险业市场各寿险公司的盈利主要靠投资收益。从承保利润看,2002—2011年承保利润的亏损呈现增大的趋势,中资五大保险集团的中国人寿、平安人寿、太保人寿、新华人寿、泰康人寿分别从 -57468 万元、-131000 万元、-81894 万元、14785 万元、-45462 万元下降到 -7208000 万元、-1535135 万元、-1268000 万元、-1139828 万元、-1277806万元。外资寿险公司的承保利润表现出相同的态势,相对于中资寿险公司而言,整体上看承保利润的亏损要低于中资寿险公司。从承保利润率看,十年来我国寿险公司承保利润率的绝对值呈现波动增长的态势,中资寿险公司的中国人寿、平安人寿、太保人寿、新华人寿、泰康人寿分别从 -0.45%、-2.11%、-3.29%、1.85%、-6.93%下降为 -20.17%、-12.90%、-13.60%、-12.02%、-18.81%。外资寿险公司承保利润率的波动变化要强于中资寿险公司,整体上看承保亏损率比中资寿险公司高。

表6-1　　　　　　　　　主要寿险公司承保利润　　　　　　单位:百万元

年份 公司	2002	2003	2004	2005	2006	2007	2008	2009	2010	2011
中国人寿	-574.68	-8954.39	-10781.17	-15484.18	-30761.16	-74807.33	-81095.45	-46194	-53048	-72080
平安人寿	-1310	-2683.31	-2977.45	-4376.85	-13277.05	-41837.46	-29330.18	-12531.13	-16487.3	-15351.35
太保人寿	-818.94	-1438.03	-2512.12	-3271.43	-5176.22	-14757	-18513	-10083	-12118	-12680

续表

年份\公司	2002	2003	2004	2005	2006	2007	2008	2009	2010	2011
新华人寿	147.85	-283.39	-1030.61	-1405.26	-3708.51	-10582.75	-8363.17	-4490.45	-8422.9	-11398.28
泰康人寿	-454.62	-438.89	-805.87	-1311.06	-2323.85	-11974.55	-8489.62	-6074.67	-9537.5	-12778.06
太平人寿	-113.05	-301.92	-681.8	-1178.58	-1246.09	-4140.01	-2057.86	-1950.55	-2902.29	-3949.51
民生人寿		-53.5	48.8	-333.08	-391.65	-553.57	-1023.1	-700.57	-656.53	-1010.68
生命人寿		-4.81	-189.76	-463.95	-604.39	-986.82	-1047.21	-998.33	-1357.82	-2048.44
合众人寿				-160.28	-296.84	-594.35	-1191.23	-851.85	-613.71	-588.59
华泰人寿				-35.18	-76.22	-189.37	-376.99	-434.4	-535.11	-852.33
长城人寿				-50.01	-153.97	-270.89	-344.73	-393.25	-430.64	-763.85
嘉禾人寿				-24.12	-88.71	-252.78	-588.62	-539.97	-694.56	-897.67
华夏人寿						-134.39	-536.34	-541.7	-487.68	-1017.97
国华人寿						-5.87	-203.11	-255.08	-510.18	-656.63
幸福人寿						-66.32	-260.81	-564.39	-1017.47	-1500.92
中宏人寿	-34	-78.39	2.09	-98.56	-148.41	-259.19	-108.28	-139.84	-165.42	-166.53
太平洋安泰	93.01	-110.61	-101.69	-129.04	-132.37	-138.6	-197.35	47.02	-104.47	-157.22
安联大众	-42.73	-48	-55.33	-96.57	-176.84	-559.44	-541.16	-522.09	-444.01	-372.2
金盛人寿	-42	-66.3	-67.7	-99.3	-112.5	-244.61	-414.26	-160.62	-143.35	-282.17
信诚人寿	-38.06	-65.17	-134.18	-244.83	-418.09	-614.91	-584.66	-168.16	-254.9	-211.67

续表

年份 公司	2002	2003	2004	2005	2006	2007	2008	2009	2010	2011
中意人寿	-30.88	-49.78	-81.27	-662.44	-986.57	-2362.67	-853.96	-1364.36	-1500.95	-1463.69
光大永明	69.02	-54	-92.67	-127.03	-215.75	-316.38	-485.36	-138.94	-469.83	-789.72
友邦上海	-265.93	-265.47	-303.93	-359.83	-536.62	-732.7	-640.85	-411.24	-969.16	-947.27
中英人寿		-44.96	-82.43	-179.66	-234.04	-561.33	-613.46	-236.18	-328.54	-529.04
海康人寿		-62.45	-74.41	-119.99	-168.96	-281.95	-354.51	-226.18	-225.43	-216.59
恒安标准				-68.42	-171.35	-377.24	-367.97	-526.24	-338.15	-402
瑞泰人寿			-49.22	-41.45	-205.1	-630.74	349.02	-62.23	-98.24	-130.48
国泰人寿				-55.58	-80.71	-165.6	-267.74	-250.99	-302.98	-255.74
中航三星				-38.2	-36.17	-37.67	-59.37	-77.23	-96.58	-110.57
汇丰人寿								-205.27	-132.22	-170.05

注：①根据《中国保险年鉴》中的财务报表，承保利润＝已赚保费－营业支出＋其他业务成本＋资产减值损失。②2003 年以前平安保险公司、太平洋保险公司不分产、寿险，数据为集团公司数据。

资料来源：根据《中国保险年鉴》各卷（2003—2012 年）中保险公司资产负债表和损益表数据计算整理得出。

表 6-2　　　　　　　　　主要寿险公司承保利润率　　　　　　　单位：%

年份 公司	2002	2003	2004	2005	2006	2007	2008	2009	2010	2011
中国人寿	-0.45	-5.54	-5.98	-8.16	-14.66	-34.16	-25.41	-15.24	-15.13	-20.17
平安人寿	-2.11	-4.55	-5.43	-7.44	-19.25	-52.84	-28.99	-9.47	-17.80	-12.90

续表

年份 公司	2002	2003	2004	2005	2006	2007	2008	2009	2010	2011
太保人寿	-3.29	-3.82	-7.28	-9.04	-13.68	-29.11	-28.01	-16.26	-13.79	-13.60
新华人寿	1.85	-1.51	-6.00	-6.67	-11.45	-32.93	-15.02	-6.90	-9.19	-12.02
泰康人寿	-6.93	-3.29	-4.56	-7.36	-11.26	-34.98	-14.70	-9.07	-14.57	-18.81
太平人寿	-6.82	-9.24	-10.31	-15.05	-11.12	-26.21	-23.47	-8.64	-8.99	-12.55
民生人寿		-15.47	4.05	-49.39	-34.27	-17.20	-16.26	-14.72	-8.28	-10.35
生命人寿		-108.33	-15.24	-14.29	-17.51	-15.04	-13.04	-14.25	-9.35	-8.77
合众人寿				-27.64	-18.34	-19.38	-21.86	-14.66	-8.73	-5.90
华泰人寿				-130.49	-51.50	-26.86	-14.01	-17.53	-10.42	-28.01
长城人寿				-70.06	-19.24	-18.33	-20.22	-25.70	-17.14	-24.43
嘉禾人寿					-23.72	-9.82	-12.38	-21.80	-21.90	-28.38
华夏人寿						-89.82	-27.36	-18.65	-16.79	-19.71
国华人寿							-22.75	-6.72	-13.02	-20.92
幸福人寿							-25.14	-16.19	-22.65	-29.74
中宏人寿	-8.44	-16.07	0.35	-14.04	-16.59	-22.87	-7.84	-8.57	-8.33	-7.20
太平洋安泰	20.80	-18.16	-16.47	-18.13	-21.03	-19.59	-18.84	7.65	-14.76	-12.27
安联大众	-34.80	-28.82	-29.39	-33.31	-14.69	-18.64	-22.44	-45.28	-46.94	-37.04
金盛人寿	-45.16	-53.25	-38.71	-33.72	-23.28	-27.15	-70.35	-29.10	-18.91	-17.61

续表

年份 公司	2002	2003	2004	2005	2006	2007	2008	2009	2010	2011
信诚人寿	-17.82	-17.05	-20.61	-23.11	-25.91	-20.42	-15.74	-7.01	-6.88	-6.17
中意人寿	-96.62	-56.81	-24.34	-3.32	-18.33	-71.93	-40.44	-34.17	-26.28	-40.84
光大永明	224.09	-32.06	-43.50	-49.50	-40.60	-19.01	-33.47	-11.32	-11.92	-22.03
友邦上海	-16.86	-15.37	-15.68	-16.85	-23.56	-28.80	-28.50	-18.61	-46.02	-42.68
中英人寿		-130.66	-94.23	-20.19	-21.16	-15.83	-15.34	-7.35	-8.76	-14.94
海康人寿		-999.20	-138.85	-44.44	-33.95	-22.21	-22.71	-22.17	-19.51	-18.44
恒安标准			0.00	-31.20	-33.49	-26.97	-18.07	-102.13	-49.71	-39.15
瑞泰人寿			-437.51	-60.23	-38.11	-33.90	96.04	-8.79	-17.26	-30.72
国泰人寿				-31.43	-24.52	-31.16	-44.47	-104.94	-75.51	-51.48
中航三星					-503.06	-111.85	-48.34	-159.70	-91.18	-34.15
汇丰人寿								-1023.28	-111.72	-57.18

注：①承保利润率=承保利润/保费收入。②2003年以前平安保险公司、太平洋保险公司不分产、寿险，数据为集团公司数据。

资料来源：根据《中国保险年鉴》各卷（2003—2012年）中保险公司资产负债表和损益表数据计算整理得出。

（二）投资收益

投资收益是寿险公司将承保所获取的保费，即寿险公司现金流作为投资资金，通过银行协议定期存款，购买债券、股票、证券基金，不动产投资和股权投资等保险行业资管机构允许的其他资金投资方式而获得的利润。保险资金的运用成为人寿保险行业发展中各人寿保险公司成长的关键，投资收益可以弥补人寿保险公司因承保寿险主营业务而带来的亏损，是人寿保险公司发展壮大的源泉。在世界主要发达国家成熟的寿险行业，因高赔付额和高赔付率以及高手续费使得人寿保险公司承担着承保亏损，因此投资收益就成为寿险公司盈利的主渠道。表6-3给出了2002—2011年我国主要寿险公司投资收益。① 从中可以发现，不管是中资还是外资寿险公司，从2002—2011年，除2008年外，各主要寿险公司的投资收益呈递增趋势，由于2008年受国际金融危机影响，我国寿险业投资收益比2007年有所降低，但之后没有改变投资收益整体增长的发展态势。中资寿险的中国人寿、平安人寿、太保人寿、新华人寿、泰康人寿的投资收益从2002年的221932万元、76400万元、83095万元、1507万元、14998万元分别增长到2011年的8020200万元、2901791万元、1600000万元、1475276万元和1407310万元。较早进入中国寿险市场的几家外资寿险公司中宏人寿、太平洋安泰、安联大众的投资收益分别从2002年的1400万元、1834万元、211万元增长到29882万元、17696万元和19320万元。同时在我国人寿行业市场中，中资寿险公司的投资收益整体上要高于外资或中外合资寿险公司的投资收益。

表6-3　　　　　　主要寿险公司投资收益　　　　　单位：百万元

年份 公司	2002	2003	2004	2005	2006	2007	2008	2009	2010	2011
中国人寿	2219.32	5305.61	6021.91	12356.47	34820.43	116762.81	70286.46	84448.00	88145.00	80202.00
平安人寿	764.00	2487.58	2848.06	5543.58	16971.59	49439.5	23904.01	26743.17	27079.04	29017.91
太保人寿	830.95	1589.65	1868.55	2680.77	6168.81	22633	13775.00	16932.00	17468.00	16000.00
新华人寿	15.07	453.59	428.48	1529.40	4317.76	10924.45	10239.34	7180.49	10677.07	14752.76
泰康人寿	149.98	342.25	710.95	1871.51	3415.89	15517.85	10049.09	11944.48	10176.37	14073.10
太平人寿	20.69	85.41	164.01	531.75	1332.12	5662.9	2078.39	2984.09	3961.00	4476.13

---

① 投资收益率为投资收益与投资总额之比，因我国各期保险年鉴中未列出各家人寿保险公司的投资总额，本章分析中以投资收益总额这一绝对指标代替投资收益率。

续表

年份\公司	2002	2003	2004	2005	2006	2007	2008	2009	2010	2011
民生人寿		48.80	17.20	92.76	193.17	374.45	457.57	638.83	706.01	1039.90
生命人寿		3.04	18.73	81.43	181.24	1311.63	176.93	946.16	1429.68	2229.34
合众人寿				0.56	45.57	279.88	356.62	976.49	851.66	-156.02
华泰人寿				2.14	6.92	47.74	69.73	252.34	401.89	536.25
长城人寿				0.29	9.16	119.5	110.87	376.07	269.88	200.65
嘉禾人寿					13.34	157.68	162.92	535.42	711.41	650.07
华夏人寿						-0.05	79.58	99.75	189.41	355.26
国华人寿						0.02	20.66	280.37	573.90	235.77
幸福人寿						0.65	78.59	317.52	661.82	762.95
中宏人寿	14.00	19.00	23.78	71.00	173.80	352.64	162.81	182.34	262.94	298.82
太平洋安泰	18.34	13.30	16.74	57.22	104.78	167.38	211.60	141.64	163.10	176.96
安联大众	2.11	7.90	11.58	16.33	48.80	321.58	62.60	140.76	151.28	193.20
金盛人寿	0.00	6.10	5.00	9.92	33.48	250.97	187.65	61.58	66.46	87.06
信诚人寿	0.01	10.75	-5.88	27.83	159.46	369.26	343.14	236.73	358.27	505.49
中意人寿	0.24	1.14	5.14	537.55	655.25	721.78	2389.26	1387.98	1526.25	1556.37
光大永明	2.34	1.32	6.33	14.52	46.73	157.49	236.94	77.22	262.69	478.26
友邦上海	182.19	199.45	256.01	269.50	443.83	945.93	411.86	717.04	810.07	721.45

续表

年份 公司	2002	2003	2004	2005	2006	2007	2008	2009	2010	2011
中英人寿		2.31	2.56	18.92	77.91	406.59	338.18	380.78	502.24	604.74
海康人寿		0.05	-0.60	4.20	16.00	60.39	54.67	92.57	135.74	196.64
恒安标准			14.88	52.94	33.08	160.64	-53.49	217.58	170.29	193.68
瑞泰人寿			0.03	1.85	150.22	597.62	-413.54	5.41	8.11	43.13
国泰人寿				926.99	1209.02	76.55	117.11	105.14	127.49	102.81
中航三星				0.5	0.93	4.02	18.34	28.27	36.32	33.1
汇丰人寿								2.21	8.73	19.89

注：①2007年新会计准则之前来自利润表中的"投资收益"，采用新会计准则之后，投资收益 = 投资总收益 - 对联合企业的投资收益 + 公允价值变动收益 - 投资资产价值损失 - 投资业务营业税及附加。②2003年以前平安保险公司、太平洋保险公司不分产、寿险，数据为集团公司数据。

资料来源：根据《中国保险年鉴》各卷（2003—2012年）中保险公司资产负债表和损益表数据计算整理得出。

(三) 保费利润率

表6-4给出了2002—2011年主要寿险公司保费利润率。从整体上看，与承保利润率相比，保费利润率要好于承保利润率。中国寿险业主要寿险公司各年度保费利润率呈折线波动增长变化，除中资寿险公司中国人寿、平安人寿、太保人寿、新华人寿、泰康人寿外，其他寿险公司各年度保费利润率基本上为负数，这一方面说明寿险公司的盈利能力与公司规模和成立时间长短有关，另一方面表明目前中国寿险公司整体盈利能力还不强，除了提高承保质量外，各寿险公司还应优化寿险资源配置，提高投资收益。从各寿险公司保费利润率年度均值看，中资寿险公司的保费利润率高于外资寿险公司的保费利润率。而且可以看到中国寿险业中的五大寿险集团公司，因成立时间较早、规模较大，已走过了前期原始资本积累，寿

险资源配置效果较好，除个别年份外，这五大寿险公司的保费利润率基本为正值，而且呈现逐年上升的态势，中国人寿、平安人寿、太保人寿、新华人寿、泰康人寿公司的保费利润率分别从 2002 年的 0.63%、4.23%、0.53%、2.03%、-4.57% 提高到 2011 年的 4.12%、11.51%、3.62%、3.42% 和 1.87%。同时作为中资寿险公司第二集团的太平人寿、民生人寿、生命人寿从 2009—2011 年在逐渐发力，成长较快，保费利润率变为正值，2009 年这三家寿险公司保费利润率分别为 4.55%、-1.27%、4.00%，2010 年分别为 3.29%、0.61%、0.87%，2011 年分别为 1.69%、0.32% 和 0.65%，这也证明了西方发达国家成熟寿险市场寿险公司盈利是在进入市场 7—8 年之后的研究结论。

表 6-4   主要寿险公司保费利润率   单位：%

公司\年份	2002	2003	2004	2005	2006	2007	2008	2009	2010	2011	均值
中国人寿	0.63	0.20	0.82	1.21	2.29	16.95	1.31	13.31	11.86	4.12	5.27
平安人寿	4.23	3.45	4.35	4.83	6.94	9.60	-5.36	10.76	11.44	11.51	6.17
太保人寿	0.53	0.67	-0.99	1.44	4.16	9.63	3.18	11.06	6.06	3.62	3.88
新华人寿	2.03	-1.92	1.27	0.98	1.91	0.87	3.29	4.04	2.43	3.42	1.83
泰康人寿	-4.57	0.66	0.63	1.00	2.34	10.43	2.69	6.07	3.66	1.87	2.48
太平人寿	-5.58	-6.27	-8.23	-9.50	-2.11	9.64	0.28	4.55	3.29	1.69	-1.22
民生人寿		-6.88	-10.38	-35.89	-17.98	-5.27	-9.02	-1.27	0.61	0.32	-9.53
生命人寿		-21.62	-10.18	-9.88	-10.02	5.16	-12.54	4.00	0.87	0.65	-5.95
合众人寿				-27.65	-15.51	-10.36	-15.45	2.16	3.43	-7.43	-10.11
华泰人寿				-113.17	-44.48	-20.08	-11.46	-7.37	-2.61	-10.40	-16.07
长城人寿				-68.16	-16.64	-10.08	-13.72	-1.40	-6.49	-17.91	-19.20
嘉禾人寿					-19.55	-3.69	-8.97	0.38	0.45	-7.83	-6.54
华夏人寿						-89.91	-23.30	-14.75	-10.87	-14.77	-15.92
国华人寿							-20.22	0.72	1.67	-12.60	-7.61
幸福人寿							-16.70	-7.01	-10.03	-14.61	-12.09
中宏人寿	-4.96	-15.29	-0.25	-9.12	-2.70	8.26	3.95	2.61	4.58	5.81	-0.71
太平洋安泰	16.71	-13.13	-11.82	-9.49	-3.81	4.05	1.25	31.01	8.24	1.52	2.45
安联大众	-31.43	-23.55	-21.58	-28.80	-10.27	-7.93	-19.92	-33.07	-30.94	-17.79	-22.53

续表

年份 公司	2002	2003	2004	2005	2006	2007	2008	2009	2010	2011	均值
金盛人寿	-45.16	-42.25	-31.10	-29.24	-14.40	0.71	-38.48	-17.94	-10.04	-12.21	-24.01
信诚人寿	-17.90	-11.39	-20.17	-20.69	-15.80	-8.17	-6.45	3.33	2.83	8.54	-8.59
中意人寿	-95.90	-43.41	-18.19	-0.52	-1.03	0.81	-6.26	0.65	0.43	2.59	-16.08
光大永明	216.49	-29.04	-37.73	-42.55	-30.95	-9.54	-17.02	-5.05	-5.24	-8.59	3.08
友邦上海	-5.30	-3.41	-2.25	-4.10	-3.31	8.41	-9.72	14.17	-7.57	-9.99	-2.31
中英人寿		-49.35	-64.53	-20.18	-10.84	-4.36	-6.93	4.47	4.59	2.17	-16.11
海康人寿			-134.63	-43.12	-29.24	-17.88	-19.21	-13.10	-7.76	-1.80	-33.34
恒安标准			8.63	-15.39	-20.28	-15.52	-20.69	-59.89	-24.16	-19.93	-16.72
瑞泰人寿				-52.82	-9.89	-1.79	-17.76	-7.99	-15.64	-20.50	-18.05
国泰人寿				-21.75	-13.78	-16.31	-23.07	-60.13	-43.40	-30.81	-29.90
中航三星					-460.92	-99.91	-32.30	-97.23	-57.39	-23.74	-62.12
汇丰人寿								-987.99	-103.04	-49.19	-76.12

注：① 保费利润率 = 利润总额/保费收入。② 2003 年以前平安保险公司、太平洋保险公司不分产、寿险，数据为集团公司数据。

资料来源：根据《中国保险年鉴》各卷（2003—2012 年）中保险公司资产负债表和损益表数据计算整理得出。

（四）资产利润率

资产获利能力的高低是人寿保险行业各寿险公司经营业绩优劣的综合反映，寿险公司的经营活力应是紧紧围绕如何运用资产高效配置使所有者权益最大化这一目标。表 6-5 给出了 2002—2011 年主要寿险公司资产利润率，从中可以看出，我国主要寿险公司资产利润率整体不高，除中国人寿等五大寿险集团外，其他中资或外资寿险公司的资产利润率基本上为负数，这意味着大多数寿险公司的利润总额为负数。五大寿险集团的中国人寿在 2002—2011 年这十年中，资产利润率都为正值，说明中国人寿各年度的利润总额均为正值，其经营绩效的稳定性要优于其他寿险公司。平安人寿除 2008 年以外，太保人寿除 2004 年以外，新华人寿除 2003 年以外，泰康人寿除 2002 年以外，其余年份资产利润率均为正值。同时在 2009—2011 年太平人寿、生命人寿资产利润率均为正值，说明这几家寿险公司已经开始盈利。外资寿险公司中，近年来中宏人寿、太平洋安泰、信诚人寿、中英人寿相对其他外资寿险公司有较好的表现，资产利润率逐渐变为正值，尤其是中宏人寿、太平洋安泰自 2007 年以来，资产利润率全为正值，这与它们较早进入中国寿险市场是相关的。从资产利润率均值看，外资寿险公司的资产利润率整体上低于中资寿险公司的资产利润率。

表 6-5　　　　　　　　主要寿险公司资产利润率　　　　　　单位:%

名称公司	2002	2003	2004	2005	2006	2007	2008	2009	2010	2011	均值
中国人寿	0.27	0.07	0.26	0.32	0.53	3.08	0.33	2.59	2.34	0.75	1.05
平安人寿	1.81	1.25	1.18	1.13	1.53	1.82	-1.15	2.39	1.39	1.61	1.30
太保人寿	0.00	0.35	-0.38	0.41	1.03	1.58	0.66	2.21	1.40	0.73	0.80
新华人寿	1.27	-1.48	0.55	0.34	0.59	0.22	1.11	1.27	0.73	0.84	0.54
泰康人寿	-2.47	0.36	0.28	0.32	0.56	2.60	0.81	2.01	0.82	0.36	0.56
太平人寿	-3.84	-3.88	-4.42	-3.37	-0.76	3.42	0.04	1.29	0.95	0.40	-1.02
民生人寿		-1.62	-4.95	-11.67	-7.44	-2.55	-5.05	-0.43	0.23	0.10	-3.71
生命人寿		-0.05	-3.90	-5.49	-3.54	2.21	-5.48	2.83	0.80	0.24	-1.37
合众人寿				-22.26	-12.59	-5.82	-7.79	0.83	1.00	-2.23	-6.98
华泰人寿				-13.92	-13.54	-13.06	-6.04	-2.49	-1.04	-1.79	-7.41
长城人寿				-14.44	-11.86	-6.06	-5.07	-0.37	-1.90	-3.98	-6.24
嘉禾人寿				-4.99	-9.24	-2.60	-4.78	0.08	0.08	-1.22	-3.24
华夏人寿						-30.20	-23.00	-9.87	-4.31	-5.38	-14.55
国华人寿						-1.88	-10.25	0.45	0.63	-3.19	-2.85
幸福人寿						-5.49	-7.56	-3.93	-3.56	-3.73	-4.85
中宏人寿	-2.13	-6.01	-0.09	-3.11	-0.86	2.45	1.12	0.72	1.17	1.46	-0.53
太平洋安泰	8.72	-7.30	-5.31	-3.89	-1.06	1.06	0.40	5.11	1.37	0.36	-0.05
安联大众	-10.40	-9.91	-7.02	-10.75	-5.38	-4.81	-9.19	-5.43	-3.91	-2.32	-6.91
金盛人寿		-8.84	-10.63	-10.14	-11.08	-6.23	0.31	-11.09	-3.46	-2.01	-4.02	-6.72
信诚人寿		-6.34	-5.83	-13.73	-13.83	-9.15	-4.59	-3.17	0.72	0.68	57.95	0.27
中意人寿	-14.48	-7.28	-0.52	-0.46	-0.22	0.09	-0.45	0.08	0.06	0.24	-2.29
光大永明	28.27	-8.89	-12.57	-14.40	-14.20	-5.21	-7.18	-0.97	-1.96	-1.82	-3.89
友邦上海		-1.53	-0.98	-0.59	-1.00	-0.69	1.58	-1.49	1.83	-0.86	-1.12	-0.48
中英人寿			-3.30	-10.63	-14.84	-4.99	-2.23	-3.31	1.19	1.12	0.40	-4.07

续表

名称 公司	2002	2003	2004	2005	2006	2007	2008	2009	2010	2011	均值
海康人寿		-38.41	-30.66	-17.20	-15.39	-10.80	-11.11	-3.59	-1.85	-0.36	-12.94
恒安标准			1.55	-1.87	-4.80	-6.68	-10.30	-6.51	-3.02	-3.45	-4.39
瑞泰人寿			-26.08	-14.34	-6.85	-1.09	-3.27	-1.88	-2.24	-2.32	-7.26
国泰人寿					-4.15	-3.75	-4.72	-6.30	-5.95	-6.27	-5.93	-5.30
中航三星					-22.64	-23.33	-24.50	-7.01	-7.17	-6.87	-6.55	-14.01
汇丰人寿									-36.84	-16.93	-13.84	-22.54

注：①资产利润率＝利润总额/总资产。②2003年以前平安保险公司、太平洋保险公司不分产、寿险，数据为集团公司数据。

资料来源：根据《中国保险年鉴》各卷（2003—2012年）中保险公司资产负债表和损益表数据计算整理得出。

（五）寿险整体利润率

在此基础上，可以分析中国寿险业整体盈利状况。表6-6给出了2001—2013年中国寿险业利润率水平，包括资产利润率和保费利润率。图6-1反映了2001—2013年我国寿险业资产利润率与保费利润率的变化。从表6-6或图6-1中发现，中国寿险业整体盈利水平呈现明显的阶段性特征，不管是资产利润率，还是保费利润率均表现出阶段性波动。2001—2004年利润率呈下降趋势，这说明从2001年中国加入WTO到2004年年底中国寿险业全面对外开放，随着外资寿险公司不断进入中国市场，给我国寿险业的发展带来了巨大的商机和挑战，2004年资产利润率和保费利润率降为负值，分别为-0.23%、-0.85%。之后从2004—2007年呈上升趋势，反映出经过全面开放的中国寿险业进入到快速发展时期，中国人寿、中国平安等寿险公司的A股上升为我国寿险业的发展带来了活力，注入了生机。2008年受国际金融危机影响，中国寿险业整体盈利能力又开始下降，资产利润率和保费利润率比2007年要低。度过了金融风波之后的2009年，国内寿险业得到了较好的发展，盈利能力回调上升。受保险业自身深化改革、调整结构、加强监管、防范风险以及国内经济发展速度放缓的影响，2009—2012年中国寿险业资产利润率和保费利润率逐渐下降，分别从1.07%和5.34%降为0.32%和2.30%。整体上看，我国寿险业市场绩效盈利能力呈现下降趋势,表现出产业组织理论中平均利润率趋于零的市场绩效衡量标准。

表6-6　　　　2001—2013年中国寿险业利润率水平　　　单位:亿元、%

年份	资产总额	保费收入	利润总额	资产利润率	保费利润率
2001	4611.83	1725	54.17	1.17	3.14
2002	6319.68	2275	47.66	0.75	2.09
2003	9088.21	2983	46.28	0.44	1.34
2004	11985.86	3198	-27.26	-0.23	-0.85
2005	15298.69	3645	-3.12	-0.02	-0.09
2006	19704.19	4059	152.29	0.77	3.75
2007	29003.92	4947	553.85	1.91	11.20
2008	33418.43	7338	61.64	0.18	0.84
2009	40634.75	8144	434.57	1.07	5.34
2010	50481.61	10501	476.39	0.94	4.54
2011	60138.10	9560	374.22	0.62	3.91
2012	73545.73	10157.00	233.27	0.32	2.30
2013	82886.95	11009.98	507.85	0.61	4.61

资料来源:根据《中国保险年鉴》各卷(2002—2012年)和中国保监会网站相关数据计算整理而成。

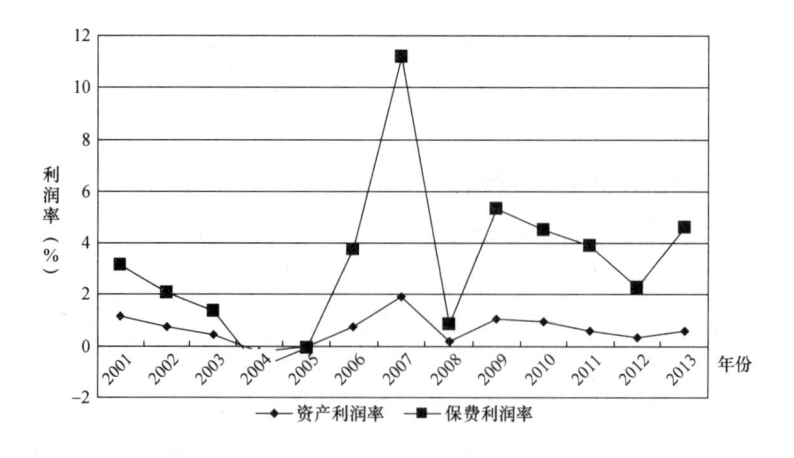

图6-1　2001—2013年我国寿险业资产利润率与保费利润率变化

二 人寿保险行业市场偿付能力分析

(一) 资产负债率

衡量人寿保险业寿险公司偿付能力的资产负债率为区间适度指标，一般来说对于寿险公司应小于90%。① 表6-7给出了2002—2011年主要寿险公司资产负债率，从中可以看出，2002—2011年我国人寿保险业各主要寿险公司整体负债率较高，中资寿险公司资产负债率高于外资或中外合资寿险公司的资产负债率。尤其是对于中国人寿、平安人寿、太保人寿、新华人寿、泰康人寿五大寿险集团公司，各年度资产负债率大都超过临界点90%。中国人寿、平安人寿、泰康人寿各年度资产负债率全部超过90%，新华人寿除2002年资产负债率为88.65%以外，其他九个年度的资产负债率均超过90%，相对于以上四大寿险公司太保人寿资产负债率相对较好，2002年、2003年、2007年、2008年的资产负债率低于90%，分别为80.73%、68.99%、68.96%和74.98%，其他年份的资产负债率高于临界点。从十年资产负债率均值看，中国人寿、平安人寿、太保人寿、新华人寿、泰康人寿的资产负债率分别为94.29%、95.61%、87.28%、96.10%和96.44%，只有太保人寿的资产负债率低于90%。相对于中资寿险公司而言，外资寿险公司的资产负债率低于中资寿险公司资产负债率，这说明外资寿险公司最终抵御风险的能力比中资寿险公司强。中资寿险公司在进行规模扩张、外延发展的同时，要抓好内涵建设，通过进一步深化改革，调整结构，优化寿险资源配置，加强风险监管，提高资产偿付能力。

表6-7　　　　　　　主要寿险公司资产负债率

单位:%

年份 公司	2002	2003	2004	2005	2006	2007	2008	2009	2010	2011	均值
中国人寿	96.93	91.97	93.56	94.52	104.29	89.45	93.09	91.43	92.63	94.99	94.29
平安人寿	90.76	96.57	96.23	95.82	99.12	92.97	97.67	95.52	95.98	95.48	95.61
太保人寿	80.73	68.99	103.19	98.39	102.38	68.96	74.98	92.03	90.15	93.03	87.28
新华人寿	88.65	93.87	97.24	98.15	95.96	100.31	99.09	97.97	97.86	91.92	96.10
泰康人寿	90.08	94.58	96.15	96.93	106.15	96.53	96.73	95.43	95.41	96.44	96.44
太平人寿	83.67	87.04	87.16	95.42	99.93	92.94	95.46	94.17	91.86	94.05	92.17

---

① 侯旭华：《保险公司财务会计报告精析——新会计准则下的解读》，中国金融出版社2009年版。

续表

年份 公司	2002	2003	2004	2005	2006	2007	2008	2009	2010	2011	均值
民生人寿		40.37	70.39	75.52	90.32	68.18	81.50	85.18	80.96	87.27	67.97
生命人寿		1.39	40.05	72.09	23.40	52.66	96.09	268.28	249.98	89.15	89.31
合众人寿				80.96	99.97	84.77	91.64	94.41	92.04	95.48	63.93
华泰人寿				13.53	50.42	86.88	91.64	88.93	89.27	91.98	51.26
长城人寿				25.42	74.63	93.03	79.84	88.53	91.09	97.05	54.96
嘉禾人寿				1.25	50.72	80.13	77.42	95.31	97.37	100.41	50.26
华夏人寿						40.41	109.18	90.83	87.00	87.15	41.46
国华人寿						5.15	73.47	88.22	89.43	95.34	35.16
幸福人寿						3.71	53.74	86.11	97.43	97.55	33.85
中宏人寿	68.44	82.14	86.41	92.46	92.38	89.80	80.19	82.14	78.46	81.46	83.39
太平洋安泰	65.70	80.43	89.74	95.78	90.27	87.73	77.73	77.10	79.40	76.88	82.08
安联大众	67.23	79.17	84.16	92.52	91.68	93.32	90.16	90.08	92.00	94.57	87.49
金盛人寿	29.05	42.63	57.13	81.49	84.27	85.10	80.70	78.08	75.09	75.54	68.91
信诚人寿	29.93	49.22	74.14	85.60	87.66	90.89	85.11	88.19	90.12	89.00	76.99
中意人寿	19.97	17.42	96.86	95.32	96.04	94.02	91.52	93.08	94.03	93.12	79.14
光大永明	43.40	30.00	52.42	74.28	87.84	89.62	88.76	100.18	78.42	89.32	73.42
友邦上海	100.99	101.85	102.45	101.95	102.72	97.48	99.55	98.67	106.49	106.10	101.82
中英人寿		3.90	17.37	78.65	89.07	82.80	83.26	84.71	83.84	84.17	60.78
海康人寿		12.04	29.02	48.12	78.45	87.43	84.54	86.21	85.09	87.21	59.81
恒安标准			18.25	28.33	44.99	69.66	86.12	90.90	91.12	88.39	51.78
瑞泰人寿			16.64	38.98	86.72	95.12	90.62	91.94	93.99	93.61	60.76
国泰人寿				18.94	42.50	61.33	73.17	81.04	76.54	82.77	43.63
中航三星				4.75	5.68	26.64	35.48	52.65	69.75	84.97	27.99
汇丰人寿								43.90	50.79	60.86	15.55

注：①资产负债率=负债/总资产。②2003年以前平安保险公司、太平洋保险公司不分产、寿险，数据为集团公司数据。

资料来源：根据《中国保险年鉴》各卷（2003—2012年）中保险公司资产负债表和损益表数据计算整理得出。

（二）退保率

退保率指标主要衡量寿险公司主营业务的质量，可为监测偿付能力稳定性提供预警信息，为逆向指标。① 如果该指标过大，说明寿险公司的管理和服务存在问题，客户对公司信心不足，寿险产品不能满足客户的需求。相反，则说明寿险公司业务能力强，管理服务好，偿付能力强。退保率一般情况下不超过5%。② 表6-8给出了2002—2011年主要寿险公司退保率，从表6-8中可以看出，在我国寿险业市场发展过程中退保率较高，大多数寿险公司的退保率都超过了5%。从退保率均值看，15家中资寿险公司只有华泰人寿、长城人寿、华夏人寿、幸福人寿的退保率低于5%，分别为3.11%、2.91%、4.04%和3.71%，15家外资或中外合资寿险公司只有中宏人寿、中英人寿、中航三星、汇丰人寿的退保率低于5%，分别为3.95%、4.70%、2.00%和0.85%。我国五大寿险集团中国人寿、平安人寿、太保人寿、新华人寿、泰康人寿的整体退保率较高，分别达到了12.35%、9.57、12.07%、12.99%和9.72%。笔者认为，造成我国寿险业各寿险公司退保率较高的原因主要以下几点：首先，保户在央行存款利率上调的预期和证券、基金、不动产等多元化的投资渠道，对固定利率的寿险产品有一定的冲击；其次，中国寿险业的发展正处在成长期，还未达到发达国家的成熟保险市场，由于信息不对称，存在寿险员工对保户的误保现象以及保户对寿险产品认知的不足，造成客户投保后退保；最后，近年来分红寿险产品的销售成为各寿险公司业务增长的主要原因，但由于分红未达到保户的预期值，使得分红险产品退保增多。

表6-8 主要寿险公司退保率

单位:%

公司\年份	2002	2003	2004	2005	2006	2007	2008	2009	2010	2011	均值
中国人寿	17.04	5.91	9.70	15.50	14.95	20.97	12.88	8.35	7.69	10.54	12.35
平安人寿	14.83	7.31	8.28	11.82	12.31	16.84	13.15	3.74	3.86	3.60	9.57
太保人寿	16.07	10.38	13.99	17.89	12.75	16.22	10.98	7.07	5.11	10.29	12.07
新华人寿	9.73	6.58	13.09	13.24	12.12	27.68	15.15	8.07	8.41	15.87	12.99
泰康人寿	9.30	4.45	9.22	8.36	14.90	18.00	19.00	2.82	3.84	7.30	9.72
太平人寿	0.25	2.22	4.22	6.54	10.62	21.32	35.31	4.04	3.82	7.14	9.55

---

① 孙蓉、王超：《我国保险公司经营绩效综合评价》，《保险研究》2013年第1期。
② 江生忠：《中国保险产业组织优化研究》，中国金融出版社2003年版。

续表

年份\公司	2002	2003	2004	2005	2006	2007	2008	2009	2010	2011	均值
民生人寿		0.06	5.94	58.61	20.24	17.52	5.68	17.00	7.25	10.13	15.82
生命人寿			0.79	10.09	18.35	12.23	23.41	3.49	3.79	6.92	9.88
合众人寿				0.57	11.21	6.99	8.56	2.32	3.34	7.73	5.82
华泰人寿				0.52	0.47	2.39	6.74	0.97	1.54	9.16	3.11
长城人寿					1.28	3.78	4.27	2.78	1.60	3.74	2.91
嘉禾人寿					0.28	5.63	12.66	4.05	5.69	9.01	6.22
华夏人寿						0.11	3.76	2.44	4.11	9.78	4.04
国华人寿							1.64	2.06	33.17	91.80	32.17
幸福人寿							0.47	1.09	3.73	9.55	3.71
中宏人寿	2.48	2.70	2.98	5.57	5.67	6.16	4.54	3.47	3.00	2.88	3.95
太平洋安泰	8.48	4.25	5.58	6.39	12.23	25.05	15.47	3.48	2.73	2.40	8.61
安联大众	3.27	15.80	15.00	12.14	3.63	14.01	21.60	17.95	16.18	22.13	14.17
金盛人寿	1.08	8.27	16.24	17.78	8.38	22.99	29.10	5.32	5.00	4.14	11.83
信诚人寿	9.43	12.54	12.51	11.81	12.14	8.96	9.18	2.86	2.15	5.00	8.66
中意人寿	0.97	1.04	0.71	0.05	1.28	16.26	27.21	3.41	7.98	23.20	8.21
光大永明	0.10	5.70	2.10	7.72	8.42	9.46	40.46	1.81	5.13	16.80	9.77
友邦上海	9.11	4.24	5.14	7.42	6.96	10.53	14.12	6.73	5.15	6.08	7.55
中英人寿		0.32	3.40	0.32	1.50	5.27	14.98	1.57	4.20	10.72	4.70
海康人寿		0.16	0.80	0.93	2.45	11.05	36.25	3.19	5.26	14.09	8.24
恒安标准			0.80	3.41	7.39	10.39	21.04	3.70	7.66	5.23	7.45
瑞泰人寿			0.36	1.44	17.99	19.98	102.27	0.00	0.01	0.18	17.78
国泰人寿				0.20	0.88	7.99	8.33	6.59	5.23	5.53	5.01
中航三星						1.25	1.60	2.87	3.08	1.77	1.46	2.00
汇丰人寿									0.16	1.53	0.85

注：①退保率＝退保支出/保费收入。②2003年以前平安保险公司、太平洋保险公司不分产、寿险，数据为集团公司数据。

资料来源：根据《中国保险年鉴》各卷（2003—2012年）中保险公司资产负债表和损益表数据计算整理得出。

（三）赔付率

寿险赔付率支出是寿险企业经营支出中最主要的部分，发达国家成熟寿险业经营绩效优异的世界寿险巨头采取的是低费用率、高赔付率战略。西方国家寿险业的赔付率基本都在60%—70%，这是其占领世界寿险市场的法宝。表6-9给出了2002—2011年主要寿险公司赔付率，可以看出，在我国寿险业发展过程中，各寿险公司的赔付率存在一定的不规则波动。从寿险公司赔付率的均值看，整体上中国寿险业的赔付率保持在40%以下，和发达国家寿险业相比，说明我国寿险公司对保户存在赔付不足。同时可以发现，规模大、成立早、经营时间较长的寿险公司赔付率比规模小、成立晚、经营时间较晚的寿险公司赔付率要高，像中资寿险公司的中国人寿、平安人寿、太保人寿的赔付率均值分别达到了33.66%、24.44%和28.03%，外资或中外合资寿险公司的中意人寿、太平洋安泰、金盛人寿的赔付率均值分别达到了39.78%、23.31%和20.71%。

表6-9　　　　　　　　主要寿险公司赔付率

单位:%

名称\公司	2002	2003	2004	2005	2006	2007	2008	2009	2010	2011	均值
中国人寿	20.99	20.23	25.42	29.20	34.44	60.87	42.62	35.29	29.93	37.67	33.66
平安人寿	22.60	18.26	21.89	26.69	25.74	37.15	32.59	16.30	20.70	22.45	24.44
太保人寿	19.15	24.52	31.01	31.32	30.23	34.71	36.37	27.59	20.75	24.70	28.03
新华人寿	10.61	8.58	15.88	15.98	14.34	32.66	28.61	16.61	14.43	22.32	18.00
泰康人寿	10.31	7.65	14.38	15.82	21.55	30.62	30.86	10.73	10.22	13.18	16.53
太平人寿	0.45	3.00	5.40	9.33	14.76	24.48	41.83	13.88	9.46	13.56	13.62
民生人寿		0.06	6.24	61.42	23.71	19.41	7.69	23.95	13.26	15.98	17.17
生命人寿		2.25	0.83	10.34	19.47	25.58	25.29	6.56	17.32	16.58	12.42
合众人寿				0.70	13.73	10.25	12.14	5.03	11.66	20.69	7.42
华泰人寿				0.56	0.51	2.62	7.21	2.19	2.51	12.31	2.79
长城人寿				0.14	2.27	5.66	7.62	6.47	3.94	6.24	3.23
嘉禾人寿					0.29	6.12	13.42	6.12	7.84	17.55	5.13
华夏人寿						0.14	3.91	3.65	7.76	13.83	2.93
国华人寿							1.74	2.24	33.66	92.95	13.06
幸福人寿						22.22	0.62	1.53	4.93	12.05	4.14
中宏人寿	5.46	6.58	7.06	11.27	11.37	11.64	11.14	11.54	10.07	10.27	9.64

续表

名称 公司	2002	2003	2004	2005	2006	2007	2008	2009	2010	2011	均值
太平洋安泰	8.90	6.80	14.67	18.32	28.58	41.48	36.33	37.06	22.60	18.36	23.31
安联大众	4.13	17.29	17.58	15.39	4.84	14.56	23.54	43.63	22.60	29.08	19.26
金盛人寿	4.30	16.14	22.87	22.56	12.37	25.46	34.57	19.21	25.99	23.64	20.71
信诚人寿	10.57	17.61	18.09	16.89	16.88	12.38	12.37	8.78	6.71	12.30	13.26
中意人寿	2.44	5.28	2.75	6.94	29.14	62.70	101.59	51.70	46.60	88.64	39.78
光大永明	0.39	7.11	2.89	9.19	9.57	10.72	49.37	13.26	7.22	21.51	13.12
友邦上海	12.94	12.38	18.75	28.93	17.73	19.95	26.04	25.96	34.25	23.59	22.05
中英人寿		1.48	5.40	1.21	3.62	7.00	17.67	7.08	12.50	17.00	7.29
海康人寿		1.28	1.03	1.78	3.08	11.91	37.59	11.03	18.55	28.49	11.47
恒安标准			3.24	3.59	7.70	11.11	22.30	43.51	21.73	18.29	13.15
瑞泰人寿			0.36	1.44	17.99	20.01	102.45	0.06	0.06	0.29	14.27
国泰人寿				0.28	1.42	9.05	12.85	27.67	29.64	72.73	15.36
中航三星				6.21	1.67	3.83	4.07	5.05	5.72	4.42	3.10
汇丰人寿								0.50	0.21	2.74	0.34

注：①赔付率＝赔款与给付支出/保费收入。②2003 年以前平安保险公司、太平洋保险公司不分产、寿险，数据为集团公司数据。

资料来源：根据《中国保险年鉴》各卷（2003—2012 年）中保险公司资产负债表和损益表数据计算整理得出。

三 人寿保险行业市场稳健发展能力分析

（一）保费增长率

保费增长率可反映保费收入变动情况，可以衡量保险业的发展能力，为区间适度指标，一般地对于寿险及长期健康保险业务保费增长率指标值应在－10%—40%。① 表 6-10 给出了 2002—2011 年主要寿险公司的保费增长率，从中可以发现，在我国寿险业高速发展中，大多数寿险公司的保费增长率超过了 40%。从保费增长率均值看，外资或中外合资寿险公司的保费增长率明显高于中资寿险公司的保费增长率，说明加入世界贸易组

---

① 侯旭华：《保险公司财务会计报告精析——新会计准则下的解读》，中国金融出版社 2009 年版。

织10年来，在我国寿险业演变中，外资寿险公司在中国寿险市场得到了很好的成长和发展，也给中资寿险公司带来了巨大的挑战和冲击，这种同台竞技对规范和完善中国寿险业的发展起到了积极的推动作用。同时可以发现，不管是中资寿险公司还是外资寿险公司，成立晚、经营时间短的寿险公司保费增长率高于成立早、经营时间长的寿险公司保费增长率。在我国寿险市场中，成立早、经营时间较长的几家寿险公司，其保费增长率均值在40%以下，像中资寿险公司的中国人寿、平安人寿、太保人寿的保费增长率均值分别为17.39%、11.78%和23.19%，外资寿险公司的中宏人寿、太平洋安泰、友邦上海的保费增长率均值分别为23.99%、26.95%和4.98%，说明这些寿险公司在中国市场有着较稳健的发展能力。

表6-10　　　　　　　　　主要寿险公司保费增长率　　　　　　　　单位：%

年份 公司	2002	2003	2004	2005	2006	2007	2008	2009	2010	2011	均值
中国人寿	58.38	25.57	11.43	5.36	10.53	4.37	45.71	-5.04	15.71	1.93	17.39
平安人寿	33.39	-4.86	-6.92	7.24	17.23	14.77	27.79	30.76	-29.97	28.41	11.78
太保人寿	73.62	51.29	-8.45	4.96	4.52	33.96	30.39	-6.19	41.74	6.07	23.19
新华人寿	247.38	135.77	-8.69	22.65	53.63	-0.77	73.29	16.80	40.96	3.40	58.44
泰康人寿	305.98	103.41	32.46	0.74	15.88	65.94	68.67	16.05	-2.31	3.79	61.06
太平人寿		97.11	102.34	18.42	43.11	40.92	-44.49	157.60	42.96	-2.58	50.60
民生人寿			248.79	-44.09	69.49	181.51	95.54	-24.36	66.70	23.13	77.09
生命人寿				160.68	6.33	90.04	22.40	-12.78	107.43	60.84	62.14
合众人寿					179.17	89.45	77.74	6.60	20.93	42.07	69.33
华泰人寿				448.96	376.44	281.53	-7.88	107.13	-40.73		194.24
长城人寿						84.66	15.34	-10.23	64.20	24.47	35.69
嘉禾人寿						588.13	84.80	-47.93	28.07	-0.28	130.56
华夏人寿								48.18	0.00	77.82	42.00
国华人寿								325.15	3.24	-19.90	102.83
幸福人寿								236.10	28.80	12.35	92.42
中宏人寿	46.55	21.04	22.51	17.46	27.40	26.75	21.89	18.15	21.70	16.48	23.99
太平洋 安泰	112.93	36.18	1.38	15.31	-11.57	12.40	48.05	-41.35	15.25	80.95	26.95
安联大众	122.03	35.66	13.03	54.01	315.18	149.27	-19.63	-52.19	-17.96	6.23	60.56

续表

公司＼年份	2002	2003	2004	2005	2006	2007	2008	2009	2010	2011	均值
金盛人寿	45.31	33.87	40.48	68.36	64.14	86.42	-34.64	-6.27	37.32	111.35	44.63
信诚人寿	76.53	79.00	70.29	62.75	52.32	86.63	23.33	-35.43	54.39	-7.33	46.25
中意人寿		174.16	281.08	881.42	-73.05	-38.98	-35.71	89.11	43.05	-37.26	128.38
光大永明		446.79	26.50	20.47	107.03	213.27	-12.88	-15.37	221.21	-9.04	110.89
友邦上海	12.18	9.48	12.24	10.17	6.69	11.69	-11.62	-1.70	-4.72	5.40	4.98
中英人寿			154.23	917.04	24.33	220.50	12.84	-19.66	16.66	-5.54	165.05
海康人寿			757.44	403.83	84.33	155.09	22.95	-34.64	13.28	1.61	175.48
恒安标准				-24.95	133.31	173.35	45.57	-74.69	32.03	50.93	47.94
瑞泰人寿				511.73	682.07	245.72	-80.47	94.82	-19.63	-25.35	201.27
国泰人寿					86.10	61.45	13.31	-60.28	67.76	23.81	32.02
中航三星					346.58	368.43	264.70	-60.63	119.02	205.70	207.30
汇丰人寿									489.98	151.28	320.63

注：①保费增长率=保费增长额/基准年保费收入。②2003年以前平安保险公司、太平洋保险公司不分产、寿险，数据为集团公司数据。

资料来源：根据《中国保险年鉴》各卷（2003—2012年）中保险公司资产负债表和损益表数据计算整理得出。

（二）费用率

费用率是一定时期内的费用支出（如手续费及佣金支出、营业费用、其他业务成本）占保费收入的比重，反映寿险公司经营中费用水平状况，可以衡量寿险公司的稳健发展能力，为逆向指标。表6-11给出了2002—2011年主要寿险公司费用率，从表6-11中可以看出，我国寿险业各寿险公司费用率较高，说明寿险公司经营过程中成本费用水平较大。从寿险公司费用率均值看，中资寿险公司费用率低于外资或中外合资寿险公司费用率，说明外资寿险公司进入中国寿险市场因熟悉寿险市场环境、设立分支机构，招聘寿险人员等需要较高的成本费用开支，也反映了其母公司有较雄厚的财团基础。同时可以发现不管是中资寿险公司还是外资寿险公司，规模实力雄厚、成立早、经营时间较长的寿险公司费用率均值低于规模小、成立晚、经营时间较短的寿险公司费用率均值。在15家中资寿险公司中相对于费用率较高的其他中资寿险公司，中国人寿、平安人寿、太保人寿、新华人寿、泰康人寿的费用率均值分别为 14.14%、18.58%、17.39%、16.33% 和 19.18%,在 15 家外资寿险公司中相对于费用率较高的其他外资寿险公司,友邦上海、中意人寿、太平洋安泰、中宏人寿的费用率均值分别为 28.71%、38.92%、39.86% 和 42.83%,说明成立时间较早、规模较大的寿险公司已具备了较为稳定的市场基础和成熟的产品开发体系,因公司实力雄厚且具有相对规模经济和范围经济优势,在成本费用控制上,比规模较小、成立较晚的寿险公司有相对优势。纵观中国寿险业的发展,与西方发达国家成熟寿险业相比,这种高费用率、低赔付率是导致我国寿险公司经营绩效低下的原因之一。

表 6-11　　　　　　主要寿险公司费用率　　　　　　单位:%

公司＼年份	2002	2003	2004	2005	2006	2007	2008	2009	2010	2011	均值
中国人寿	16.46	12.72	12.62	12.70	13.17	11.21	14.26	16.32	14.83	17.11	14.14
平安人寿	19.40	15.26	15.07	15.58	17.37	20.32	18.95	12.80	22.07	28.96	18.58
太保人寿	15.40	13.41	15.93	15.12	16.26	17.05	15.81	23.38	19.92	21.58	17.39
新华人寿	8.19	12.51	15.24	14.80	14.28	20.44	18.55	21.77	18.36	19.13	16.33
泰康人寿	22.24	17.15	16.06	17.16	16.33	17.28	16.38	17.46	26.07	25.71	19.18
太平人寿	16.19	18.18	16.90	21.91	19.87	24.11	50.28	30.68	25.24	26.65	25.00
民生人寿		19.23	22.69	71.91	57.16	30.25	2.78	38.56	25.58	24.72	32.54
生命人寿		108.33	16.31	18.83	25.29	17.62	17.22	24.58	24.23	27.56	31.11
合众人寿				31.51	27.73	36.52	33.33	29.71	28.90	24.62	30.33
华泰人寿				142.58	65.52	31.23	19.64	34.57	21.24	37.75	50.36
长城人寿				71.53	28.68	31.37	35.23	37.50	29.51	36.50	38.62
嘉禾人寿					29.19	19.15	18.78	36.68	33.39	35.85	28.84
华夏人寿						107.44	28.90	36.04	41.73	26.80	48.18
国华人寿							20.92	9.70	10.67	22.69	15.99
幸福人寿							24.26	24.39	31.09	32.59	28.08
中宏人寿	47.64	40.03	36.39	39.37	46.18	45.61	48.36	45.70	40.28	38.70	42.83
太平洋安泰		54.10	44.98	44.42	39.08	36.47	36.25	26.46	35.10	47.81	33.96	39.86
安联大众	53.56	43.46	39.00	45.59	22.62	19.58	26.72	67.40	76.41	66.90	46.12
金盛人寿		74.19	81.29	60.21	49.39	35.38	28.50	56.59	88.66	71.80	44.75	59.08

续表

年份\公司	2002	2003	2004	2005	2006	2007	2008	2009	2010	2011	均值
信诚人寿	68.46	57.05	57.73	49.93	49.70	35.19	32.28	44.53	33.38	37.13	46.54
中意人寿	149.91	82.13	35.46	1.07	6.34	19.18	26.55	28.75	14.01	25.76	38.92
光大永明	281.40	48.93	59.47	59.51	46.35	23.15	29.07	35.55	17.56	34.11	63.51
友邦上海	25.23	24.79	24.00	24.66	26.18	25.28	30.85	31.61	37.75	36.70	28.71
中英人寿		203.23	110.69	24.01	35.34	20.39	23.31	38.45	39.64	45.03	60.01
海康人寿			153.69	55.56	48.99	29.41	29.02	53.51	48.88	45.89	58.12
恒安标准			26.78	33.55	39.09	28.16	27.78	156.82	109.34	61.55	60.38
瑞泰人寿			447.29	62.95	14.41	7.92	32.10	17.13	31.25	53.74	83.35
国泰人寿				33.31	25.93	28.01	25.84	145.15	91.48	70.70	60.06
中航三星					552.57	139.49	54.73	234.97	146.70	54.04	197.08
汇丰人寿								1072.73	149.20	71.95	431.30

注：①费用率＝费用总额/保费收入，费用总额＝手续费及佣金支出＋营业费用（业务及管理费）＋其他业务成本。②2003年以前平安保险公司、太平洋保险公司不分产、寿险、数据为集团公司数据。

资料来源：根据《中国保险年鉴》各卷（2003—2012年）中保险公司资产负债表和损益表数据计算整理得出。

第二节 人寿保险行业市场绩效的实证分析

产业组织理论传统共谋假说（SCP范式）认为市场绩效是企业组织在一定的行业市场结构下由企业组织的市场行为而产生的经营成果，主要体现在经济效果上，如产品的产量、质量、利润、成本等，它反映了企业组织在行业市场中资源配置的效果和经营的效率。根据是否需要假定前沿生产函数和估计参数，对金融行业效率的评价方法大体分为参数方法和非参数方法。参数方法需要估计参数，包括随机前沿方法（SFA）、自由分布法（DFA）、厚前沿方法（TFA）和回归厚前沿方法（RTFA）；非参数方法无须估计参数，包括数据包络分析（DEA）和无界分析（FDH）。但是DEA方法引入我国后很多学者将其用于对银行业效率的分析，而对保险公司效率的研究大多采用财务指标度量，基本在定性角度予以分析。本节运用 DEA 方法对我国 30 家人寿保险公司经营绩效的有效性（相对效率）进行实证分析，并得出相关研究结论。

一　研究回顾

在国外 Weiss（1986）[54]运用非前沿方法研究了人寿保险公司全要素生产率。Cummins、Weiss（1998）[55]运用数据包络分析方法以 1988—1995 年数据对美国人寿保险市场与规模及效率之间关系进行了研究。随后 Weiss（1991）[139]、Eisen（1991）[140]、Cummins 和 Weiss（1993）[141]、Fecheretal（1998）[142]、Klumpes[2004][143]分别对美国和日本、西欧 8 国以及美国、法国、英国人寿保险公司的总体效率进行了分析。

国内学者对我国保险业效率的研究进行得较晚。恽敏、李心丹（2003）[144]、李庆（2006）[145]运用 DEA 方法对 9 个大型保险公司（寿险和财险）效率和 13 家中国人寿保险公司效率进行了评估。郭金龙（2006）[146]运用 DEA 方法分析了 2001—2003 年中国 15 家财产保险公司和 13 家人寿保险公司的规模效率。黄薇（2007）[41]对 1999—2005 年中国 27 家保险公司的技术效率（包括纯技术效率和规模效率）进行了实证分析。黄薇（2008）[147]基于随机前沿分析方法（SFA）构建了经过风险调整的成本和利润边界函数，实证测度了 1999—2006 年中国 28 家保险公司的成本效率和利润效率。孙刚、刘璐（2010）[148]以 1988—2007 年在中国开展寿险业务的 182 个寿险公司为样本，构造非平衡面板数据利用 DEA 方法对样本公司的效率进行了实证研究。褚保金、黄惠春、朱新良（2011）[149]选用 36 家寿险公司和 32 家非寿险公司 2005 年和 2008 年的财务数据，利用 Cone Ratio 模型对各保险公司进行了绩效评价。孙蓉、王超（2013）[150]基于全面风险管理的视角，采用我国 2010 年保险公司财务数据进行主成分分析，构建了保险公司经营效率综合评价指标体系。

国内外学者的研究取得了非常重要的成果，为后来学者们的研究打下了坚实的基础，但一些学者对保险公司效率的研究大多采用财务指标度量，基本在定性角度予以分析，而且有些学者不分寿险和财险保险公司，把产、寿险效率放在一起研究欠妥，因为寿险和财险在经营方式和经营环境并不完全一样，再有实证研究样本单位选取太少，不足以代表保险公司的整体水平，数据选取年限太短，不能有效反映保险业发展的整体变化趋势。

二 DEA 模型介绍

DEA 的原型可以追溯到 1957 年由 Farrell 提出的包络思想，1978 年美国三位著名运筹学家 Charnes A.，Cooper W. W. 和 Rhodes E. 教授提出数据包络分析（Data Envelopment Analyis，DEA）方法[151]，第一个 DEA 模型 C^2R 模型是用这三位笔者的第一个英文字母命名的，我国是在 1988 年由魏权龄系统地介绍 DEA 方法之后，其理论研究才得以推广应用。[152] DEA 方法基本思路是把拥有投入和产出一定数量生产要素的被评价单位作为一个决策单元（Decision Making Units，DMU），再由相同目标和任务、相同外部环境、相同输入和输出指标的众多 DMU 构成 DMU 集合，把 DMU 集合作为被评价群体。

DEA 模型分为投入导向型模型和产出导向型模型[153]，基于人寿保险业为商业营利性行业，需针对保险市场客户不同需求设计保单和提供服务，且相对于产出来讲，投入资源较易控制[154]，因此本节实证分析选用投入导向 DEA 模型来评价我国人寿保险公司经营绩效的有效性。根据 DEA 原理，建立如下人寿保险公司经营绩效评估模型。

假设有 n 家人寿保险公司，每家人寿保险公司有 a 种类型的输入指标和 b 种类型的输出指标，设 x_j 和 y_j 分别表示第 j 家人寿保险公司的输入和输出向量，$X_j = (x_{1j}, x_{2j}, \cdots, x_{aj})^T$，$Y_j = (y_{1j}, y_{2j}, \cdots, y_{bj})^T$，$j = 1, 2 \cdots, n$，$X_{uj}$ 和 Y_{vj} 分别表示第 j 个决策单元 DMU_j，即第 j 家人寿保险公司的第 u 种输入和第 v 种输出，由输入、输出指标的组成的状态集为：

$$T_{C^2R} = \{(X,Y) \mid X \geq \sum_{j=1}^n \lambda_j X_j, Y \leq \sum_{j=1}^n \lambda_j Y_j, \lambda_j \geq 0, j = 1, 2, \cdots, n\}$$

具有非阿基米德无穷小（ε）的 DMU 总体效率（θ）输入导向 C^2R 模型为：

$$DC^2R \begin{cases} \min [\theta - \varepsilon(e^{-T}s^- + e^T s^+)] \\ \sum_{j=1}^n X_{uj}\lambda_j + S_u^- = \theta X_0 \\ \sum_{j=1}^n Y_{vj}\lambda_j - S_v^+ = Y_0 \\ \theta \geq 0, S_u^- \geq 0, S_v^+ \geq 0, \lambda_j \geq 0, j = 1, 2, \cdots, n \end{cases}$$

式中 X_0、Y_0 是被评价决策单元 DMU_0 的投入和产出向量，$e^{-T} = (1, 1, \cdots, 1) \varepsilon E_a$，$e^T = (1, 1, \cdots, 1) \varepsilon E_b$，$S_u^-$ 和 S_v^+ 分别为松弛变量，为

输入、输出指标的权系数，ε 为非阿基米德无穷小（一般取 $\varepsilon = 0.000001$），θ 为人寿保险公司经营绩效评价有效性结果。

若输入对偶规划的最优解为 λ^0, S^{-0}, S^{+0}, θ^0，则有当 $\theta^0 = 1$，$e^{-T}s^- + e^T s^+ = 0$，DMU_{j0} 为 DEA 有效；当 $\theta^0 = 1$，$e^{-T}s^- + e^{+T}s^+ > 0$，$DMU_{j0}$ 为弱 DEA 有效；当 $\theta^0 < 1$，$e^{-T}s^- + e^T s^+ \neq 0$，$DMU_{j0}$ 为非 DEA 有效。

三 决策单元 DMU 的选取和指标体系的构建

（一）决策单元 DMU 的选取

运用 DEA 对决策单元 DMU 进行评价时，所选取的决策单元 DMU 应具有一定的代表性、相同的外部环境、相同的任务和目标以及具有相同的输入指标和输出指标。据 2012 年《中国保险年鉴》，截至 2011 年年底，全国共有 61 家人身保险公司，其中，寿险公司 52 家，养老保险公司 5 家，健康保险公司 4 家；中资公司为 36 家，外资公司为 25 家。在这些人身保险公司中，决策单元即样本人寿保险公司直接影响到对我国人寿保险市场保险公司经营绩效 DEA 有效性总体评价，因此在选取样本人寿保险公司时，主要考虑以下三个方面主要因素：

1. 所选取样本人寿保险公司具有全面性和代表性

即通过样本人寿保险公司经营绩效的 DEA 有效性评价能够代表我国人寿保险公司整体经营绩效的有效性分析。为此，样本公司选取是以原保险市场或直接保险市场的人寿保险公司为研究对象，而非养老保险公司或健康保险公司，因为人寿保险公司是人身保险公司的主体和基础。本节选取了 30 家人寿保险公司，其中中资人寿保险公司 15 家，中外合资（外资）人寿保险公司 15 家。2011 年寿险业务原保险保费收入 8695.59 亿元，所选取 30 家样本人寿保险公司保费收入 8590.11 亿元，占人寿保险市场份额的 98.79%，足以代表我国人寿保险市场主体整体情况。

2. 所选取样本公司成立和经营持续时间尽可能长

在时间序列上，本节选取了 2002—2011 年样本人寿保险公司相关数据，样本公司至少成立经营三年以上，剔除了 2008 年以后成立的人寿保险公司，以使所选投入指标和产出指标更具稳定性并能真实反映我国人寿保险公司经营的现实状况。

3. 所选取样本人寿保险公司所需资料能够公开获取

本节对我国人寿保险公司经营绩效 DEA 有效性分析，所需投入指标和产出指标所需相关数据资料来源于 2003—2012 年《中国保险年鉴》各卷公司版所记载的各人寿保险公司资产负债表和损益表。[155]

根据美国著名运筹学家 A. Charnes 经验，在运用 DEA 模型进行效率评价时决策单元的个数应该大于所选样本公司投入指标和产出指标和的两倍，本节所选取的 30 家人寿保险公司样本容量，远大于投入指标和产出指标数之和的两倍，人寿保险公司又是相同的决策单元，符合 DEA 分析要求，故决策单元 DMU 为 2002—2011 年我国人身保险市场上 30 家人寿保险公司。

（二）指标体系的构建

运用 DEA 分析人寿保险公司经营绩效的有效性关键问题是如何选取投入指标和产出指标。结合我国人寿保险业主要活动和提供服务的主要特点，根据指标数据口径的一致性、客观真实性、可计算性以及可比性原则，本节在参考了国内外其他笔者研究投入指标和产出指标基础上，把费用总额、赔款与给付支出、实收资本作为投入指标，将投资收益、利润总额、保费收入作为产出指标。在投入指标中，实收资本是人寿保险公司经营绩效的物质基础，是衡量保险公司规模因素的主要指标；费用总额反映出人寿保险公司的经营成本，是决定人寿保险公司经营绩效好坏最直接的因素，包括手续费及佣金支出、营业费用和其他业务成本；赔款与给付支出是影响人寿保险公司承保利润和反映人寿保险公司管理技术水平的重要指标，包括赔款支出、退保金及给付。在产出指标中，保费收入反映出人寿保险公司总的产出能力，是衡量人寿保险公司经营绩效的一个主要指标；利润总额反映人寿保险公司总体盈利能力和追求经营绩效利润最大化动机；而投资是人寿保险公司主要活动，投资收益是人寿保险公司经营绩效除承保利润之外的主要来源，直接影响到人寿保险公司的市场绩效。以上六项指标综合反映出人寿保险公司投入与产出情况，全面反映保险公司经营服务的能力，在实证分析中选取 2002—2011 年我国人寿保险公司相关数据为面板数据。

四 人寿保险公司经营绩效 DEA 有效性分析

以 2002—2011 年各样本寿险公司投入和产出指标的相关数据，运用 EMS（Efficiency Measurement System）软件对 30 家人寿保险公司经营绩效的有效性进行测算，得出各人寿保险公司年度的 DEA 效率分数值，如表 6-12 所示。样本中各年度新成立的人寿保险公司从创立年份开始测算。

表 6-12　2002—2011 年中国人寿保险业主要人寿保险公司经营绩效 DEA 有效性

DMU	当产出量不变时，投入的有效性 效率分数（score）（%）										各保险公司平均值（%）
	2002年	2003年	2004年	2005年	2006年	2007年	2008年	2009年	2010年	2011年	
中国人寿	100.00	100.00	100.00	100.00	100.00	100.00	100.00	100.00	100.00	100.00	100.00
平安人寿	100.00	100.00	100.00	100.00	100.00	100.00	90.70	100.00	100.00	100.00	99.07
太保人寿	100.00	100.00	100.00	78.70	91.50	92.38	100.00	89.10	94.68	92.72	93.91
新华人寿	100.00	100.00	100.00	92.65	100.00	89.05	100.00	100.00	100.00	100.00	98.17
泰康人寿	98.83	100.00	100.00	100.00	94.25	100.00	100.00	100.00	100.00	100.00	99.31
太平人寿	100.00	100.00	100.00	61.88	81.85	100.00	71.46	68.91	100.00	96.81	88.09
民生人寿		100.00	73.51	11.95	39.35	52.46	100.00	34.03	74.96	97.17	64.83
生命人寿		100.00	100.00	49.62	63.41	91.22	83.67	99.24	74.67	89.11	83.44
合众人寿				100.00	77.44	81.00		83.96	89.07	90.21	
华泰人寿				53.20	72.12	100.00	100.00	89.76	100.00	87.60	86.10
长城人寿				100.00	100.00	95.29	65.92	100.00	86.45	100.00	92.52
嘉禾人寿						100.00	100.00	100.00	100.00	74.11	95.69
华夏人寿						100.00	100.00	53.64	33.96	95.74	76.67
国华人寿								100.00	100.00	75.42	93.86
幸福人寿							100.00	100.00	97.77	90.00	97.56
中宏人寿	51.35	47.01	100.00	42.00	92.08	100.00	100.00	42.21	94.88	100.00	76.95
太平洋安泰	73.90	43.17	41.12	30.19	43.66	48.44	74.46	100.00	69.91	74.60	59.95
安联大众	30.72	36.67	49.22	28.30	100.00	76.88	46.84	17.44	32.65	42.04	46.01
金盛人寿	21.33	21.19	27.32	20.66	58.11	62.92	70.51	17.10	26.47	56.98	38.26
信诚人寿	21.55	28.14	38.76	30.40	47.91	62.49	74.35	61.48	100.00	100.00	56.51
中意人寿	18.42	26.50	63.11	100.00	100.00	43.68	100.00	73.02	100.00	100.00	62.47
光大永明	100.00	36.55	74.23	29.99	49.10	75.76	39.04	27.29	100.00	70.98	60.29
友邦上海	100.00	100.00	100.00	70.38	84.60	100.00	100.00	98.14	100.00	100.00	95.31
中英人寿		16.41	34.03	100.00	100.00	100.00	67.53	97.38	77.39	68.99	73.53
海康人寿		7.79	72.93	50.33	61.66	61.74	35.65	23.84	41.37	53.01	45.37
恒安标准			100.00	65.93	58.68	68.54	44.57	34.19	38.74	60.00	57.58

续表

DMU	效率分数（score）（%）										各保险公司平均值（%）
	2002年	2003年	2004年	2005年	2006年	2007年	2008年	2009年	2010年	2011年	
瑞泰人寿			100.00	48.14	92.16	100.00	22.87	100.00	100.00	100.00	82.91
国泰人寿				100.00	100.00	85.49	93.89	44.15	46.04	31.11	71.53
中航三星				3.15	19.35	100.00	75.17	100.00	100.00	100.00	71.10
汇丰人寿								100.00	100.00	100.00	100.00
年度均值	72.58	64.63	77.59	63.14	52.47	85.26	81.26	75.70	82.46	84.85	

（1）通过对表6-12分析显示，2002—2011年从整体上看各年度经营绩效DEA有效的人寿保险公司市场占比为50%左右，中资人寿保险公司除2006年、2011年个别年度外经营绩效DEA有效的人寿保险公司市场占比在50%—100%，而中外合资或外资人寿保险公司经营绩效DEA有效的人寿保险公司市场占比在10%—50%，经营绩效DEA有效的中资人寿保险公司市场占比高于经营绩效DEA有效的中外合资或外资人寿保险公司市场占比。2002—2011年各年度经营绩效DEA有效的人寿保险公司市场占比柱状图如图6-2所示：

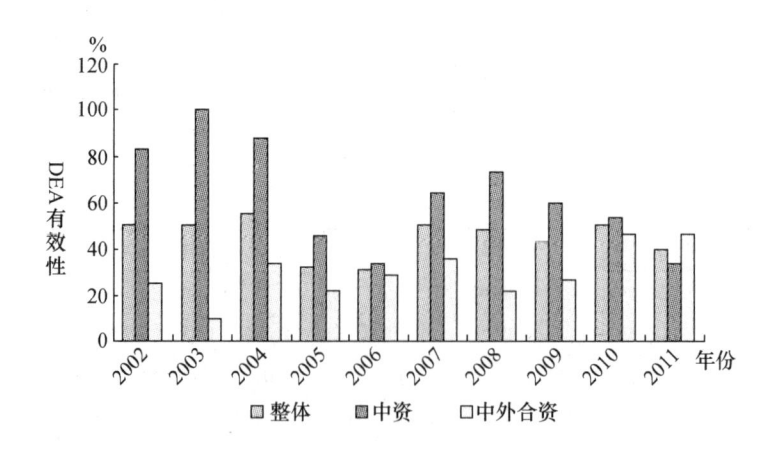

图6-2 经营绩效DEA有效的人寿保险公司市场占比

（2）中资寿险公司经营绩效DEA相对有效性与人寿保险公司规模呈

一定相关性。从 DEA 有效性横向比较来看，15 家中资人寿保险公司市场主体中，中国人寿、平安人寿处在中资寿险市场上第一梯队，这两家寿险公司成立较早、实力雄厚、竞争力强，2002—2011 年经营绩效优良，10 年来一直处在有效生产前沿面上。处在中资寿险市场第二梯队的新华人寿和泰康人寿，是成立相对较早的保险集团股份有限公司，其经营绩效相对较好，10 年间 DEA 有效性平均值分别达到 98.17%、99.31%。处在中资寿险市场上第三梯队的人寿保险公司为太保人寿、幸福人寿、嘉禾人寿、国华人寿、长城人寿、合众人寿，2002—2011 年十年间 DEA 有效性平均值在 90%—98%，分别为 93.91%、97.56%、95.69%、93.86%、92.52% 和 90.21%。而太平人寿、生命人寿、华泰人寿、华夏人寿、民生人寿 5 家寿险公司处在中资人寿保险市场第四梯队，各人寿保险公司十年间 DEA 有效性平均值处在 60%—90% 之间，分别为 88.09%、83.44%、86.10%、76.67% 和 64.83%。通过分析可知中资寿险公司经营绩效 DEA 相对有效性与人寿保险公司规模呈一定相关性，如处在中资寿险公司第一梯队的中国人寿、中国平安和处在中资寿险公司第二梯队的新华人寿、泰康人寿经营绩效 DEA 相对有效性都比较高，这 4 家人寿保险公司都是规模较大的中资人寿保险公司，表明我国人寿保险业存在一定的规模经济。

(3) 中外合资和外资寿险公司经营绩效 DEA 有效性低于中资寿险公司经营绩效有效性。通过观察表 6-12 显示 15 家中外合资或外资寿险市场主体中，仅有友邦上海、汇丰人寿经营绩效较好，DEA 有效性平均值分别为 95.31% 和 100%，其余寿险公司经营绩效 DEA 有效性都相对无效。相比而言，中外合资或外资寿险公司经营绩效 DEA 有效性低于中资人寿保险公司的有效性。这是由于外资人寿保险公司在中国市场业务网点布局分支机构少，市场规模较小，国外长期形成的经营优势短期内难以适应国内文化与环境差异，所以绩效相对于中资人寿保险公司较低。通过 DEA 投入型模型实证分析可知，十年间中外合资或外资寿险公司经营绩效 DEA 有效性平均值整体低于中资保险公司经营绩效 DEA 有效性平均值，如图 6-3 所示，但 2009—2011 年近三年来，中外合资或外资寿险公司凭借其规范的管理构架和灵活的经营机制，呈现出较强生命力，15 家中外合资或外资寿险公司中经营绩效 DEA 相对有效的公司在逐年增加。

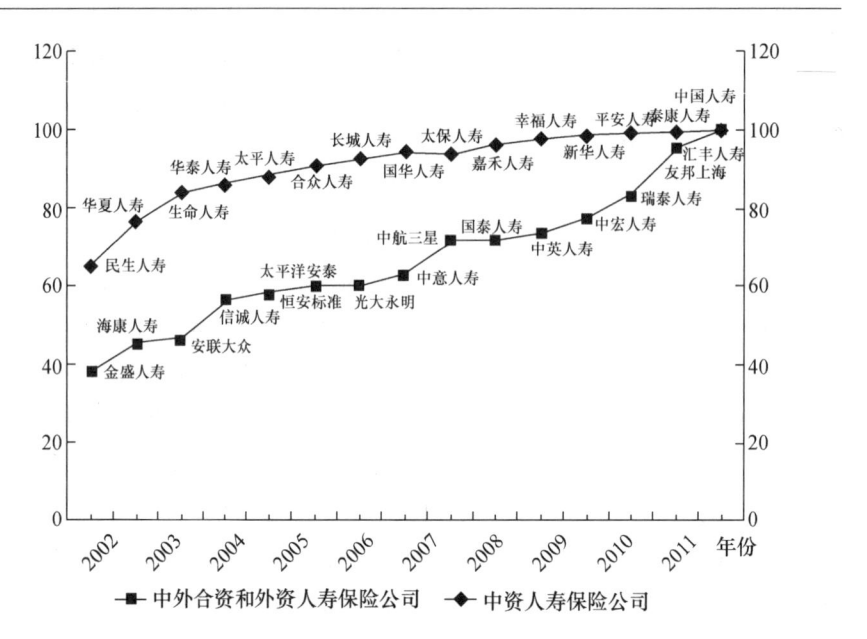

图 6-3 2002—2011 年各人寿保险公司经营绩效 DEA 有效性平均值

（4）从 30 家人寿保险公司经营绩效 DEA 有效性的年度均值来看，其发展呈现一定的曲线演变规律，如图 6-4 所示。2003 年 DEA 有效性年度均值较 2002 年有所下降，之后的 2004 年 DEA 有效性年度均值比 2003 年 DEA 有效性年度均值在上升，而 2005 年、2006 年 DEA 有效性年度均值又在下降，2007 年 DEA 有效性年度均值比 2006 年有所上升，之后的 2008 年、2009 年 DEA 有效性年度均值在下降，而 2010 年、2011 年 DEA 有效性年度均值与 2009 年相比又在逐年上升。

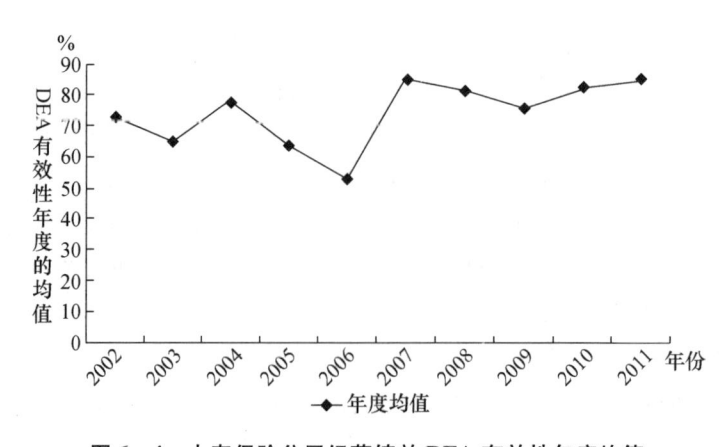

图 6-4 人寿保险公司经营绩效 DEA 有效性年度均值

探其原因是，2003年我国人寿保险业发展的改制重组，国有寿险公司股份制改革取得实质性突破，2004年我国人寿保险业发展的全面对外开放是中国人寿保险行业发展的拐点，增长质量、效益和业务品质均得到明显提高。例如2004年6月24日，平安保险在香港联交所上市，大幅提升了平安保险公司的经营效率。2007年是我国保险业发展进程中十分重要的一年，首先是国务院颁布的《国务院关于保险业改革发展的若干意见》（业内人士称为"国十条"）全面落实的第一年，保险业改革发展取得较好成效。其次是中国人寿、平安人寿、太平洋人寿三大人寿保险公司A股上市，2007年1月9日，中国人寿在上海证券交易所上市，同年3月1日中国平安回归A股在深圳交易所上市，2007年12月25日，太平洋保险在国内整体上市。同时，我国寿险公司投资渠道稳步拓宽，投资风险管控得到加强。而2009年我国人寿保险业受世界金融风暴影响，30家寿险公司经营绩效DEA有效性年度均值较低。2009年之后随着世界经济和我国经济复苏以及中国人寿保险业规范有序持续健康发展，2010年、2011年我国30家人寿保险公司经营绩效DEA有效性年度均值又在逐年上升。

第三节　国内外人寿保险行业经营绩效比较

一　中国与世界主要国家寿险业保费收入、保险密度和保险深度

（一）寿险业保费收入对比

保费收入是衡量一个国家寿险业发展规模和发展程度的显著指标。表6-13给出了2001—2011年中国与世界主要国家寿险业的保费收入，图6-5反映了2001—2011年中国与世界主要国家寿险业年均保费收入对比情况，其中包括北美的美国，拉美的巴西，欧洲的英国、法国、德国、意大利、瑞士、荷兰以及亚洲的日本、韩国、印度等国家。从表6-13和柱状图6-5中可以看出，虽然中国的保险业从2001—2011年保费收入在迅速增长，但与发达国家相比仍然还有很大差距。从十一年的保费收入均值看，中国寿险业保费收入为6676000万美元，尽管比巴西、瑞士、荷兰、韩国、印度等国家寿险业年均保费收入要高，但要低于美国、日本、英国、法国、德国这些发达国家寿险业的年均保费收入，与排名第一的美国，排名第二的日本，排名第三的英国相比，美国、日本、英国寿险业的

年均保费收入分别大约为 51308127 万美元、38609564 万美元和 23446164 万美元,分别是中国寿险业年均保费收入的 7.69 倍、5.78 倍和 3.51 倍。

表 6-13　2001—2011 年中国与世界主要国家寿险业保费收入比较

单位:百万美元

年份 国家	2001	2002	2003	2004	2005	2006	2007	2008	2009	2010	2011	均值
美国	443413	480452	480919	494818	517074	533649	579215	578211	492345	506228	537570	513081.27
巴西	1822	4749	6306	8199	10556	13699	18533	22419	24781	24762	41046	16079.27
英国	152717	159656	154842	189591	199612	311691	423743	342759	217681	216719	210067	234461.64
法国	75146	80411	105436	128813	154058	177902	189626	181146	194077	194077	174753	101052.82
德国	55631	60860	76738	84535	90225	94911	102084	111278	111775	111996	113869	92172.91
意大利	41481	52444	71694	82083	91740	89576	88255	82623	115290	115290	105089	85051.36
瑞士	19661	22566	24713	24067	22747	23363	23923	27122	26379	28809	35083	25912.09
荷兰	21534	20842	25371	31512	31914	33907	36132	38899	33758	25102	31210	30016.45
日本	356731	354553	381335	386839	375958	362766	297040	367112	399100	440950	524668	386095.64
中国	15556	25054	32442	35407	39592	45092	58673	95831	109175	142999	135439	66760
韩国	36392	39272	41998	48680	58848	72298	80439	66417	63591	71131	79161	59838.82
印度	9418	12274	13590	16919	20175	37220	50185	48860	57114	67810	60442	35818.82

资料来源:根据《中国保险年鉴》各卷(2002—2012 年)中世界保险业统计相关数据整理。

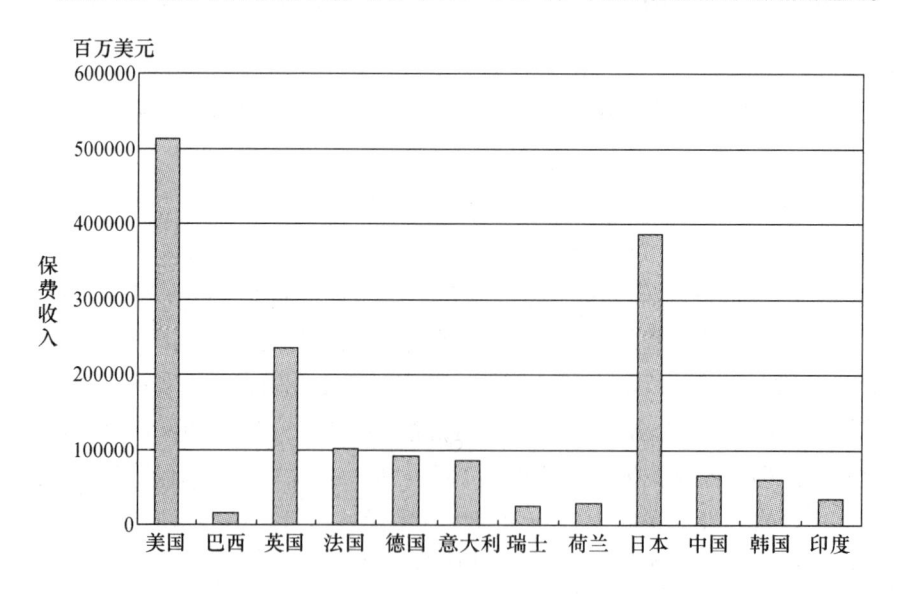

图 6-5　2001—2011 年中国和世界主要国家寿险业年均保费收入对比

（二）保险密度和保险深度对比

保险密度和保险深度反映了一个国家保险业在世界保险市场中的地位。表6-14给出了2001—2011年中国与世界主要国家寿险业保险密度，表6-15给出了2001—2011年中国与世界主要国家寿险业保险深度，图6-6反映了2001—2011年中国和世界主要国家寿险业年均保险密度和保险深度对比的情况，从中可以看出，中国寿险业在世界寿险市场中的地位仍然很低。2011年中国寿险业的保险密度为99美元/人，排在世界第61位，中国寿险业的保险深度为1.8%，排在世界的第45位。从十一年的保险密度均值看，中国与世界主要国家相比，我国的寿险密度为50.81美元/人，仅高于印度30.15美元/人的寿险密度，比其他国家都要低。与寿险密度均值排名第一的英国、排名第二的瑞士、排名第三的日本相去甚远，英国、瑞士、日本的寿险密度分别为3612.3美元/人、3371.7美元/人、3080.97美元/人，分别是中国寿险密度的71.09倍、66.36倍和60.64倍。从十一年的保险深度均值看，中国与世界主要国家相比，我国的寿险深度均值为2.12%，仅高于巴西1.32%的寿险深度，比美国、英国、法国、德国、意大利、瑞士、荷兰、日本、韩国、印度等国家都要低。与寿险深度均值排名第一的英国、排名第二的日本、排名第三的韩国相比相差较大，英国、日本、韩国的年均寿险深度分别为10.40%、8.48%和7.83%，分别是中国寿险深度的4.91倍、4倍和3.69倍。

表6-14 2001—2011年中国与世界主要国家寿险业保险密度比较

单位：美元/人

年份 国家	2001	2002	2003	2004	2005	2006	2007	2008	2009	2010	2011	均值
美国	1602	1662.6	1657.5	1692.5	1753.5	1789.5	1845	1900.6	1602.6	1631.8	1716	1563.25
巴西	10.8	27.2	35.8	45.9	56.8	72.5	93.9	115.4	127.9	169.9	208	87.65
英国	2567.9	2679.4	2617.1	2190.4	3287.1	5139.6	5360.8	5582.1	3527.6	3436.3	3347	3612.3
法国	1268.2	1349.5	1767.9	2150.2	2474.6	2922.5	2857.2	2791.9	2979.8	2937.5	2638	2647.01
德国	674.3	736.7	930.4	1021.3	1042.1	1136.1	1241.3	1346.5	1359.7	1402.2	1389	1116.33
意大利	720.8	904.9	1238.3	1417.2	1449.8	1492.8	1417.6	1342.4	1878.3	1978.7	1696	1412.44
瑞士	2715.7	3099.7	3431.8	3275.1	3078.1	3111.8	3331.6	3551.5	3405.6	3666.8	4421	3371.7
荷兰	1345.0	1296.1	1561.7	1936.60	1954.2	2071.6	2218.8	2366.0	2046.1	1511.5	1870	1834.35
日本	2806.4	2783.9	3002.9	3044.0	2956.3	2829.3	2848.9	2869.5	3138.7	3472.8	4138	3080.97
中国	12.2	19.5	25.1	27.3	30.5	34.1	52.9	71.7	81.1	105.8	99	50.81

续表

年份 国家	2001	2002	2003	2004	2005	2006	2007	2008	2009	2010	2011	均值
韩国	763.4	821.9	873.6	1006.8	1210.4	1480.0	1414.0	1347.7	1180.6	1454.3	1615	1197.08
印度	9.1	11.7	12.9	15.7	18.3	33.2	37.2	41.2	47.7	55.7	49	30.15

资料来源：根据《中国保险年鉴》各卷（2002—2012年）中世界保险业统计相关数据整理。

表6-15　2001—2011年中国与世界主要国家寿险业保险深度比较

单位：%

年份 国家	2001	2002	2003	2004	2005	2006	2007	2008	2009	2010	2011	均值
美国	4.4	4.6	4.4	4.2	4.1	4.0	4.0	4.1	3.5	3.5	3.6	4.04
巴西	0.4	1.1	1.3	1.4	1.3	1.3	1.4	1.4	1.6	1.6	1.7	1.32
英国	10.7	10.2	8.6	8.9	8.9	13.1	13.0	12.8	10.0	9.5	8.7	10.40
法国	5.7	5.6	6.0	6.4	7.0	7.9	7.0	6.2	7.2	7.4	6.2	6.60
德国	3.0	3.1	3.2	3.1	3.0	3.1	3.1	3.0	3.3	3.5	3.2	3.15
意大利	3.8	4.4	4.8	4.9	4.9	4.7	4.1	3.5	5.3	5.8	4.7	4.63
瑞士	8.0	8.4	7.7	6.7	6.2	6.2	6.0	5.5	5.4	5.5	5.5	6.46
荷兰	5.7	5.0	4.9	5.4	5.1	5.1	4.8	4.2	4.2	3.2	3.7	4.69
日本	8.9	8.6	8.6	8.3	8.3	8.3	8.0	7.6	9.9	8.0	8.8	8.48
中国	1.4	2.0	2.3	2.2	1.8	1.7	2.0	2.2	3.4	2.5	1.8	2.12
韩国	8.7	8.2	6.8	6.8	7.3	7.9	8.0	8.0	10.4	7.0	7.0	7.83
印度	2.2	2.6	2.3	2.5	2.5	4.1	4.1	4.0	5.2	4.4	3.4	3.39

资料来源：根据《中国保险年鉴》各卷（2002—2012年）中世界保险业统计相关数据整理。

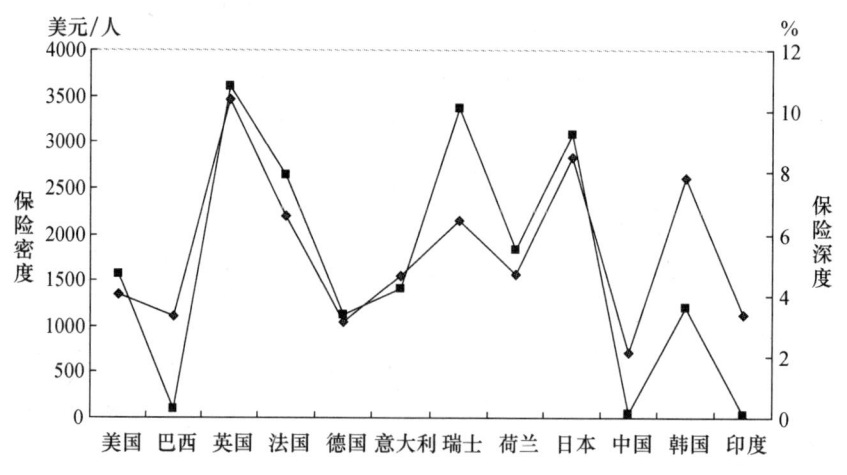

图6-6　2001—2011年中国和世界主要国家寿险业
年均保费密度和保险深度对比

二 中国与世界主要国家寿险业知名寿险公司经营绩效

（一）资产、保险收入、利润对比

表 6-16 给出了 2008—2013 年中国与世界主要国家寿险业知名寿险公司年均经营绩效对比一览表，图 6-7 反映了 2008—2013 年中国和世界主要国家知名寿险公司年均资产与保险收入对比情况。从中可以发现，在世界 31 家知名寿险公司中，我国有中国人寿保险公司、中国平安保险公司、中国太平洋保险公司三家。从 2008—2013 年年均资产规模对比看，中国这三家寿险公司的年均资产规模与发达国家知名寿险公司年均资产规模相比还较小，比世界知名的美国国际集团、大都会人寿、保德信金融集团、美国教师退休基金会、日本第一生命保险、日本邮政控股公司、英国保诚集团、安盛、法国国家人寿保险公司、荷兰国际集团、荷兰全球保险集团、意大利忠利保险公司、苏黎世保险集团等寿险公司年均资产规模小。2008—2013 年中国人寿、中国平安、中国太平洋的年均资产规模分别为 29406238 万美元、33791120 万美元、9791728 万美元，而年均资产排在第二位的荷兰国际集团为 164283223 万美元，分别是中国人寿、中国平安、中国太平洋的 5.59 倍、4.86 倍和 16.78 倍。

从 2008—2013 年年均保费收入对比看，中国人寿、中国平安、中国太平洋的年均保费收入比世界知名的美国国际集团、联合健康集团、大都会人寿、保德信金融集团、美国教师退休基金会、日本生命保险公司、日本邮政控股公司、英国保诚集团、英杰华集团、英国法通保险公司、安联保险集团、安盛、法国国家人寿保险公司、荷兰国际集团、荷兰全球保险集团、意大利忠利保险公司等寿险公司的年均保费收入低。中国人寿、中国平安、中国太平洋年均保费收入分别是 4901040 万美元、6758224 万美元、2447932 万美元，而排名第一的联合健康集团年均保费收入为 99574467 万美元，分别是中国人寿 20.32 的倍、中国平安的 14.73 倍、中国太平洋的 40.68 倍；排在第二位的日本邮政控股公司年均保费收入为 53702126 万美元，分别是中国人寿、中国平安、中国太平洋的 10.96 倍、7.95 倍和 21.94 倍；排名第三位的荷兰国际集团年均保费收入为 27380537 万美元，分别是中国人寿、中国平安、中国太平洋的 5.59 倍、4.05 倍和 11.19 倍。

表 6-16　　2008—2013 年中国与世界主要国家寿险业知名
　　　　　寿险公司年均经营绩效对比一览　　单位：百万美元、%

国家	公司名称	资产	保费收入	利润	资产利润率	保费利润率
美国	美国国际集团	635352.6	127070.52	5431.60	0.85	4.27
	联合健康集团	68096.50	995744.67	4621.00	6.79	4.64
	Wellpoint 公司	53540.70	63160.27	2985.93	5.58	4.73
	大都会人寿	715600.00	119266.67	2571.00	0.36	2.16
	安泰保险	40350.28	36271.85	1664.10	4.12	4.59
	保德信金融集团	588444.67	98074.11	1452.33	0.25	1.48
	美国纽约人寿保险公司	205855.43	34309.24	673.57	0.33	1.96
	美国教师退休基金会	420007.03	70001.17	628.73	0.15	0.90
	西北互助人寿保险公司	185262.03	30877.01	631.77	0.34	2.05
	美国家庭人寿保险公司	110929.64	22092.08	2365.80	2.13	10.71
日本	日本生命保险公司	559100.85	93183.48	2511.68	0.45	2.70
	日本第一生命保险	365724.97	60954.16	571.43	0.16	0.94
	日本邮政控股公司	3222127.57	537021.26	5241.07	0.16	0.98
	日本明治安田生命保险公司	314219.02	52369.84	1958.45	0.62	3.74
	住友生命保险公司	266016.80	44336.13	1234.30	0.46	2.78
英国	英国保诚集团	449092.78	89818.56	2247.78	0.50	2.50
	英杰华集团	520355.38	86725.90	133.14	0.03	0.15
	英国法通保险公司	531793.94	106358.79	1292.12	0.24	1.21
	英国标准人寿保险公司	266699.23	66674.81	708.50	0.27	1.06
	英国耆卫保险公司	258314.95	64578.74	498.78	0.19	0.77
德国	安联保险集团	955600.52	159266.75	4538.25	0.47	2.85
法国	安盛（AXA）	988241.02	164706.84	4550.40	0.46	2.76
	法国国家人寿保险公司	437217.58	72869.60	1276.40	0.29	1.75
荷兰	荷兰国际集团	1642832.23	273805.37	2835.41	0.17	1.04
	荷兰全球保险集团	458592.22	91718.44	1437.48	0.31	1.57
意大利	意大利忠利保险公司	576615.85	96102.64	1530.05	0.27	1.59
瑞士	苏黎世保险集团	380451.33	63408.56	3560.00	0.94	5.61
韩国	三星人寿保险	137847.02	27569.40	933.39	0.68	3.39
中国	中国人寿保险（集团）公司	294062.38	49010.40	1167.00	0.40	2.38
	中国平安保险（集团）股份有限公司	337911.20	67582.24	3071.80	0.91	4.55
	中国太平洋保险（集团）股份有限公司	97917.28	24479.32	1215.20	1.24	4.96

资料来源：根据财富中文网——2014 年世界 500 强排行榜中各寿险公司网站相关数据计算整理。

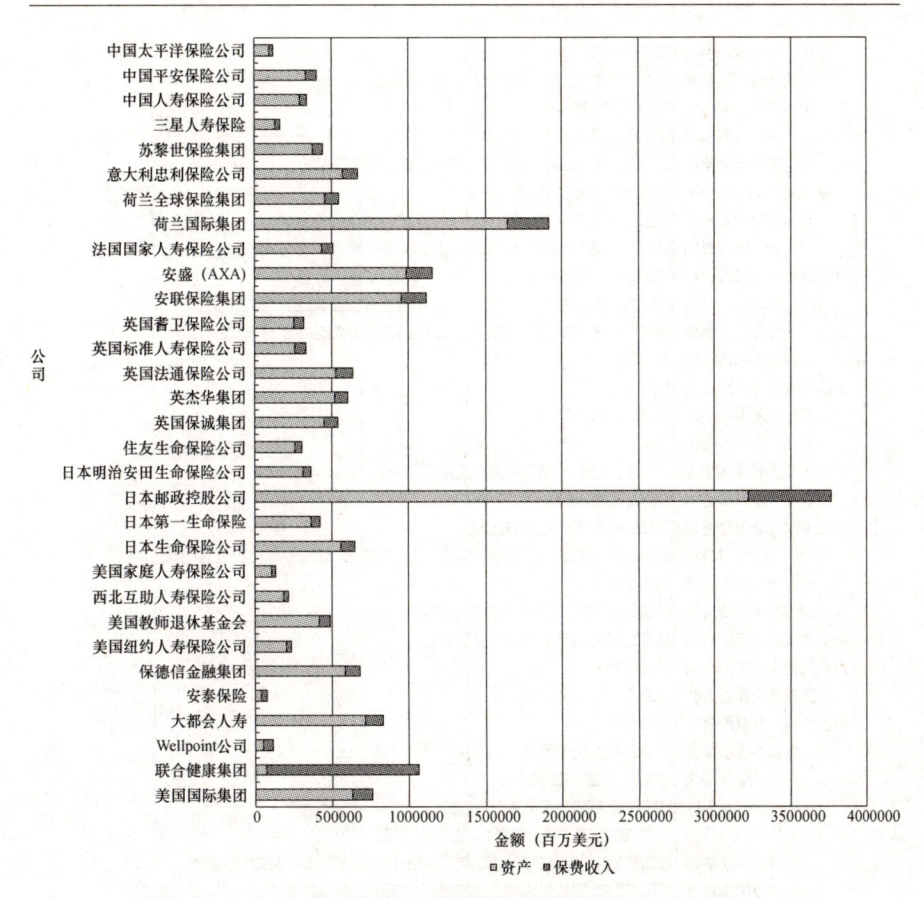

图 6-7　2008—2013 年中国和世界主要国家知名寿险
公司年均资产与保费收入对比

图 6-8 反映了 2008—2013 年中国和世界主要国家知名寿险公司年均利润对比情况。从 2008—2013 年知名寿险公司年均利润看，中国平安的年均利润低于美国国际集团、联合健康集团、日本邮政控股公司、安联保险集团、安盛和苏黎世保险集团的年均利润，而中国人寿、中国太平洋的年均利润除了比美国纽约人寿保险公司、美国教师退休基金会、西北互助人寿保险公司、日本第一生命保险、英杰华集团、英国标准人寿保险公司、英国耆卫保险公司、三星人寿保险的年均利润要高外，与其他 20 家世界知名寿险公司年均利润相比均要低。2008—2013 年中国人寿、中国平安、中国太平洋的年均利润分别为 116700 万美元、307180 万美元和 121520 万美元，而排名第一的美国国际集团年均利润为 543160 万美元，分别是中国人寿、中国平安、中国太平洋的 4.65 倍、1.77 倍和 4.47 倍。

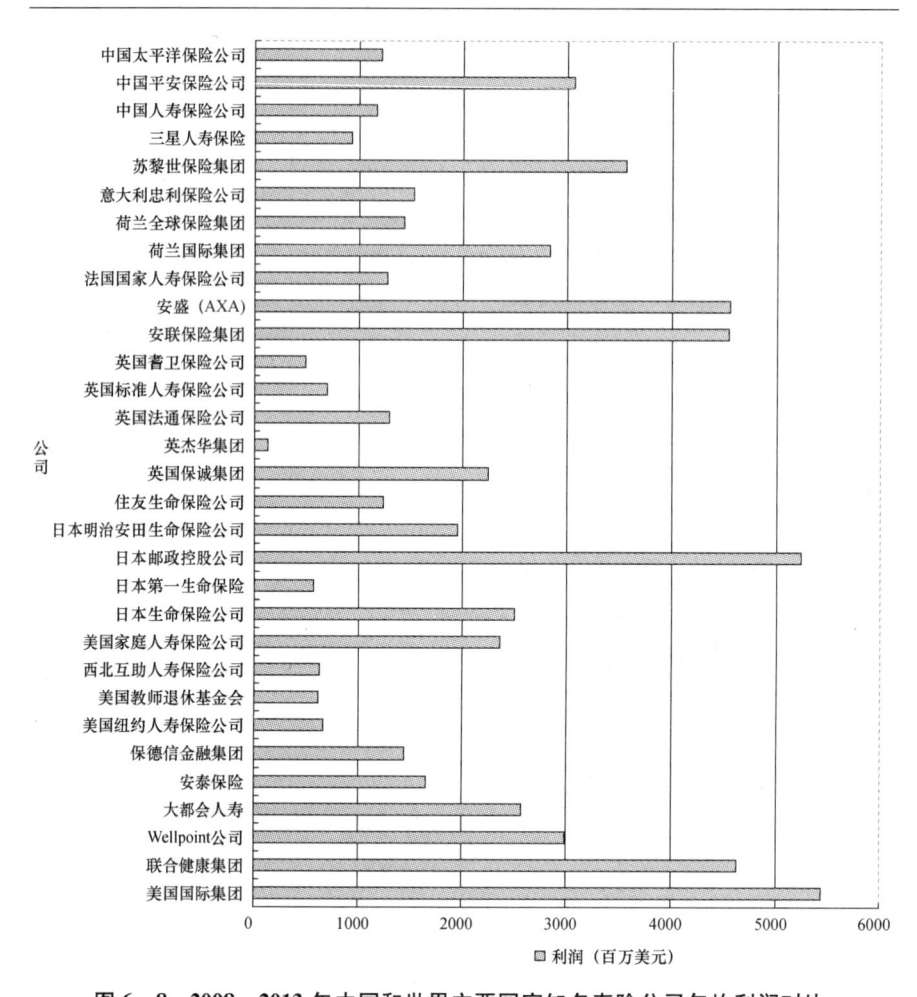

图6-8 2008—2013年中国和世界主要国家知名寿险公司年均利润对比

(二) 资产利润率和保费利润率对比

图6-9反映了2008—2013年中国和世界主要国家知名寿险公司年均资产利润率和保费利润率对比情况，从年均资产利润率看，2008—2013年，中国太平洋、中国平安的年均资产利润率为1.24%、0.91%，低于联合健康集团6.79%、Wellpoint公司5.58%、安泰保险4.12%、美国家庭人寿保险公司2.13%的年均资产利润率，中国人寿的年均资产利润率为0.40%，在31家世界知名寿险公司年均资产利润率排名中排第16位。年均资产利润率排名第一的联合健康集团分别是中国人寿、中国平安、中国太平洋的16.98倍、7.46倍和5.48倍，年均资产利润率排名第二的Wellpoint公司分别是中国人寿、中国平安、中国太平洋的13.95倍、6.13

倍和4.5倍,年均资产利润率排名第三的安泰保险分别是中国人寿、中国平安、中国太平洋的10.3倍、4.53倍和3.32倍。从年均保费利润率看,2008—2013年中国太平洋年均保费利润率为4.96%,低于美国家庭人寿保险公司10.71%、苏黎世保险集团5.61%的年均保费利润率,中国平安的年均保费利润率为4.55%,低于联合健康集团4.64%、Wellpoint公司4.73%、安泰保险4.59%的年均保费利润率,中国人寿的年均保费利润率为2.38%,在31家世界知名寿险公司年均保费利润率中排第16位。年均保费利润率排名第一的美国家庭人寿保险公司分别是中国人寿、中国平安、中国太平洋的4.5倍、2.35倍和2.16倍,年均保费利润率排名第二的苏黎世保险集团分别是中国人寿、中国平安、中国太平洋的2.36倍、1.23倍和1.13倍。

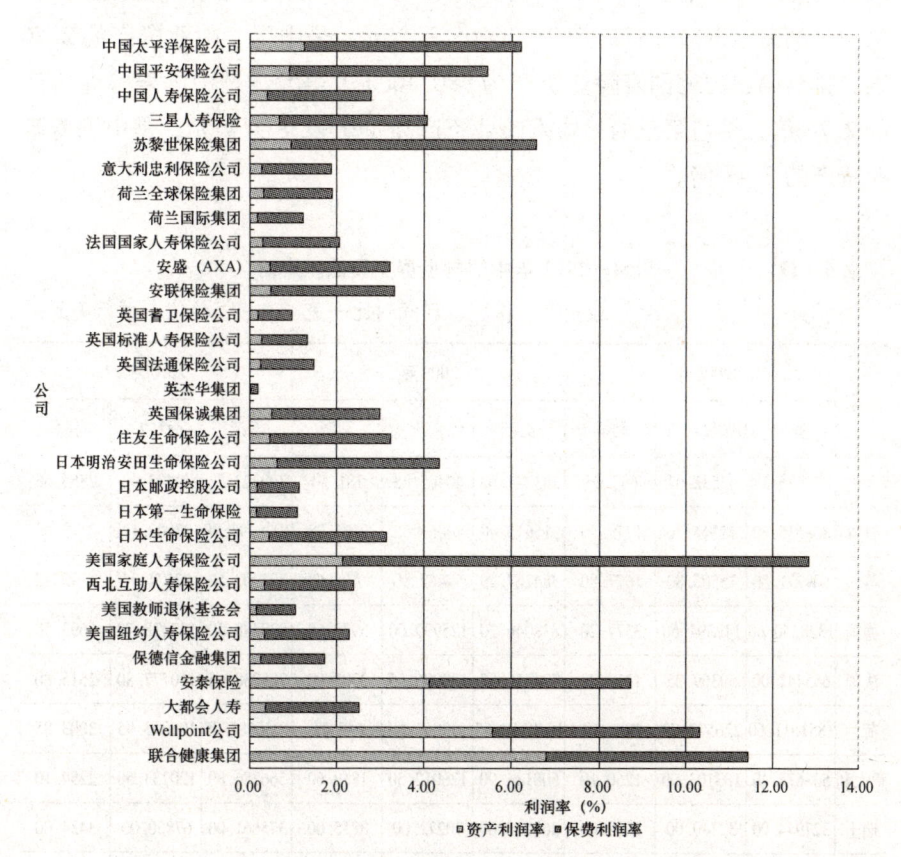

图6-9 2008—2013年中国和世界主要国家知名寿险公司年均资产利润率和保费利润率对比

三 中国与世界主要国家寿险业资产、利润、利润率

（一）寿险业资产、利润对比

表 6-17 给出了 2008—2013 年中国与世界主要国家寿险业资产、保费、利润对比一览表，图 6-10 反映了 2008—2013 年中国与世界主要国家寿险业资产变化情况。从中可以发现，从 2008—2013 年寿险业资产对比看，近 6 年中国寿险业资产仅比韩国寿险资产高，整体上低于日本、德国、法国、荷兰、意大利、瑞士寿险业资产，与英国相比除 2012 年外，其余年份中国寿险业资产均低于英国寿险业资产，与美国相比，除 2013 年外，其余年份美国寿险业资产均高于中国寿险业资产。以 2013 年为例，在美国、日本、英国、德国、法国、荷兰、意大利、瑞士、韩国、中国 10 个国家中，中国寿险业资产为 35739843 万美元，排在第 8 位，而排在第一名的荷兰寿险业资产为 98536605 万美元，是中国寿险业资产的 2.76 倍，排名第二的德国寿险业资产为 98034600 万美元，是中国寿险业资产的 2.74 倍，排名第三的日本寿险业资产为 87009138 万美元，是中国寿险业资产的 2.43 倍。

表 6-17　　　　2008—2013 年中国与世界主要国家寿险业资产、保费、利润对比一览　　　单位：百万美元

国家	2008 年			2009 年			2010 年		
	资产	保费收入	利润	资产	保费收入	利润	资产	保费收入	利润
美国	220676.58	42532.61	647.05	283947.60	46405.45	181.50	300322.73	49403.92	2865.66
日本	868635.62	78344.70	1772.70	915615.40	84061.58	2163.08	1028395.98	87009.12	2143.44
英国	509771.50	35505.80	1677.80	384267.20	59462.90	778.82	407902.52	57574.44	1193.72
德国	1328250.60	142394.60	3577.20	838046.20	125999.00	5972.60	838488.50	127378.70	6692.50
法国	655441.00	59369.25	1210.20	724716.85	120906.55	3203.90	705238.65	110777.80	2515.80
荷兰	1851011.60	226577.00	1851.01	1049110.65	113855.70	643.11	1056687.05	106093.95	3003.85
意大利	533674.40	103103.00	1260.10	608134.90	126012.50	1819.60	566786.80	120233.50	2254.10
瑞士	327944.00	32349.00	3039.00	368914.00	70272.00	3215.00	375661.00	67850.00	3434.00
韩国	87957.10	24419.50	527.76	117716.80	25805.00	749.60	133449.10	28773.20	1674.10
中国	188275.10	54534.00	473.00	182390.35	39696.45	2578.55	269514.60	64634.50	3505.40

续表

国家	2011年			2012年			2013年		
	资产	保费收入	利润	资产	保费收入	利润	资产	保费收入	利润
美国	307851.67	50327.30	4377.42	328409.38	54991.62	2211.26	342362.47	54035.35	2882.28
日本	1046483.90	96962.44	2549.91	943404.76	89727.24	2860.42	870091.38	72586.76	2330.76
英国	472856.70	49882.47	1346.08	49275.58	56054.78	527.08	428210.90	53549.54	1693.78
德国	832823.00	134167.50	3538.70	915648.80	130774.60	6642.80	980346.00	134636.10	7960.10
法国	682318.60	97116.45	3612.30	734938.75	105253.10	3279.30	773721.95	111241.90	3658.90
荷兰	1051075.65	97383.80	3899.50	1007232.05	94511.55	3077.85	985366.05	89294.45	3687.35
意大利	549255.10	112627.60	1190.40	582307.90	113794.20	113.79	619536.00	115224.40	2542.30
瑞士	385869.00	52983.00	3766.00	409267.00	70714.00	3878.00	415053.00	72045.00	4028.00
韩国	150352.80	28013.10	1278.50	167256.50	27253.00	882.90	182855.60	26167.40	832.60
中国	254934.17	44604.43	1782.17	312041.80	51535.57	746.10	357398.43	60276.90	2226.70

资料来源：根据财富中文网——2014年世界500强排行榜中各寿险公司网站相关数据计算整理。

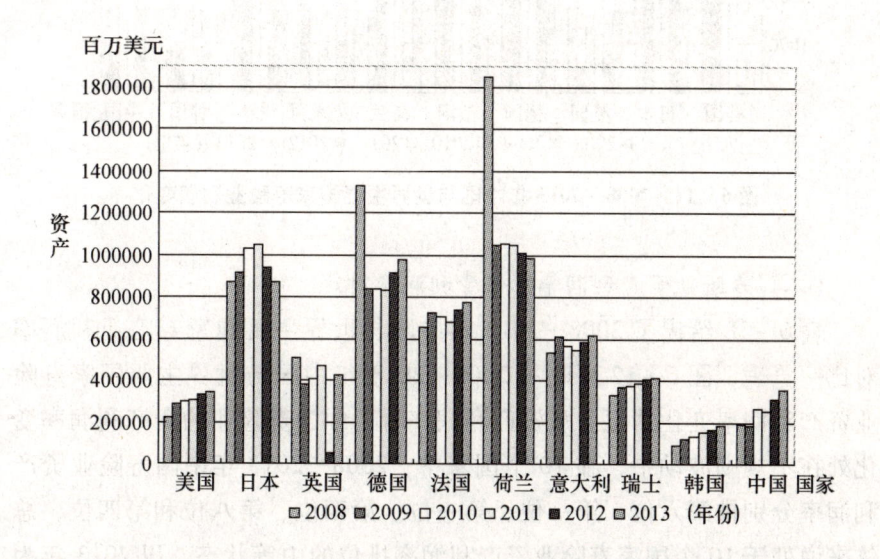

图6-10 2008—2013年中国与世界主要国家寿险业资产变化

图6-11反映了2008—2013年中国与世界主要国家寿险业利润变化

情况。从 2008—2013 年寿险业利润对比看，在美国、日本、英国、德国、法国、荷兰、意大利、瑞士、韩国、中国 10 个国家中，从 2008—2013 年六年中，中国寿险业利润分别排在第 10 位、第 4 位、第 2 位、第 7 位、第 8 位、第 8 位。以 2013 年为例，中国寿险业利润为 222670 万美元，仅高于英国寿险利润 169378 万美元和韩国寿险业利润 83260 万美元，而排名第一的德国、排名第二的瑞士、排名第三的荷兰寿险业利润分别为 796010 万美元、402800 万美元和 368735 万美元，分别是中国寿险业利润的 3.57 倍、1.81 倍和 1.66 倍。

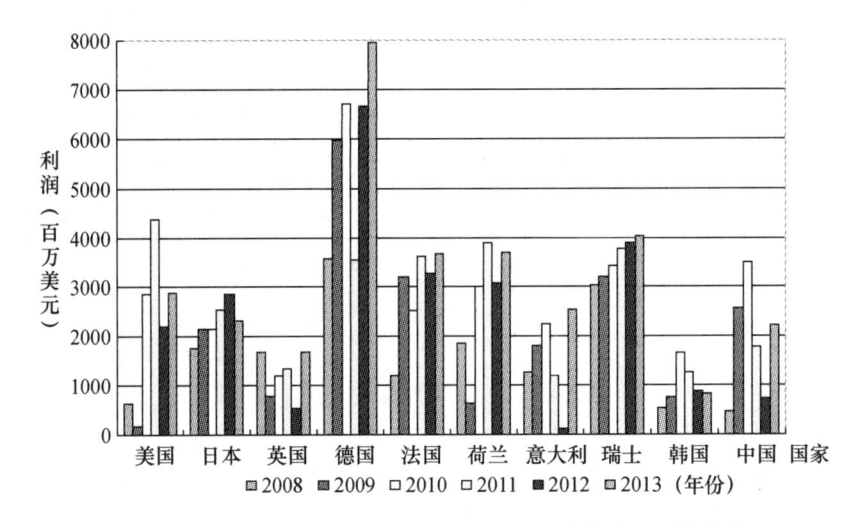

图 6-11　2008—2013 年中国与世界主要国家寿险业利润变化

（二）寿险业资产利润率、保费利润率对比

表 6-18 给出了 2008—2013 年中国与世界主要国家寿险业利润率对比一览表，图 6-12 反映了 2008—2013 年中国与世界主要国家寿险业资产利润率变化情况。从资产利润率看，中国寿险业的资产利润率变化处在不规则波动中，在 10 个国家中，2008—2013 年中国寿险业资产利润率分别排第六位、第一位、第一位、第四位、第八位和第四位，总体来说处于 10 个国家寿险业资产利润率排位的中等状态。以 2013 年为例，排前 3 位的瑞士、美国、德国资产利润率为 0.97%、0.84% 和 0.81%，分别是中国寿险业资产利润率 0.62% 的 1.56 倍、1.35 倍和 1.31 倍。

表 6-18 2008—2013 年中国与世界主要国家寿险业利润率对比一览

单位:%

国家	2008 年		2009 年		2010 年	
	资产利润率	保费利润率	资产利润率	保费利润率	资产利润率	保费利润率
美国	0.29	1.52	0.06	0.39	0.95	5.80
日本	0.20	2.26	0.24	2.57	0.21	2.46
英国	0.33	4.73	0.20	1.31	0.29	2.07
德国	0.27	2.51	0.71	4.74	0.80	5.25
法国	0.18	2.04	0.44	2.65	0.36	2.27
荷兰	0.10	0.82	0.06	0.56	0.28	2.83
意大利	0.24	1.22	0.30	1.44	0.40	1.87
瑞士	0.93	9.39	0.87	4.58	0.91	5.06
韩国	0.60	2.16	0.64	2.90	1.25	5.82
中国	0.25	0.87	1.41	6.50	1.30	5.42
国家	2011 年		2012 年		2013 年	
	资产利润率	保费利润率	资产利润率	保费利润率	资产利润率	保费利润率
美国	1.42	8.70	0.67	4.02	0.84	5.33
日本	0.24	2.63	0.30	3.19	0.27	3.21
英国	0.28	2.70	1.07	0.94	0.40	3.16
德国	0.42	2.64	0.73	5.08	0.81	5.91
法国	0.53	3.72	0.45	3.12	0.47	3.29
荷兰	0.37	4.00	0.31	3.26	0.37	4.13
意大利	0.22	1.06	0.02	0.10	0.41	2.21
瑞士	0.98	7.11	0.95	5.48	0.97	5.59
韩国	0.85	4.56	0.53	3.24	0.46	3.18
中国	0.70	4.00	0.24	1.45	0.62	3.69

资料来源:根据财富中文网——2014 年世界 500 强排行榜中各寿险公司网站相关数据计算整理。

图 6-13 反映了 2008—2013 年中国与世界主要国家寿险业保费利润率变化情况。从保费利润率看,在美国、日本、英国、德国、法国、荷兰、意大利、瑞士、韩国、中国 10 个国家中,从 2008—2013 年,中国寿险业保费利润率分别排在第九位、第一位、第三位、第五位、第八位和第

%
1.50

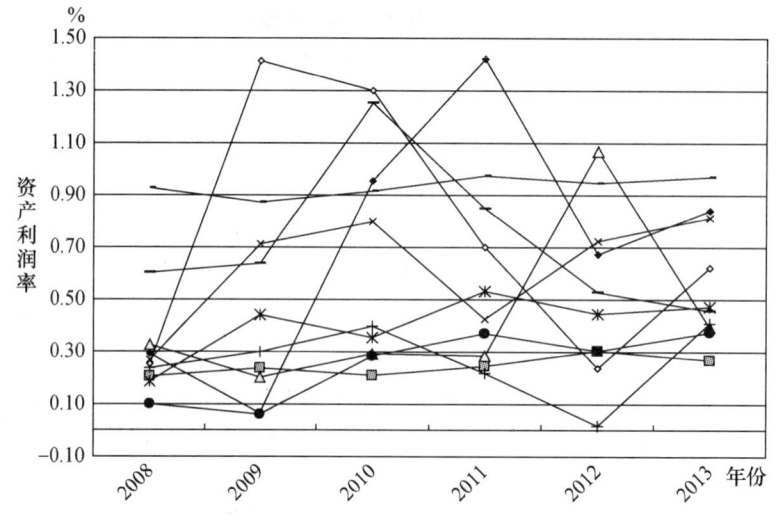

资产利润率

图 6-12 2008—2013 年中国与世界主要国家寿险业资产利润率变化

五位,总体看,中国寿险业保费利润率在 10 个国家中排位处在中等状态。以 2013 年为例,中国寿险业保费利润率为 3.69%,排前 3 位的德国、瑞士、美国寿险业保费利润率分别为 5.91%、5.59% 和 5.33%,分别是中国寿险业保费利润率的 1.60 倍、1.51 倍和 1.44 倍。

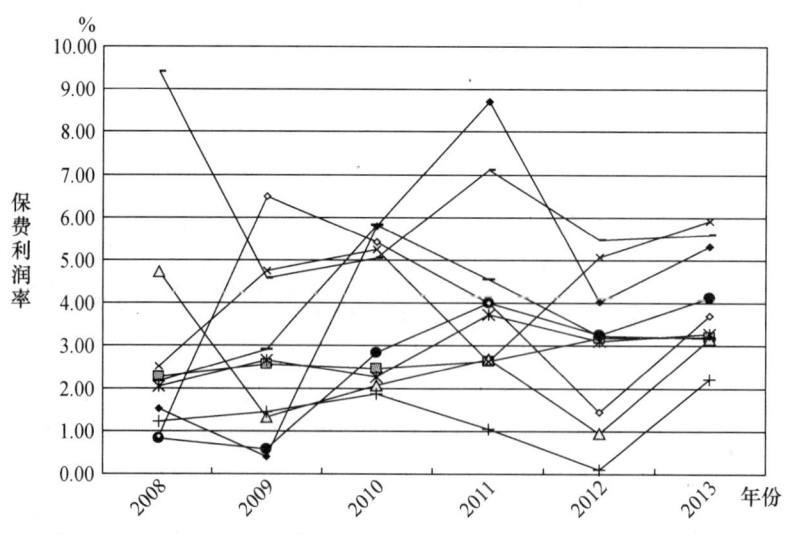

图 6-13 2008—2013 年中国与世界主要国家寿险业保费利润率变化

第四节 本章小结

首先以衡量人寿保险行业市场绩效的相关财务指标入手来综合考察我国主要人寿保险公司的盈利能力、偿付能力和稳健发展能力。运用承保利润率、投资收益率、保费利润率、资产利润率分析人寿保险行业的盈利能力，通过资产负债率、退保率、赔付率分析人寿保险行业的偿付能力，通过保费增长率、费用率分析人寿保险行业的稳健发展能力。发现我国人寿保险业寿险公司利润率较低，整体盈利能力低下，退保率较高，赔付率低，偿付能力不足，费用率高影响稳健发展。本章第二节运用数据包络分析（DEA）方法对中国寿险市场2002—2011年30家主体寿险公司经营绩效进行实证研究，可以得出，中资寿险公司经营绩效DEA相对有效性与人寿保险公司规模呈一定正相关关系；中外合资、外资寿险公司经营绩效DEA有效性低于中资寿险公司经营绩效有效性；我国人寿保险业保险公司经营绩效与国民经济发展、人寿保险业宏观管理政策有较强呈相关性。我国人寿保险公司要提升经营绩效，不能仅仅以业务规模和市场份额为中心，注重保费增长和人力扩张的发展模式，而应走提高质量和效益的内涵式经营模式，提升产品设计能力，加强市场研究和开发，挖掘客户需求，加强内部控制，合理配置资源，提高经营管理水平。进而第三节从比较视角对国内外人寿保险业市场绩效进行分析，对2001—2011年中国与世界主要国家寿险业的保费收入、保险密度、保险深度进行了对比，对2008—2013年中国与世界主要国家寿险业知名寿险公司资产、保费收入、利润、资产利润率、保费利润率进行了比较，并对2008—2013年中国与世界主要国家寿险业资产、保费、利润以及利润率进行了分析。

第七章 人寿保险市场结构、效率与绩效相关性

第一节 理论机理与研究假设

随着我国寿险市场集中度的不断下降，寿险公司发展方式也出现显著转变。2000年之前，中国人民保险公司基本垄断我国保险市场，市场进入壁垒高，政府管制明显，其他成立初期保险公司无论是资金还是技术都缺乏，再加上保险产品严重同质，导致竞争行为出现扭曲。进入21世纪以后，寿险公司进入市场较为自由，各寿险公司发展逐步加快，规模和势力显著增强；同时，政府监管重心逐步向风险防范监管转变，推动各寿险公司关注险种开发、价格厘定和服务质量提升，市场竞争结构发生巨大变化。

市场结构变化对寿险公司经营行为产生了较强的影响，寿险公司需通过更为激烈的竞争，更具优势的产品、更成熟的服务和更高的经营效率才能取得竞争优势；虽然公司的经营水平在不断提升，但也导致其经营成本增加，最终影响到经营绩效，不少学者开始利用SCP假说对我国保险市场发展进行理论解释。[126]本章着重研究寿险行业的市场结构、效率和市场绩效之间的关系，以期为我国寿险公司发展提出有价值的建议，提高寿险业的市场绩效和产业竞争力。

一 理论机理

市场结构与市场绩效之间的关系是产业组织理论的核心，由Mason（1939）最早提出，认为外在条件决定市场结构，进而影响企业行为及其绩效。[156]市场结构—市场行为—市场绩效是SCP理论的基本思路，其中市场结构是企业数量、规模、份额的关系及竞争方式，市场行为指企业的

价格、产品和竞争等策略，市场绩效则是企业最终形成的经济成果。围绕市场结构与市场绩效之间的关系，目前主要有共谋与效率结构两种假说。

（一）共谋假说

共谋假说认为市场结构决定企业行为，而企业行为最终决定企业绩效，提出行业中集中度与利润率之间存在正相关关系。这种假说认为企业经营中存在着规模经济，市场集中度越高，企业利润越高；市场集中度高说明市场中存在规模和占有率高的大企业，其规模经济优势可获取更多利润；大企业凭借其市场操控能力可通过降低共谋成本以获取垄断利润。如贝恩（1951）发现与较不集中产业7.15%的收益率相比，较集中产业的收益率为11.18%，提出在高集中率和高进入壁垒产业中，利润应比较高的假说；Mann（1966）发现进入壁垒越高的产业，获取的利润也越高。

共谋假说包括传统SCP假说和相对市场力量假说，（Relative - Market - Power Hypothesis, RMP）两种理论，这两种理论都认为市场结构、行为和绩效间存在因果关系。按照SCP假说，在市场集中度较高的市场中寿险公司可通过设置不利于投保人的费率等形式获得垄断利润，如Stigler（1964）认为市场集中度越高，则公司串谋行为的程度越高，而串谋程度会决定市场绩效。[157] RMP假说则认为寿险公司只有推出更具有特色和差异化的产品，才能通过其市场力量获取更高的利润。

（二）效率结构假说

相比共谋假说，效率结构假说，（Efficiency Structure Hypothesis, ES）主要从效率层面研究绩效与市场结构的关系，认为市场结构由企业效率决定，公司超额利润和高度集中的市场结构源于某些公司经营效率提高，而不是企业间的共谋行为。相关学者如Demsetz（1973）[158]、Peltzman（1977）[159]认为高效率企业具有更高水平的管理或技术，故成本更低而利润更高，从而获得更强的市场竞争力和更大的市场份额，最终导致更高的市场集中度。

效率结构假说强调绩效是市场结构的原因而非结果，企业效率水平决定其绩效水平与市场结构，包括成本效率结构假说（ESC）和规模效率（ESS）假说两种。其中，ESC假说认为具有较高管理水平的寿险公司可通过较低成本获得更高利润，从而获得更多市场份额，并由此形成较高的市场集中度。而ESS假说则认为管理水平和技术不是关键，低成本和高利润都源于某些寿险公司的规模效率。

（三）效率、市场结构与绩效关系相关研究

国外对保险市场结构与市场绩效的关系检验结果并不一致。Demsetz（1973）和 Peltzman（1974）最早将效率与市场结构和绩效联系起来，分析公司成本效率、收入效率、市场结构及绩效之间的关系。[160] Chidambaran（1997）等的实证发现，保险市场集中度是由于企业间价格共谋而非效率差异，支持 SCP 假说。[161] Bajtelsmit 和 Bouzouita（1998）实证结果发现市场集中度高的州保险公司利润也高，也支持 SCP 假说[162]；Choi 和 Wesis（2005）发现财险公司的绩效和市场结构关系不符合 SCP 假说。[163] Carroll 指出企业效率和市场结构间相关性较弱，不完全支持市场力量假说和效率结构假说。

在国内，学者的实证研究主要运用多元回归模型，市场绩效指标大多采用资本收益率和资产收益率，市场结构变量多为市场份额和 CR 指数，从具体的结论看我国寿险市场是否支持 SCP 范式尚未形成定论。陈璐（2006）认为我国保险市场存在 SCP 假说，提出要引入竞争机制增加效率企业数量。[37] 赵旭（2003）[36]、黄薇（2005）[164]、刘江峰、王虹（2005）[114]等指出共谋假说与有效结构假说在我国保险业行业并不存在。孙峰（2005）研究认为，我国保险市场 SCP 假说和有效结构假说都不成立[120]。曹乾（2006）研究发现我国保险市场不符合 SCP 假说，效率是决定企业绩效的关键。[165] 胡颖和叶羽钢（2007）认为产险市场符合相对市场力量假说，而传统 SCP 假说和效率结构假说均不成立。[166] 邵全权（2010）利用省级面板数据，实证研究寿险业市场结构的形成机制和影响因素。[167]

二　研究假设

综上可以发现，寿险行业的市场结构、经营效率和绩效之间存在复杂的关系。市场绩效是市场结构和经营效率作用的结果，而市场绩效本身也会影响企业的市场份额，进而影响市场结构；同时，经营效率也可能会影响到市场绩效，进而影响到市场份额和市场结构。因此，本章将在 Berger 模型基础上建立模型进行分析，并对各种可能的关系都进行检验，故结合相关理论建立如下的假设：

（一）市场结构与效率对绩效影响的假设

按照传统的 SCP 理论，市场结构影响企业绩效。我国四大保险公司占了很大的市场份额，且国内不少研究也发现我国寿险业市场集中度很高，属于寡头垄断型市场结构，故可能符合共谋假说理论中的传统 SCP 假说或相对市场力量假说。据此，提出如下的假设：

H11a：市场集中度对寿险公司绩效水平具有显著的正向影响。

H11b：寿险公司市场份额对寿险公司绩效水平具有显著的正向影响。

Sheperd（1986）提出了修正的效率结构假说，认为绩效的变化应由效率和市场份额的影响来解释，因为市场份额含有与效率无关的因素，如市场势力或产品差异。据此，提出如下假设：

H12a：寿险公司纯技术效率对寿险公司绩效水平具有显著的正向影响。

H12b：寿险公司规模效率对寿险公司绩效水平具有显著的正向影响。

综合以上分析，市场结构和公司效率可能都是公司绩效的重要影响因素，按照效率结构理论，这种影响是正向的。据此，可以提出以下假设：

H13：市场结构和企业效率都对寿险公司绩效水平具有显著的正向影响。

（二）经营效率与市场结构之间关系的假设

根据效率结构假说，寿险市场的高集中度和部分寿险公司的高绩效均源于公司的高技术效率，因此要支持高效率寿险公司提升市场占有率[168]；寿险公司的市场份额也可能是由于其高技术效率或规模效率。[117] 据此，提出以下假设：

H21a：寿险公司纯技术效率对市场结构具有显著的正向影响。

H21b：寿险公司规模效率对市场结构具有显著的正向影响。

而按照共谋假说，寿险公司的超额利润来自其垄断能力，市场集中度过高会降低企业的效率，故需控制市场集中度。不少研究也发现市场集中度与规模效率多为正相关关系，而与技术效率则多为负相关关系。[124] 据此，提出如下假设：

H22a：市场集中度对寿险公司经营效率具有显著的负向影响。

H22b：寿险公司市场份额对寿险公司经营效率具有显著的负向影响。

第二节 模型构建

为更全面地分析寿险行业市场结构、企业效率和绩效的关系，本节将对产业组织理论的 SCP、RMP、ESC 和 ESS 四种理论都进行实证检验。同时，为了更为全面地进行分析，还检验了市场结构对企业绩效的影响，企业效率对企业绩效的影响，以及市场结构和企业效率之间的关系。

一 市场结构与效率对绩效的单独影响

为研究市场结构对企业绩效的单独影响，以资产利润率为因变量，以市场集中度、市场份额和控制变量为自变量，建立模型1，如式（7-1）所示。

$$RA = \beta_0 + \beta_1 HHI + \beta_2 MS + \beta_3 Z + e \qquad (7-1)$$

式（7-1）中，RA 表示绩效指标资产利润率；HHI 为市场集中度，MS 代表寿险企业的市场份额，Z 为控制变量，e 为误差，β_i 为各变量系数。若 $\beta_1 > 0$ 且 $\beta_2 = 0$，则支持传统的 SCP 假设，即公司市场份额不会显著影响利润，此时的超额利润是共谋导致的。若 $\beta_2 > 0$ 且 $\beta_1 = 0$，则支持 RMP 假设，即影响公司效率主要是自身的市场份额，额外利润来自公司市场份额的不断增长。

为了研究寿险公司效率因素对绩效的单独影响，以寿险公司纯技术效率和规模效率为自变量，以资产利润率作为因变量，可以建立模型2，如式（7-2）所示。

$$RA = \beta_0 + \beta_1 PTE + \beta_2 SE + \beta_3 Z + e \qquad (7-2)$$

式（7-2）中，PTE 为纯技术效率，表示寿险企业的管理能力和技术水平；SE 为规模效率，表示寿险企业的规模经济程度；其他变量同式（7-1），不再赘述。若 $\beta_1 > 0$ 且 $\beta_2 = 0$ 支持 ESC 假设，即额外利润来自公司的更高效率。如果 $\beta_2 > 0$ 且 $\beta_1 = 0$ 则支持 ESS 假设，即纯技术效率无法显著影响利润，此时利润主要是企业规模因素的结果。

二 市场结构与效率对绩效的综合影响

为了进一步针对寿险业市场结构、效率与市场绩效之间的综合关系进行研究，以 Berger 和 Hanan（1993）[169]的模型为基础，借鉴相关的研究文献进行调整，以资产利润率作为因变量，以寿险公司纯技术效率和规模效率及市场集中度和市场份额为自变量，并考虑控制变量的影响，构建模型3，如式（7-3）所示，以检验结构—行为—绩效假说（SCP）、相对市场力量假说（RMP）、成本效率结构假说（ESC）和规模效率结构假说（ESS）是否成立。

$$RA = \beta_0 + \beta_1 HHI + \beta_2 MS + \beta_3 PTE + \beta_4 SE + \beta_5 Z + e \qquad (7-3)$$

式（7-3）中相关变量同式（7-1）和式（7-2），不再赘述。综上，可将市场结构、企业效率与绩效间关系归纳如下：若 $\beta_1 > 0$，则表示市场集中度和绩效呈正相关关系，传统 SCP 假说成立；若 $\beta_2 > 0$，表示绩效和市场份额呈正相关关系，RMP 假说成立；若 $\beta_3 > 0$，表示纯技术效率高的寿险企业可实现更低成本和更高收益，ESC 假说成立；若 $\beta_4 > 0$，即使技术和管理水平一样，不同规模效率的寿险企业也可能导致不同的绩效水平，更具有规模效率的企业成本更低，利润更高，寿险企业往往由于成本规模经济需要而进行合并，此时 ESS 假说成立。[37]

三　经营效率与市场结构的关系模型

根据效率结构理论，高效率寿险企业具有更高的管理水平和运营能力，可实现更低的成本和更高的利润，从而获取更大市场份额，导致较高的市场集中度，故效率和市场结构之间呈正相关关系。因此，以市场结构为因变量，以效率变量作为解释变量建立模型4，如式（7-4）所示。

$$M = \alpha + \beta_1 PTE + \beta_2 SE + \beta_3 Z + e \qquad (7-4)$$

式（7-4）中，M 表示市场结构，包括市场集中度和市场份额，其他相关变量同式（7-1）和式（7-2），不再赘述。

同时，市场结构也会直接影响到企业的经营效率，市场地位的稳固可能会影响企业的竞争能力，如有市场影响力的企业可能会具有相对偏低的经营效率，而集中和市场份额增长是导致其低效率的根源；特别是在市场集中度偏高的行业中，可能会导致由于管理水平而引起的运作低效率。因此，以市场结构为解释变量，建立模型5，如式（7-5）所示。

$$TE = \beta_0 + \beta_1 HHI + \beta_2 MS + \beta_3 Z + e \qquad (7-5)$$

式（7-5）中，TE 表示公司效率，包括纯技术效率和规模效率，其他相关变量同式（7-1）和式（7-2），不再赘述。

第三节 实证研究设计

一 变量选择

(一) 被解释变量 (因变量)

由于寿险公司是自主经营、自负盈亏的经济实体,盈利是其生存和发展的基础,因此针对寿险公司经营绩效,本节采用资产利润率(RA),即寿险企业的总利润与资产总额的百分比来表示,它反映了资产的获利能力。

(二) 解释变量 (自变量)

模型中的解释变量包括市场结构变量和效率变量,分别为集中度和市场份额及纯技术效率与规模效率。

市场结构变量:主要包括市场集中度和市场份额。测度市场结构最基本的指标是市场集中度指数 CR_n 和赫芬达尔指数 HHI,但 CR_n 指数未考虑市场企业数量,而 HHI 还可反映市场规模差异性和市场上企业规模的分布情况,故本节采用各寿险公司的保费收入计算的 HHI 指数表示保险业的集中度,计算公式为 $H = \sum_{i=1}^{N} S_i^2$,其中 S_i 为企业 i 的市场份额。[①] 由于保费收入是体现寿险公司市场竞争力的重要指标,故以各寿险企业的保费收入为基础计算市场占有率代表寿险公司的市场份额(MS)。

效率变量:直接采用第五章通过三阶段 DEA 方法计算的 2002—2011 年样本寿险公司的技术效率(TE)、纯技术效率(PTE)和规模效率(SE)的结果。由于此计算过程在第五章已经详细进行,此处不再赘述。

(三) 控制变量

参考相关的研究,本节选择的控制变量包括寿险公司成立年数、分公司数目、公司所有权类别、年度、资产规模、费用率、赔付率、员工素质。成立时间的长短,按照成立年限到数据统计年限进行计算,考察成立时间长短是否会影响保险业的绩效;分公司数目以统计数据当年的分公司

---

① 国内学者夏大慰[170]认为 H 在 0.18 以上是高集中度市场,0.1 以下为较低集中度市场,介于 0.1 和 0.18 之间为适度集中度市场。

数目为准，是各人寿保险公司一级（省级）分公司数量；所有权类别中，中资公司取1，外资公司（合资）取0；由于数据分年度，为了区分不同年度的影响，故设置了年度虚拟变量，每个年度设计虚拟变量共计10个；资产规模（AS）用当年寿险公司资产总额表示；费用率（ER）是寿险公司全年总的成本费用占保费收入的比重，反映公司盈利能力；赔付率（LR）是寿险公司根据合同赔付的保险金与保费收入的比重；员工素质用拥有本科及以上学历的员工人数占公司全体员工人数的比例（如表7-1所示）：

表7-1　　　　　　　　　　模型变量

指标类型	指标名称	计算方法
因变量	资产回报率（RA）	寿险公司年度利润总额除以总资产
自变量	市场集中度（HHI）	利用当年所有寿险公司市场份额平方和计算
	市场份额（MS）	寿险公司年度保费收入占寿险业保费收入的比重
	纯技术效率（PTE）	第五章三阶段DEA计算
	规模效率（SE）	第五章三阶段DEA计算
控制变量	成立年数（TIME）	成立到数据统计年度截止的存续时间
	分公司数目（NUM）	各人寿保险公司一级（省级）分公司数量
	公司所有权类别（OWNC）	虚拟变量，1代表中资寿险公司，0代表外资（合资）公司
	年度（YEAR）	构建年度虚拟变量
	资产规模（LNAS）	当年寿险公司资产总额的对数
	员工素质（QS）	拥有本科及以上学历的员工占公司全体人数的比例
	费用率（ER）	全年总的成本费用占保费收入的比重
	赔付率（LR）	全年赔付出去的保险金总额与保费收入的比重

二　样本选择与数据来源

考虑到研究的连续性和一贯性，在样本公司的选取上同第五章保持一致，选取原则和方法与第五章一致，不再赘述；数据的收集中，除了效率数据来自第五章的计算结果外，寿险公司2002—2011年的年度其他数据均来源于《中国保险年鉴》，部分数据为计算所得。

三　研究方法

计算数据主要来源于中国保险年鉴（2003—2012年），并根据模型计算需要对各寿险公司的相关数据进行了相应的整理。由于截面有 30 个，而时间只有 10 年，故在进行回归分析中未进行面板数据分析，引入年度的虚拟变量，进行逐步回归分析，增加样本观测值的数量，以提高精确度。利用第五章经过三阶段 DEA 计算得到的纯技术效率、规模效率值作为效率变量，结合收集到的其他数据，采用 STATA 计量软件，逐步引入市场集中度、市场份额、寿险公司纯技术效率、规模效率等自变量进行回归分析。

第四节 实证结果分析

一 描述性统计分析

根据变量的具体情况，对所有样本进行描述性统计的结果如表 7-2 所示。从数据中可以发现，整体上来说，寿险公司的市场绩效不够好，资产利润率的均值为负值。市场集中度的均值达到 25.8%，属于高度垄断的市场；纯技术效率均值达到 0.9 以上，比较高，但是规模效率值只有 0.58，比较低。公司成立时间的均值为 9，成立时间不长。公司的费用率和赔付率的均值都比较高，说明企业的盈利能力不高。员工的素质能力均值只有 41%，说明员工素质比较低。

表 7-2   主要变量的描述性统计

Variable	Obs	Mean	Std. Dev.	Min	Max
RA	252	-3.8079	8.10057	-38.4115	57.9517
HHI	252	25.8041	7.8083	14.4128	38.3849
MS	251	3.730259	9.704603	0	56.3458
PTE	252	0.929778	0.112284	0.264	1
SE	252	0.586595	0.347053	0	1
TIME	252	9.134921	10.92703	0	62
NUM	251	13.251	12.04976	1	36
LNAS	252	8.959048	2.173175	4.92	14.49
ER	251	278.5289	2112.86	1.07	26800
LR	251	17.33386	16.29612	0	102.45
QS	252	41.18413	17.03225	5.14	96.49

根据数据可以得到我国 2002—2011 年的市场集中度变化图（见图 7 - 1）。可以发现，虽然整体来说我国寿险市场的集中度在逐年地下降，已经从 2002 年的近 0.4 下降到 2011 年的 0.18，但是按照 HHI 的市场集中度分类标准，仍然处于高集中度阶段，市场竞争面临诸多的障碍，因此构建完善的寿险市场竞争规则依然任务艰巨。

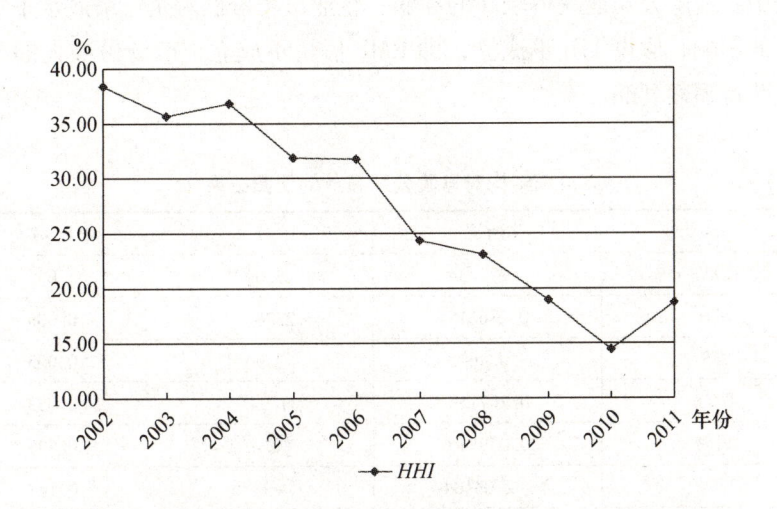

图 7 - 1 我国寿险公司 2002—2011 年的市场集中度变化

二 市场结构对寿险公司绩效影响的检验

根据模型 1，不考虑效率因素，只以市场结构指标为自变量进行回归分析，以检验市场集中度、市场份额对公司绩效的影响，结果如表 7 - 3 所示。

从结果来看，方程的 F 值为 7.43，说明方程整体上具有显著性，R^2 只有 0.35，说明方程中考虑的变量并不全面，但这并不影响结果的分析。可以发现，市场集中度的系数约为 0.287，T 值为 2.76，在 0.01 的显著性水平上通过显著性检验，说明其对寿险公司绩效具有显著的正向影响；公司市场份额的系数约为 -0.463，T 值为 -2.99，在 0.01 的显著性水平上通过显著性检验，说明市场份额对寿险公司绩效具有显著的负向影响。综上可以发现，市场结构对寿险公司绩效产生了显著影响，市场集中度高时，越容易产生高绩效；但针对单个公司来说，高市场份额反而对公司绩效具有负向的影响，说明此时公司的效率比较低。

从控制变量来看，公司成立时间和资产规模对公司绩效都具有显著的正影响，公司成立越长，资产规模越大，则公司的绩效越高。其他变量的影响不显著，说明这些因素不是影响公司利润率的主要因素。

综上可以发现，市场结构对企业绩效水平具有显著的影响，但是方向并不确定；故假设11a成立，即传统的SCP假说成立，市场集中度较高的市场中，保险公司能获得较高的利润；企业市场份额对企业绩效水平具有负向的影响，假设11b不成立，即RMP假说不成立，市场份额大的公司未能获得超额利润。

表 7-3　　　　市场结构对寿险公司绩效的回归结果

RA	COEF.	T	P>T
CONS	-27.434	-5.09***	0
HHI	0.286615	2.76***	0.006
MS	-0.4625	-2.99***	0.003
TIME	0.267158	1.94*	0.053
NUM	0.059846	0.62	0.538
OWNC	-2.03104	-1.45	0.147
LNAS	2.208479	3.85***	0
ER	0.000276	1.30	0.195
LR	0.016071	0.50	0.619
QS	-0.03787	-1.23	0.219
YEAR	控制变量		
F	7.43		
Prob > F	0		
R-squared	0.3517		
Adj R-squared	0.3044		

注：***、**、*分别表示系数在0.01、0.05、0.1的显著性水平上显著。

三　寿险公司效率对寿险公司绩效影响的检验

根据模型2，不考虑市场结构因素，仅以寿险公司效率指标为自变量进行回归分析，以检验纯技术效率和规模效率对公司绩效的影响，结果如表7-4所示。

从结果来看，方程的F值为6.87，说明方程整体上具有显著性，R^2

约只有 0.35，说明方程中考虑的变量并不全面，但这并不影响结果的分析。可以发现，纯技术效率的系数约为 -2.283，T 值为 -0.51，未通过显著性检验，说明其对寿险公司绩效并未产生显著的影响；但是规模效率的系数约为 6.08，T 值为 2.71，在 0.01 的显著性水平上通过显著性检验，说明其对寿险公司绩效具有显著的正向影响，故公司要提高绩效的关键是规模效率。这也说明，目前纯技术效率的高低在我国还未产生决定性的作用，影响公司绩效的主要还是规模要素。

表 7-4　　　　寿险公司效率对寿险公司绩效的回归结果

ROA	COEF.	T	$P>T$
CONS	-11.1706	-1.90*	0.058
PTE	-2.28259	-0.51	0.607
SE	6.079901	2.71***	0.007
TIME	-0.05107	-0.82	0.415
NUM	0.04164	0.43	0.669
OWNC	-3.56202	-2.62***	0.009
LNAS	1.414133	1.99**	0.047
ER	0.000336	1.54	0.125
LR	0.022951	0.70	0.482
QS	-0.03608	-1.16	0.247
YEAR	控制变量		
F	6.87		
Prob > F	0		
R - squared	0.3476		
Adj R - squared	0.297		

注：***、**、* 分别表示系数在 0.01、0.05、0.1 的显著性水平上显著。

从控制变量来看，公司性质具有显著的负向影响，系数约为 -3.56，T 值为 -2.62，这说明相比中资寿险公司，外资寿险公司中公司效率对公司绩效具有显著的影响，中资寿险公司在经营效率上与外资寿险公司还具有相当的差距；资产规模在 0.05 的显著性水平上具有正向影响。其他变量的影响不显著，说明这些因素不是影响公司利润率的主要因素，不再赘述。

据此可以发现,纯技术效率对寿险公司绩效水平不具有显著的影响,故假设12a不成立,即ESC假说不成立,具有较高技术和管理水平的寿险公司未能实现较高的利润;规模效率对寿险公司绩效水平具有显著的正影响,故假设12b成立,即ESS假说成立,更富有规模效率的寿险公司才能实现较高的利润。

四 市场结构与效率对绩效的综合影响检验

根据模型3,以总资产收益率为因变量,以市场结构变量和效率变量为自变量,考虑控制变量的影响,进行回归,结果如表7-5所示。从结果可以发现,方程的F值为7.08,说明方程整体上具有显著性,R^2约只有0.37,说明方程中考虑的变量并不全面,但这并不影响结果的分析。

表7-5 市场结构与效率对寿险公司绩效的回归结果

RA	COEF.	T	P>T
CONS	-22.6986	-3.20***	0.002
HHI	0.24883	2.38**	0.018
MS	-0.43386	-2.74***	0.007
PTE	0.57027	0.13	0.899
SE	5.388925	2.42**	0.016
TIME	0.286114	2.08**	0.039
NUM	0.117342	1.18	0.241
OWNC	-2.2689	-1.59	0.112
LNAS	1.19135	1.69*	0.092
ER	0.000332	1.54	0.124
LR	0.021442	0.67	0.506
QS	-0.02959	-0.96	0.337
YEAR	控制变量		
F	7.08		
Prob > F	0		
R - squared	0.3681		

注:***、**、*分别表示系数在0.01、0.05、0.1的显著性水平上显著。

从市场结构指标来看,与单独分析的对比可以发现,市场结构对公司绩效的影响程度有所下降,系数绝对值都比原来稍有减少,市场集中度的系数减少到约 0.249，市场份额的系数降低到约 -0.434；同时系数的显著性也有所降低，市场集中度的 T 值降低到 2.38，市场份额的 T 值降低到 -2.74。可以发现，市场集中度对公司绩效仍然具有显著的正向影响，公司市场份额对公司绩效还是具有显著的负向影响；故前文进行的假设检验结果仍然成立，即假设 11a 成立，假设 11b 不成立。

从寿险公司效率指标来看，纯技术效率值对寿险公司绩效仍然不具有显著的影响，规模效率值对寿险公司绩效还具有显著的正向影响。从单独分析的对比可以发现，效率对寿险公司绩效的影响程度仍然不显著，系数绝对值都比原来还稍有降低。具体来看，纯技术效率值的系数符号发生了变化，变为 0.570，规模效率的系数则降低到约为 5.389；同时系数的显著性也有所降低，纯技术效率的 T 值下降为 0.13，市场份额的 T 值下降为 2.42，但仍然在 0.05 的显著性水平上通过显著性检验。可以发现，故前文进行的假设检验结果仍然成立，即假设 12a 不成立，假设 12b 成立。

从控制变量来看，与单独分析相比，寿险公司成立时间和资产规模对寿险公司具有显著正向影响，寿险公司成立时间在 0.05 的显著性水平上具有显著正向影响，而资产规模在 0.1 的显著性水平上具有显著性，寿险公司性质不再具有显著性；其他变量都不具有显著性，不再赘述。

综合以上可以发现，市场结构和经营效率对企业绩效水平可能具有显著的影响，但是影响的方向可能并不确定，故严格来说，假设 13 并不成立。

五 经营效率与市场结构的关系检验

考虑到寿险公司效率与市场结构之间也可能具有显著的关系，因此本节分别以寿险公司效率和市场结构为因变量，以另一变量为自变量，考虑控制变量进行回归进行相互关系的检验。

（一）寿险公司效率对市场结构的影响

根据模型 4，以衡量市场结构的市场份额为因变量[①]，以效率变量作为解释变量进行回归的结果如表 7-6 所示。计算中，由于每年的所有寿险公司的市场集中度指标是一个数值，故在进行回归时出现了无结果的情况，故不再分析。从对市场份额的回归结果来看，方程的 F 值为 156.03，说明方程整体上非常显著，R^2 达到 0.92，说明方程拟合性较好。

---

① 由于以市场集中度为因变量进行回归无意义，故此处不再分析。

结果发现，纯技术效率值的系数为 6.575，T 值为 3.63，通过显著性检验，说明其对市场份额具有显著的正向影响，故假设 21a 成立；可以发现，虽然具有较高技术和管理水平的寿险公司可能获得较大的市场份额，但是考虑到前文实证结果显示市场份额本身对寿险公司绩效具有显著的负向影响，无法实现较高的利润，故 ESC 假说很可能不成立。

表 7-6　　　　　寿险公司效率对市场结构的回归结果

MS	COEF.	T	$P>T$
CONS	-4.55605	-1.90*	0.059
PTE	6.575474	3.63***	0
SE	-1.59261	-1.73*	0.084
TIME	0.777175	30.39***	0
NUM	0.174483	4.39***	0
OWNC	2.980463	5.35***	0
LNAS	-0.51349	-1.77*	0.078
ER	-0.00000926	-0.10	0.917
LR	-0.00348	-0.26	0.795
QS	0.01496	1.18	0.241
YEAR	控制变量		
F	156.03		
$Prob>F$	0		
R-squared	0.9237		
Adj R-squared	0.9178		

注：***、**、*分别表示系数在 0.01、0.05、0.1 的显著性水平上显著。

规模效率值的系数约为 -1.593，T 值为 -1.73，在 0.1 的显著性水平上通过显著性检验，说明规模效率对寿险公司市场份额具有一定的负向影响，故假设 21b 不成立。可以发现，虽然规模效率对寿险公司市场份额具有负向的影响，但市场份额本身对公司绩效也具有显著的负向影响，故规模效率对寿险公司最终还是可能形成对绩效的正向影响，故 ESS 假说可能成立。

（二）市场结构对寿险公司效率的影响

根据模型 5，以寿险公司效率的纯技术效率、规模效率两个变量为因变量，以市场结构为解释变量进行回归分析，结果如表 7-7 所示。

从纯技术效率的回归结果来看,方程的 F 值为 5.44,说明方程整体上具有显著性,R^2 达到 0.28,说明方程拟合性一般,还有因素未考虑,但不影响结果分析。结果可以发现,市场集中度的系数为 -0.001,T 值为 -0.72,未通过显著性检验,说明其对纯技术效率不具有显著的影响;市场份额的系数为 0.0078,T 值为 3.46,在 0.01 的显著性水平上通过显著性检验,说明其对公司纯技术效率具有显著的正向影响。从控制变量来看,除了赔付率和员工质量外,其他控制变量都具有显著的影响,其中公司成立时间、分公司数目对寿险公司纯技术效率具有显著的负向影响,外资公司比中资公司的效率更高,规模越大的公司纯技术效率越高。

表7-7　　　　　市场结构对寿险公司效率的回归结果

	PTE			SE		
	COEF.	T	$P>T$	COEF.	T	$P>T$
CONS	0.8653451	11.02 ***	0		-6.13 ***	0
HHI	-0.0010834	-0.72	0.474	0.0071263	2.34 **	0.02
MS	0.007792	3.46 ***	0.001	-0.0061383	-1.35	0.178
TIME	-0.0038596	-1.93 *	0.055	-0.0031091	-0.77	0.442
NUM	-0.0036657	-2.59 ***	0.01	-0.0102815	-3.61 ***	0
OWNC	-0.0661729	-3.26 ***	0.001	0.0511415	1.25	0.213
LNAS	0.0186614	2.23 **	0.027	0.1867695	11.08 ***	0
ER	7.23E-06	2.34 **	0.02	-0.0000111	-1.79 *	0.075
LR	-0.0006765	-1.44	0.151	-0.0009251	-0.98	0.33
QS	0.0004796	1.07	0.284	-0.0015863	-1.76 *	0.08
YEAR	控制变量			控制变量		
F	5.44			30.86		
$Prob>F$	0			0		
R-squared	0.2841			0.6925		
Adj R-squared	0.2319			0.67		

注:***、**、*分别表示系数在 0.01、0.05、0.1 的显著性水平上显著。

从规模效率的回归结果来看,方程的 F 值为 30.86,说明方程整体上具有显著性,R^2 达到 0.69,说明方程拟合性较好。结果可以发现,市场集中度的系数为 0.007,T 值为 2.34,在 0.05 的显著性水平上通过显著性检验,说明其对寿险公司规模效率具有显著的影响;市场份额的系数为

-0.006，T 值为 -1.35，未通过显著性检验，说明其对寿险公司规模效率不具有显著的影响。从控制变量来看，寿险公司分公司数目和资产规模具有显著的影响，其他控制变量的影响不显著，其中分公司数目对公司规模效率具有显著的负向影响，而规模越大的公司规模效率越高。

综上可以发现，市场集中度对寿险公司的纯技术效率不具有显著的影响，只对规模效率具有显著的正向影响，这与一般理论中认为市场结构与效率为负向关系矛盾，故假设 22a 不成立；但考虑到前文实证结果显示寿险公司规模效率对公司的最终绩效具有显著的正向影响，故此处结果显示在我国的寿险市场中传统的 SCP 假说仍然成立，市场集中度的提高可以通过有效地提升公司规模效率，最终提升公司绩效。公司市场份额对寿险公司的纯技术效率具有显著的正向影响，但对规模效率不具有显著的影响，故假设 22b 也不成立；考虑到实证结果显示寿险公司的纯技术效率对公司绩效不具有显著的影响，故此处结果显示在我国的寿险市场中 RMP 假说还是不成立，市场份额虽然可提升纯技术效率，但是由于市场竞争不充分，可能最终无法有效地提升寿险公司的绩效。

第五节　实证研究结论

根据实证研究的相关结论，可以将相关的假设检验结果列表，如表 7-8 所示。综合假设检验的结果可以发现，在我国寿险市场，从市场结构角度来看，传统的 SCP 假说成立，市场集中度较高的市场中，寿险公司能获得较高的利润；RMP 假说不成立，市场份额大的寿险公司未能获得超额利润。从效率角度来看，ESC 假说不成立，具有较高技术和管理水平的寿险公司未能实现较高的利润；ESS 假说成立，更富有规模效率的寿险公司才能实现较高的利润。

可以发现，我国寿险公司获取利润主要依靠的仍然是市场高度集中和公司的规模效率；必须指出随着市场集中度的不断降低，这种影响必然会逐渐降低。同时，带给寿险公司利润的目前主要还不是公司的技术效率，而是规模效率，即寿险公司主要依靠规模获取利润，这种经营模式随着外资公司的不断进入必然会面临更为激烈的竞争和更为艰难的处境。

因此，我国寿险公司必须重视构建获取高质量绩效的能力，可以从市场结构和经营效率两个方面入手。首先，随着市场集中度的降低，依靠不完善市场来获取利润的机会越来越少，因此政府必须建立完善的市场竞争规则，转变寿险公司的经营预期，推动寿险公司通过更为完善的产品和服务获取利润。同时，寿险公司必须转变依靠垄断和规模获利的理念，着力转变发展方式，提升纯技术效率，从经营管理水平、运营水平和成本控制水平等层面不断提升运营效率，构筑资本的核心竞争力，为高质量的利润提升奠定基础。

表7-8　　　　　　　　　假设检验结果汇总

标号	假设内容	检验结果
H11a	市场集中度对寿险公司绩效水平具有显著的正向影响	成立
H11b	寿险公司市场份额对寿险公司绩效水平具有显著的正向影响	不成立
H12a	寿险公司纯技术效率对寿险公司绩效水平具有显著的正向影响	不成立
H12b	寿险公司规模效率对寿险公司绩效水平具有显著的正向影响	成立
H13	市场结构和企业效率都对寿险公司绩效水平具有显著的正向影响	不成立
H21a	寿险公司纯技术效率对市场结构具有显著的正向影响	成立
H21b	寿险公司规模效率对市场结构具有显著的正向影响	不成立
H22a	市场集中度对寿险公司经营效率具有显著的负向影响	不成立
H22b	寿险公司市场份额对寿险公司经营效率具有显著的负向影响	不成立

第六节　本章小结

本章以结构—行为—绩效理论为基础，结合共谋假说和有效结构假说，建立若干假设，构建计量模型，分析市场结构—经营效率—绩效之间的关系。研究发现，我国寿险市场中传统的 SCP 假说成立，市场集中度越高寿险公司越能获得较高的利润；RMP 假说不成立，市场份额大的寿险公司未能获得超额利润。从效率角度来看，ESC 假说不成立，具有较高技术和管理水平的寿险公司未能实现较高的利润；ESS 假说成立，更富有规模效率的寿险公司才能实现较高的利润。我国寿险公司获取利润主要依靠的仍然是市场高度集中和公司的规模效率；因此，寿险公司必须重视构建获取高质量绩效的能力，可以从市场结构和经营效率两个方面入手。

第八章 结论与展望

在以上研究基础上,本章对前文的主要研究结论进行归纳总结,并据此提出了优化寿险市场结构和提升寿险公司绩效的建议,最后分析了本书的研究局限,并对未来的研究方向进行了展望。

第一节 主要研究结论

市场结构、经营效率和绩效一直是我国人寿保险领域的重要问题,本书分析了人寿保险市场的市场结构和保险市场准入与退出对人寿保险市场的影响,探索人寿保险市场产品设计、定价和服务等市场竞争行为及其影响因素,利用三阶段 DEA 模型实证检验人寿保险市场的开放度和规模效率,研究人寿保险行业的市场绩效特征,并构建多元回归模型对人寿保险市场结构、效率与绩效的关系进行了分析,最终探索完善人寿保险行业准入与退出机制、优化人寿保险行业市场结构、规范市场行为和提高市场效率与绩效的对策建议。研究结论和创新之处主要体现在以下几个方面:

第一,我国人寿保险业准入、退出的行政性政策壁垒较高,呈现出寡占型市场结构特征。研究发现,我国寿险业市场集中度仍然偏高,呈现出寡占型市场结构,市场竞争不充分;中国人寿保险业处在成长发展时期,保费规模和资产规模还较小,保险密度、保险深度等还较低;人寿保险行业市场寿险产品同质化现象较严重。保险市场准入、退出机制对人寿保险行业的影响研究发现,我国保险市场准入、退出的行政性政策壁垒还较高,认为降低保险市场进入壁垒和建立适当的退市机制,有利于优化人寿保险市场结构和提高人寿保险业资源配置效率。

第二,人寿保险行业市场结构竞争行为包括产品设计行为、市场定价行为和客户服务行为。研究从人寿保险行业市场竞争关系影响因素与市场竞争地位层次结构、人寿保险市场产品设计行为、人寿保险市场定价行为以及人寿保险市场客户服务行为四个方面展开。以从业人员为依据对人寿保险企业进行了划分，将52家人寿保险企业中50家人寿保险企业划分为大型保险企业，其中包括28家中资寿险公司，22家外资寿险公司；而中型保险企业是新光海航，小型保险企业是中法人寿。要从提高人寿保险从业人员素质，扩大寿险产品功能，从客户需求出发、对客户市场进行细化等解决人寿保险产品同质化；要建立一个充分开放竞争的市场环境，并根据顾客需求来开发人寿保险产品等解决寿险市场的价格战现象；通过建立服务客户的企业文化、以客户需求制定服务标准和规范、建立专业的客户服务团队等解决客户服务问题。

第三，人寿保险业市场开放有利于提高寿险业的开放度效率。市场布局是寿险公司为了最大限度地满足消费需求、最有效地分销企业产品、最经济地控制营销成本，而在市场上对本公司的分公司设立、产品推广、人员安排等一系列环节的规划，人寿保险行业市场开放性主要是寿险行业市场开放的程度。从人寿保险业市场规则与市场开放性入手，对我国人寿保险业空间市场布局的保费收入、保险深度、保险密度，保险公司数量和分布密度，保费增长量和增长速度，保费收入GDP弹性系数，潜在保源转化率，区域寿险产品结构进行分析。通过实证得出我国人寿保险市场开放度效率中资寿险相对较高，全国水平次之，外资寿险较低但呈现递增波动趋势。人寿保险市场开放性和市场布局对寿险业开放度效率有着重要影响，这种影响通过影响对人寿保险公司数量、劳动投入、保费收入和利润而起作用。人寿保险业市场开放有利于提高寿险业的开放度效率。

第四，我国寿险公司的整体规模效率还较低，成立年数、市场份额和分公司数等因素影响寿险公司的效率，改制重组和上市对寿险公司规模效率有一定的影响。利用三阶段DEA模型分析了我国寿险市场2002—2011年30家寿险公司的技术效率、纯技术效率和规模效率的演进趋势，第二阶段利用SFA模型对效率结果进行调整，最终得到剔除环境变量和随机干扰项的寿险公司的经营效率值。结果表明，寿险公司总体经营效率不高，波动比较大；中资寿险公司的整体效率值高于外资、合资寿险公司，但这主要是因为规模效率较高，事实上中资寿险公司在纯技术效率上要低于外资公司；外资寿险公司整体效率虽然较低，但是管理水平相对较高，规模效率低是影响其效率的主要因素。规模较大的寿险公司规模效率高于小规模寿险公司，小规模寿险公司的规模效率更有待提升。成立年数、市场份额和分公司数等环境因素对寿险公司劳动力投入、资本投入、经营费用支出等投入变量具有显著的影响，进而影响寿险公司的效率。人寿保险行业改制重组、并购和上市对寿险公司规模效率有一定的影响，改制重组使寿险公司规模效率呈波动增长趋势，上市有利于提高寿险公司的规模效率。

第五，我国人寿保险行业市场绩效包括盈利能力、偿付能力和稳健发展能力，人寿保险业经营绩效 DEA 的有效性受寿险公司的规模、所有权性质影响，我国寿险业在资产、利润及利润率等绩效方面与世界主要国家相比还有很大差距。市场绩效反映了市场运行的效率和资源配置的效果。研究发现我国人寿保险业寿险公司利润率较低，整体盈利能力低下，退保率较高，赔付率低，偿付能力不足，费用率高影响稳健发展。通过数据包络分析（DEA）投入导向型模型对 2002—2011 年我国 30 家人寿保险公司的经营绩效的有效性进行实证，得出中资寿险公司经营绩效 DEA 相对有效性与人寿保险公司规模呈一定正相关关系，中外合资或外资寿险公司经营绩效 DEA 有效性低于中资寿险公司经营绩效的有效性，我国人寿险市场保险公司经营绩效与国民经济发展以及人寿保险宏观管理政策有较强正相关性。通过国内外人寿保险行业经营绩效分析，将中国与世界主要国家寿险业对比，我国寿险业在保费收入、资产、利润等绩效还有很大差距，在保险密度、保险深度等绩效方面仍然很低，而在资产利润率、保费利润率等绩效方面处于中等地位。

第六，我国人寿保险市场结构、效率与绩效存在一定相关性，SCP 假说和 ESS 假说成立，而 RMP 假说与 ESC 假说不成立。运用 2002—2011 年中国寿险业数据，实证研究我国寿险业市场结构、经营效率和绩效间关系。研究发现，我国寿险市场中传统的 SCP 假说成立，市场集中度越高寿险公司能获得越高的利润；RMP 假说不成立，市场份额大的公司未能获得超额利润。从效率角度来看，ESC 假说不成立，具有较高技术和管理水平的寿险公司未能实现较高的利润；ESS 假说成立，更富有规模效率的寿险公司才能实现较高的利润。我国寿险公司获取利润主要依靠的仍然是市场高度集中和公司的规模效率；因此，寿险公司必须重视构建获取高质量绩效的能力，可以从市场结构和经营效率两个方面入手。

第二节 政策建议

我国寿险市场结构正在从垄断市场结构向寡头垄断市场结构转变的过程中，未来市场结构的优化和市场竞争环境的改善也是一个逐步完善的过程，必须构建一套有效的运行规则和制度设计。以下将针对我国寿险市场存在的问题，从市场竞争规范、市场结构优化、经营模式改进和经营效率提升等层面提出建议，以最终提升我国寿险公司的市场绩效。

一 市场竞争规范层面

（一）不断规范市场竞争行为

规范寿险公司之间的竞争行为，打击价格战等恶性竞争行为，特别是要鼓励中小寿险公司提升市场份额；有效激发市场活力，特别是要鼓励中小寿险公司通过产品创新和管理水平提升抢占市场份额，提高有效竞争能力，实现规模经济与竞争活力兼容。

（二）加大寿险行业诚信体系建设

由于竞争的不规范，不少保险业务员对客户的承诺比较随意，造成整个行业的非诚信化，成为市场发展的重要障碍。为此要树立诚信经营的理念，加强整个系统的诚信教育，特别是对基层业务人员的教育；要规范寿险的营销行为，严禁虚假宣传；要强化行业法律执行力度，对于不诚信的行为要给予严厉的处罚。

（三）完善市场监督机制

政府要转变监管重心，重点防范寿险市场竞争风险，特别是寿险公司的偿付能力风险；创新监管模式，发挥市场在资源配置中的核心地位，给予寿险公司更多的自由创新空间。

二 市场结构优化层面

（一）培育更多市场竞争主体，全面地引入竞争机制

降低寿险行业的市场集中度，促进有效竞争的形成；要不断引入多样化的新市场主体，引入不同类型的保险公司，如专业化保险公司和区域性保险公司进入寿险领域。继续吸引外资进入我国寿险领域，特别要重视国际上资本雄厚、管理规范和技术先进的寿险公司的加入，提升我国寿险公司的经营水平。要引导长期民间资本的进入，构建多元化的产权结构。

(二) 优化市场主体结构

除了扩大市场竞争数量外,更要重视竞争主体质量的培育,支持各保险公司打造自身的优势与特色,提升各寿险公司的竞争力。通过并购重组等方式,创造条件培育我国的寿险集团,推动我国寿险企业做大做强;同时,要鼓励效率高、管理经验丰富、资产质量高、规模大的公司进入寿险行业,丰富市场主体,推动寿险公司经营和业务的多元化,提升我国寿险行业的经营水平和经营效率。

(三) 完善市场退出机制

落实好寿险公司的硬性市场退出约束机制,促使寿险公司规范经营,形成公平竞争环境。构建寿险公司的高风险行为约束机制,淘汰经营业绩差的寿险公司,保障正常的竞争秩序。建立科学的寿险保障基金制度,授权专业的经营管理公司进行规范的运作,并承担对相关公司的监管。

三 经营模式转变层面

(一) 转变经营理念,重视经营效率和服务质量的提高

在不断扩大业务规模的基础上,寿险公司要关注经营效率和质量的提升,在业务考核中要特别重视退保率、经营成本比重、代理人员流失率等问题。同时,要更重视服务质量和业务质量的提升,特别要避免价格大战,实现从价格竞争向服务质量和产品创新多渠道、非价格竞争模式转变,实现寿险公司的差异化经营,构建企业独特的核心竞争力。

(二) 创新寿险产品,提升竞争力

要从提高人寿保险从业人员素质、扩大保险的功能、从客户需求出发,对客户市场进行细化三个方面解决人寿保险产品同质化问题;要建立一个健全的、开放的、充分竞争的市场环境,并根据顾客需求来开发人寿保险产品才能更好地解决人寿保险市场存在的价格战现象;同时指出解决客户服务问题需要从建立服务客户的企业文化、以客户的需求作为制定相关规则的基础、建立专业的客户服务团队三个方面入手。

(三) 提升寿险保费收入的投资收益

投资收益是寿险公司重要的收入,也是提高寿险业盈利能力和改变行业经营模式的重要途径。因此,寿险公司要扩大投资渠道,不仅只局限于收益率偏低但安全的银行存款与债券投资,而需要在保证偿付能力的基础上,制定合理的资金投资比例,扩大收益更高的权益类投资比例,提高资金的运用效率。同时,要推动建立专业化寿险资金运用体系,大公司可以

成立专业的保险资金经营管理部门，甚至分公司；而中小寿险公司则可委托专业的公司进行资金运作，以提升投资效益。

（四）推进寿险公司业务流程再造和信息技术构建

寿险公司要以金融创新为核心，创建多样化的业务流程，设计中不要局限于租金范围内，应着眼于流程对顾客价值的创造。大数据时代的到来，要求寿险公司更加要重视信息化建设，以系统工程的理念构建业务、管理和决策管理信息系统，充分重视各种信息和数据在决策中的作用，提高公司内部控制和市场决策的前瞻性，提升公司的综合竞争力。

四 经营效率提升层面

（一）重视自身经营水平的提升

我国人寿保险公司要提升经营绩效，不能仅仅以业务规模和市场份额为中心以及注重保费增长和人力扩张的发展模式，而应走提高质量和效益的内涵式经营模式，提升产品设计能力，加强市场研究和开发，挖掘客户需求，加强内部控制，合理配置资源，提高经营管理水平。

（二）兼顾业务拓展与经营效率提升之间的平衡关系

我国寿险公司要将拓展市场业务和提升效率相结合，大规模寿险公司如中国人寿等全国性的大公司，其市场份额已经达到一定的程度，很难再有所突破，其重点是市场份额维护、客户资源巩固和管理水平提升，提升业务的质量。小规模寿险公司要适度拓展业务，但同时要兼顾经营管理水平的提升。对于成立时间短、规模小的寿险公司及部分外资寿险公司，业务拓展是重点，但要适度，必须要结合公司的发展实际。

（三）重视提升公司的规模效率

当前，规模效率仍然是实现寿险公司绩效的重要途径，而上市、并购和集团化是提升规模效率的重要方式。有条件的寿险公司应该积极通过各种途径，包括重组、并购等创造上市的有利条件。并购在我国寿险行业还未拓展，对于中小寿险公司来说，合并重组是组建大型寿险集团，降低经营风险，提升行业竞争力的重要途径。必须指出，战略投资者是实现规模效率提升重要因素，保险公司必须重视对境外机构投资者和民间资本的作用，在引入外部投资者时除了提升资本的充足性外，更要重视完善公司的治理结构，提升行业的竞争水平。

第三节 研究展望

虽然从理论、模型和实证等层面对我国寿险市场结构、效率和绩效问题进行了比较完善的研究,并取得了一系列的结论,但限于时间、数据和水平等条件,本研究还存在较多不足之处,需要在未来的研究中继续深入分析。

第一,数据收集上不够全面。由于数据主要来源于保险统计年鉴和相关网站,启动论文撰写时还只有截止到2012年保险统计年鉴,因此部分数据分析只到2011年,数据不够全面。选择寿险公司样本时,成立时间短的公司数据较少,同时,缺乏针对寿险公司的实地调查资料和数据,因此对寿险公司的很多经营细节分析得并不到位。另外,国内外人寿保险市场行业绩效对比分析时,世界主要国家人寿行业及知名寿险公司的财务指标数据获取途径有限,据此,未来除了要继续跟踪研究,收集更新的数据资料外,还要做好实地调查,深入地分析寿险公司的市场结构、经营效率与绩效之间的关系。

第二,研究模型上的突破不够。限于水平,研究主要借鉴已有的研究模型,并根据研究的需要进行部分的改进,实质的创新程度有限。据此,未来要继续进行探索,构建更为完善的实证模型进行研究。

第三,寿险公司市场效率影响要素考虑不够全面。影响市场效率的很多要素,特别是改制、并购和上市等是影响公司效率和经营模式的重要因素,但目前我国寿险市场上尚无寿险公司破产和兼并的案例,限于资料和数据的问题都未能成为模型中的研究变量。未来要继续跟踪和收集此方面的信息,特别关注关于并购的资料,设计计量模型,将更多的因素考虑到研究模型中。

附 录

2008—2013 年中国与世界主要国家寿险业知名寿险公司经营绩效对比一览

单位：百万美元、%

国家	公司名称	2008 年				
		资产	保费收入	利润	资产利润率	保费利润率
美国	美国国际集团					
	联合健康集团	55815.00	81186.00	2977.00	5.3	3.7
	Wellpoint 公司	48403.20	61251.10	2490.70	5.1	4.1
	大都会人寿	501678.00	55085.00	3209.00	0.6	5.8
	安泰保险	35852.50	30950.70	1384.10	3.9	4.5
	保德信金融集团	445011.00	29275.00	-1073.00	-0.2	-4.0
	美国纽约人寿保险公司	174958.20	31416.20	-949.70	-0.5	-3.2
	美国教师退休基金会	348540.80	29362.50	-3344.90	-1.0	-14.8
	西北互助人寿保险公司	155153.90	21734.40	483.20	0.3	2.2
	美国家庭人寿保险公司					
日本	日本生命保险公司	465701.10	66621.10	1513.90	0.3	2.3
	日本第一生命保险	308236.60	52012.50	864.10	0.3	1.7
	日本邮政控股公司	3097028.20	198699.80	4208.50	0.1	2.1
	日本明治安田生命保险公司	242725.10	38082.50	1239.40	0.5	3.3
	住友生命保险公司	229487.10	36307.60	1037.60	0.5	2.9
英国	英国保诚集团					
	英杰华集团	509771.50	35505.80	-1677.80	-0.3	-5.2
	英国法通保险公司					
	英国标准人寿保险公司					
	英国耆卫保险公司					

续表

国家	公司名称	2008 年				
		资产	保费收入	利润	资产利润率	保费利润率
德国	安联保险集团	1328250.60	142394.60	-3577.20	-0.3	-2.6
法国	安盛（AXA）	936187.20	80256.80	1351.00	0.1	1.7
	法国国家人寿保险公司	374694.80	38481.70	1069.40	0.3	2.8
荷兰	荷兰国际集团	1851011.60	226577.00	-1851.01	-0.1	-0.5
	荷兰全球保险集团					
意大利	意大利忠利保险公司	533674.40	103103.00	1260.10	0.2	1.2
瑞士	苏黎世保险集团	327944.00	32349.00	3039.00	0.9	9.4
韩国	三星人寿保险	87957.10	24419.50	527.76	0.6	2.9
中国	中国人寿保险（集团）公司	188275.10	54534.10	473.00	0.3	0.9
	中国平安保险（集团）股份有限公司					
	中国太平洋保险（集团）股份有限公司					

国家	公司名称	2009 年				
		资产	保费收入	利润	资产利润率	保费利润率
美国	美国国际集团	847585.00	103189.00	-10949.00	-1.3	-13.5
	联合健康集团	59045.00	87138.00	3822.00	6.5	4.4
	Wellpoint 公司	52125.40	65028.10	4745.90	9.1	7.3
	大都会人寿	539314.00	41098.00	-2246.00	-0.4	-6.1
	安泰保险	38550.40	34764.10	1276.50	3.3	3.7
	保德信金融集团	480203.00	32688.00	3124.00	0.7	9.6
	美国纽约人寿保险公司	187772.10	34014.30	682.70	0.4	2.0
	美国教师退休基金会	383595.30	26278.00	-459.10	-0.1	-1.8
	西北互助人寿保险公司	167179.60	21602.60	321.00	0.2	1.5
	美国家庭人寿保险公司	84106.20	18254.40	1497.00	1.8	8.2
日本	日本生命保险公司	522911.00	72051.40	2624.30	0.5	3.6
	日本第一生命保险	343655.00	57017.60	599.50	0.2	1.1
	日本邮政控股公司	3196010.70	202196.10	4849.00	0.2	2.4
	日本明治安田生命保险公司	268528.00	45262.50	1537.70	0.6	3.4
	住友生命保险公司	246972.30	43780.30	1204.90	0.5	2.8

续表

国家	公司名称	2009 年				
		资产	保费收入	利润	资产利润率	保费利润率
英国	英国保诚集团	367845.50	75010.10	1054.20	0.3	1.4
	英杰华集团	572376.90	92139.60	1692.10	0.3	1.8
	英国法通保险公司	479755.80	68290.30	1345.80	0.3	2.0
	英国标准人寿保险公司	236794.70	27802.70	332.20	0.1	1.2
	英国耆卫保险公司	264563.10	34071.80	-530.20	-0.2	-1.6
德国	安联保险集团	838046.20	125999.00	5972.60	0.7	4.7
法国	安盛（AXA）	1016270.80	175257.40	5012.20	0.5	2.9
	法国国家人寿保险公司	433162.90	66555.70	1395.60	0.3	2.1
荷兰	荷兰国际集团	1669711.40	163203.80	-1669.71	-0.1	-0.8
	荷兰全球保险集团	428509.90	64506.20	383.50	0.1	0.4
意大利	意大利忠利保险公司	608134.90	126012.50	1819.60	0.3	1.4
瑞士	苏黎世保险集团	368914.00	70272.00	3215.00	0.9	4.6
韩国	三星人寿保险	117716.80	25805.00	749.60	0.6	2.9
中国	中国人寿保险（集团）公司	227720.20	57019.10	3124.80	1.4	5.5
	中国平安保险（集团）股份有限公司	137060.50	22373.80	2032.30	1.5	9.1
	中国太平洋保险（集团）股份有限公司					

国家	公司名称	2010 年				
		资产	保费收入	利润	资产利润率	保费利润率
美国	美国国际集团	683443.00	104417.00	7786.00	1.1	7.5
	联合健康集团	63063.00	94155.00	4634.00	7.3	4.9
	Wellpoint 公司	50166.90	58801.80	2887.10	5.8	4.9
	大都会人寿	730906.00	52717.00	2790.00	0.4	5.3
	安泰保险	37739.40	34246.00	1766.80	4.7	5.2
	保德信金融集团	539854.00	38414.00	3195.00	0.6	8.3
	美国纽约人寿保险公司	199645.70	34947.20	1091.50	0.5	3.1
	美国教师退休基金会	417332.40	32224.90	1405.90	0.3	4.4
	西北互助人寿保险公司	180037.90	23384.30	756.30	0.4	3.2
	美国家庭人寿保险公司	101039.00	20732.00	2344.00	2.3	11.3

续表

国家	公司名称	2010 年				
		资产	保费收入	利润	资产利润率	保费利润率
日本	日本生命保险公司	602825.80	78571.40	2630.70	0.4	3.3
	日本第一生命保险	389788.40	53375.10	389.79	0.1	0.4
	日本邮政控股公司	3535277.10	203958.10	4891.20	0.1	2.4
	日本明治安田生命保险公司	327402.00	56308.70	1533.50	0.5	2.7
	住友生命保险公司	286686.60	42832.30	1272.00	0.4	3.0
英国	英国保诚集团	408396.10	73597.70	2210.40	0.5	3.0
	英杰华集团	579550.50	90210.70	2259.90	0.4	2.5
	英国法通保险公司	507152.70	59377.40	1266.60	0.2	2.1
	英国标准人寿保险公司	241330.20	28877.70	667.30	0.3	2.3
	英国耆卫保险公司	303083.10	35808.70	-435.60	-0.1	-1.2
德国	安联保险集团	838488.50	127378.70	6692.50	0.8	5.3
法国	安盛（AXA）	981658.60	162235.90	3640.90	0.4	2.2
	法国国家人寿保险公司	428818.70	59319.70	1390.70	0.3	2.3
荷兰	荷兰国际集团	1667523.30	147052.20	3678.00	0.2	2.5
	荷兰全球保险集团	445850.80	65135.70	2329.70	0.5	3.6
意大利	意大利忠利保险公司	566786.80	120233.50	2254.10	0.4	1.9
瑞士	苏黎世保险集团	375661.00	67850.00	3434.00	0.9	5.1
韩国	三星人寿保险	133449.10	28773.20	1674.10	1.3	5.8
中国	中国人寿保险（集团）公司	269514.60	64634.50	3505.40	1.3	5.4
	中国平安保险（集团）股份有限公司	177796.70	28927.20	2557.30	1.4	8.8
	中国太平洋保险（集团）股份有限公司	72109.10	20878.00	1264.10	1.8	6.1

国家	公司名称	2011 年				
		资产	保费收入	利润	资产利润率	保费利润率
美国	美国国际集团	555773.00	71730.00	17798.00	3.2	24.8
	联合健康集团	67889.00	101862.00	5142.00	7.6	5.0
	Wellpoint 公司	52018.80	60710.70	2646.70	5.1	4.4

续表

国家	公司名称	2011 年				
		资产	保费收入	利润	资产利润率	保费利润率
美国	大都会人寿	799625.00	70641.00	6981.00	0.9	9.9
	安泰保险	38593.10	33779.80	1985.70	5.1	5.9
	保德信金融集团	624521.00	49045.00	3666.00	0.6	7.5
	美国纽约人寿保险公司	213280.20	34393.50	557.30	0.3	1.6
	美国教师退休基金会	420069.80	34079.00	2388.40	0.6	7.0
	西北互助人寿保险公司	189644.80	24861.00	645.10	0.3	2.6
	美国家庭人寿保险公司	117102.00	22171.00	1964.00	1.7	8.9
日本	日本生命保险公司	621863.30	90782.50	2848.40	0.5	3.1
	日本第一生命保险	406765.60	62461.50	406.77	0.1	0.4
	日本邮政控股公司	3550395.70	211018.90	5938.80	0.2	2.8
	日本明治安田生命保险公司	361300.00	77463.40	2187.80	0.6	2.8
	住友生命保险公司	292094.90	43085.90	1367.80	0.5	3.2
英国	英国保诚集团	425225.20	58527.00	2388.80	0.6	4.1
	英杰华集团	485525.80	61754.30	485.53	0.1	0.6
	英国法通保险公司	507819.10	29366.10	1163.90	0.2	4.0
	英国标准人寿保险公司					
	英国耆卫保险公司					
德国	安联保险集团	832823.00	134167.50	3538.70	0.4	2.6
法国	安盛（AXA）	947869.20	142711.80	6012.30	0.6	4.2
	法国国家人寿保险公司	416768.00	51521.10	1212.30	0.3	2.4
荷兰	荷兰国际集团	1653488.70	150570.70	6590.70	0.4	4.4
	荷兰全球保险集团	448662.60	44196.90	1208.30	0.3	2.7
意大利	意大利忠利保险公司	549255.10	112627.60	1190.40	0.2	1.1
瑞士	苏黎世保险集团	385869.00	52983.00	3766.00	1.0	7.1
韩国	三星人寿保险					
中国	中国人寿保险（集团）公司	311031.20	67274.00	1048.30	0.3	1.6
	中国平安保险（集团）股份有限公司	363111.60	42110.30	3012.40	0.8	7.2
	中国太平洋保险（集团）股份有限公司	90659.70	24429.00	1285.80	1.4	5.3

续表

国家	公司名称	2012 年				
		资产	保费收入	利润	资产利润率	保费利润率
美国	美国国际集团	548633.00	70143.00	3438.00	0.6	4.9
	联合健康集团	80885.00	110618.00	5526.00	6.8	5.0
	Wellpoint 公司	58955.40	61711.70	2655.50	4.5	4.3
	大都会人寿	836781.00	68224.00	1324.00	0.2	1.9
	安泰保险	41494.50	36595.90	1657.90	4.0	4.5
	保德信金融集团	709298.00	84838.00	469.00	0.1	0.6
	美国纽约人寿保险公司	222727.40	34308.60	1333.20	0.6	3.9
	美国教师退休基金会	451775.50	32156.00	2060.00	0.5	6.4
	西北互助人寿保险公司	202450.00	25957.00	783.00	0.4	3.0
	美国家庭人寿保险公司	131094.00	25364.00	2866.00	2.2	11.3
日本	日本生命保险公司	586868.20	86720.10	2985.70	0.5	3.4
	日本第一生命保险	379727.80	63630.90	390.50	0.1	0.6
	日本邮政控股公司	3115882.70	190859.30	6776.80	0.2	3.6
	日本明治安田生命保险公司	351921.50	56944.40	2850.50	0.8	5.0
	住友生命保险公司	282623.60	50481.50	1298.60	0.5	2.6
英国	英国保诚集团	504254.00	87913.50	3481.60	0.7	4.0
	英杰华集团	513089.20	73830.20	-5099.60	-1.0	-8.0
	英国法通保险公司	562842.80	55426.90	1288.40	0.2	2.3
	英国标准人寿保险公司	282966.30	30402.70	1106.10	0.4	3.6
	英国耆卫保险公司	233225.60	32700.60	1858.90	0.8	5.7
德国	安联保险集团	915648.80	130774.60	6642.80	0.7	5.1
法国	安盛（AXA）	1004268.70	154571.30	5335.90	0.5	3.5
	法国国家人寿保险公司	465608.80	55934.90	1222.70	0.3	2.2
荷兰	荷兰国际集团	1531916.20	128349.60	4188.20	0.3	3.3
	荷兰全球保险集团	482547.90	60673.50	1967.50	0.4	3.2
意大利	意大利忠利保险公司	582307.90	113794.20	113.79	0.0	0.1
瑞士	苏黎世保险集团	409267.00	70714.20	3878.00	0.9	5.5
韩国	三星人寿保险	167256.50	27253.00	882.90	0.5	3.2

续表

国家	公司名称	2012 年				
		资产	保费收入	利润	资产利润率	保费利润率
中国	中国人寿保险（集团）公司	370218.80	73671.40	-1744.30	-0.5	-2.5
	中国平安保险（集团）股份有限公司	456521.50	53760.90	3177.90	0.7	5.9
	中国太平洋保险（集团）股份有限公司	109385.10	27174.40	804.70	0.7	3.0

国家	公司名称	2013 年				
		资产	保费收入	利润	资产利润率	保费利润率
美国	美国国际集团	541329.00	68678.00	9085.00	1.7	13.2
	联合健康集团	81882.00	122489.00	5625.00	6.9	4.6
	Wellpoint 公司	59574.50	71458.20	2489.70	4.2	3.5
	大都会人寿	885296.00	68202.00	3368.00	0.4	4.9
	安泰保险	49871.80	47294.60	1913.60	3.8	4.0
	保德信金融集团	731781.00	41471.00	-667.00	-0.1	-1.7
	美国纽约人寿保险公司	236749.00	36026.30	1326.40	0.6	3.7
	美国教师退休基金会	498728.40	33817.40	1722.10	0.3	5.1
	西北互助人寿保险公司	217106.00	26978.00	802.00	0.4	3.0
	美国家庭人寿保险公司	121307.00	23939.00	3158.00	2.6	13.2
日本	日本生命保险公司	554435.70	68168.90	2467.10	0.4	3.6
	日本第一生命保险	366176.40	60340.30	777.90	0.2	1.3
	日本邮政控股公司	2838171.00	152125.80	4782.10	0.2	3.1
	日本明治安田生命保险公司	333437.50	47727.80	2401.80	0.7	5.0
	住友生命保险公司	258236.30	34571.00	1224.90	0.5	3.5
英国	英国保诚集团	539743.10	81867.70	2103.90	0.4	2.6
	英杰华集团	461818.40	61447.30	3138.70	0.7	5.1
	英国法通保险公司	601399.30	61353.50	1395.90	0.2	2.3
	英国标准人寿保险公司	305705.70	32114.00	728.40	0.2	2.3
	英国耆卫保险公司	232388.00	30965.20	1102.00	0.5	3.6
德国	安联保险集团	980346.00	134636.10	7960.10	0.8	5.9

续表

国家	公司名称	2013 年				
		资产	保费收入	利润	资产利润率	保费利润率
法国	安盛（AXA）	1043191.60	165893.50	5950.10	0.6	3.6
	法国国家人寿保险公司	504252.30	56590.30	1367.70	0.3	2.4
荷兰	荷兰国际集团	1483342.20	114295.10	6076.30	0.4	5.3
	荷兰全球保险集团	487389.90	64293.80	1298.40	0.3	2.0
意大利	意大利忠利保险公司	619536.00	115224.40	2542.30	0.4	2.2
瑞士	苏黎世保险集团	415053.00	72045.00	4028.00	1.0	5.6
韩国	三星人寿保险	182855.60	26167.40	832.60	0.5	3.2
中国	中国人寿保险（集团）公司	397614.40	80909.40	594.80	0.1	0.7
	中国平安保险（集团）股份有限公司	555065.70	68508.80	4579.10	0.8	6.7
	中国太平洋保险（集团）股份有限公司	119515.20	31412.50	1506.20	1.3	4.8

资料来源：根据财富中文网——2014 年世界 500 强排行榜中各寿险公司网站相关数据整理。

参考文献

[1] Philip Anderson, Michael L. Tushman. Organizational Environments and Industry Exit: the Effects of Uncertainty, Munificence and Complexity. Indsurtial and Corporate Cange, 2001, 10 (3): 675 – 711.

[2] W. Jean. Kwon, Hunson Kim, Lee Soon – Jae. Can Insurance Firms Easily Exit from the Market? A Global Comparative Analysis of Regulatory Structure. The Geneva Papers, 2005, 30: 268 – 284.

[3] Stephen P. D'Arcy, Hui Xia. Insurance and China's entry into the WTO. Risk Management and Insurance Review, 2003, 6 (1): 7 – 25.

[4] Charles Nyce, M. Mattin Boyer. An Analysis of the Title Insurance Industry. Journal of Insurance Regulation, 1998, 17 (2): 213 – 255.

[5] Yu Lei, Mark J. Browne. Fall. Medical Malpractice Insurance Market Entry and Exit: 1994 – 2006. Journal of Insurance Regulation, 2008, (27): 47 – 71.

[6] 魏华林、李开斌:《中国保险产业政策研究》,中国金融出版社2002年版。

[7] 江生忠:《中国保险产业组织优化研究》,中国社会科学出版社2003年版。

[8] 张艳辉:《中国保险业产业组织研究》,华东理工大学出版社2005年版。

[9] 林江:《引入外资后中国保险产业组织研究》,中国金融出版社2005年版。

[10] 陈宁:《论建立我国保险市场退出机制》,《保险研究》2004年第9期。

[11] 罗皓、黄海涛:《中国保险业的进入与退出壁垒研究》,《辽宁大学学报》(哲学社会科学版)2005年第3期。

[12] 姚壬元:《论建立我国保险市场退出制度》,《中国农业银行武汉培

训学院学报》2006 年第 3 期。

[13] 张洪涛、张俊岩：《我国保险企业市场退出机制研究》，《河南社会科学》2006 年第 2 期。

[14] 林宝清：《对保险的资金融通功能与社会管理功能的再批判——对卢爽同学质疑的答疑》，《海南金融》2008 年第 6 期。

[15] 庹国柱、王德宝：《我国农村小额人身保险制度可持续性发展研究》，《上海保险》2010 年第 1 期。

[16] 郝新东、邓慧：《我国保险机构市场退出机制分析》，《金融教育研究》2011 年第 3 期。

[17] 李立尧：《金融机构市场退出机制思考》，《金融理论与实践》2002 年第 1 期。

[18] 周延、房爱群：《论新〈企业破产法〉与我国保险市场退出机制》，《东岳论丛》2007 年第 3 期。

[19] Paul L. Joskow. Cartels, Competition and Regulation in the Property – liability Insurance Industry. The Bell Journal of Economics and Management Science, 1973, 4 (2): 375 – 427.

[20] Alan L. King. The Market Performance of Diversified and Non – diversified Organizations within the P – L Insurance Industry. Journal of Risk and Insurance, 1975, 42 (3): 471 – 493.

[21] Ralph A. The Liability Insurance Market. The Journal of Economic Perspectives, 1991, 5 (3): 115 – 136.

[22] Charles Nyce, M. Mattin Boyer. An Analysis of the Title Insurance Industry. Journal of Insurance Regulation, 1998, 17 (2): 213 – 255.

[23] Vickie L. Bajtelsmit, Raja Bouzouita. Market Structure and Performance in Private Passenger Automobile Insurance. Journal of Risk and Insurance, 1998, 65 (3): 503 – 514.

[24] Jaehyun Kim. A Comparative Study on Productive Efficiency: Japan and United States Non – life Insurance Industries. Temple University, Doctoral Dissertation, Submitted to the Graduate Board, 2000, 18: 179 – 200.

[25] David M. Dror. Reinsurance of Health Insurance for the Informal Sector. Bulletin of the World Health Organization, 2001, 79 (7): 672 – 678.

[26] Dan Segal. A Multi – Product Cost Study of the U. S. Life Insurance In-

dustry. Review of Quantitative Finance and Accounting, 2003, 20 (2): 169 – 186.

[27] Mikkel Dahl. Stochastic Mortality in Life Insurance: Market Reserves and Mortality – linked Insurance Contracts. Insurance: Mathematics and Economics, 2004, 35: 113 – 136.

[28] Ho Yuan – hong, Huang Chiung – ju. Market Orientation Strategies and Business Performance: Evidence from Taiwan's Life Insurance Industry. Journal of American Academy of Business, 2007, 11 (1): 297 – 302.

[29] Faith R. Neale, Kevin L. Eastman, Pamela Peterson Drake. Dynamics of the Market for Medical Malpractice Insurance. Journal of Risk and Insurance, 2009, 76 (1): 221 – 247.

[30] Vladimir Njegomir, Dragan Stojic. Liberalisation and Market Concentration Impact on Performance of the Non – Life Insurance Industry: The Evidence from Eastern Europe. The Geneva Papers, 2011, 36 (10): 94 – 106.

[31] André p. Liebenberg, David R. Kamerschen. "Structure, Conductand Performance Analysis of the South Afican Auto Insurance Market: 1980 – 2000", South African Journal of Economics, 2009, 76 (2): 228 – 238.

[32] Nat Pope, Yu – Luen M. "The Market Structure – Performance Relationship in the International Insurance Sector", Journal of Risk and Insurance, 2008, 74 (4): 947 – 966.

[33] Hofmann, Annette, Nell, Martin. Information Cost, Droker Compensation, and Collusion in Insurance Markets. Schmalenbach Business Review (SBR), 2011, 63 (3): 287 – 307.

[34] Abedi, Seyyed Mostafa, Haghifam, Mahmoud Reza. Comparing Reliability Insurance Scheme to Performance – based Regulation in Terms of Consumers' Preferences. IET Generation, Transmission & Distribution, 2013, 7 (6): 655 – 663.

[35] Ma, Yu – Luen, Pope, Nat, Yeung, Raymond. Foreign Participation and Its Relationship with Non – Life Insurer Performance in the Northeast Asian Markets. Geneva Papers on Risk & Insurance – Issues & Practice, 2013, 38 (1): 43 – 61.

[36] 赵旭:《关于中国保险公司市场行为与市场绩效的实证分析》,《经

济评论》2003年第4期。

[37] 陈璐:《保险产业市场结构和市场绩效的关系研究》,《经济经纬》2006年第6期。

[38] 曹乾、何建敏:《保险增长与经济增长的互动关系:理论假说与实证研究》,《上海金融》2006年第3期。

[39] 张伟、郭金龙、张许颖:《我国寿险公司规模效率与内含价值的实证分析》,《财贸经济》2009年第3期。

[40] 姚树洁、冯根福、韩钟伟:《中国保险业效率的实证分析》,《经济研究》2005年第7期。

[41] 黄薇:《基于数据包络分析方法对中国保险机构效率的实证研究》,《经济评论》2007年第4期。

[42] 赵昱焜:《中国保险公司规模效率实证研究》,硕士学位论文,长沙理工大学,2009年。

[43] 郭祥:《基于SFA方法的我国财险公司技术效率研究》,硕士学位论文,中国海洋大学,2010年。

[44] 梁平、梁彭勇:《基于SFA的中国保险业X效率研究》,《数理统计与管理》2011年第1期。

[45] 吴桂娥:《基于SCP范式的宁波保险产业组织研究》,硕士学位论文,宁波大学,2011年。

[46] 戴进:《中国财产保险业:结构、行为、绩效研究》,硕士学位论文,重庆大学,2006年。

[47] 周延:《中国保险市场结构、行为与绩效研究》,博士学位论文,山东大学,2007年。

[48] 贾士彬:《中国保险业市场结构与市场绩效关系研究》,硕士学位论文,南开大学,2008年。

[49] 马丹:《中国人身保险产业市场结构、行为和绩效研究》,硕士学位论文,湖南师范大学,2009年。

[50] 江生忠:《保险学理论研究》,中国金融出版社2007年版。

[51] 谭漠晓:《中国保险市场结构、行为与绩效研究》,硕士学位论文,首都经济贸易大学,2009年。

[52] 邵全权、王辉:《保险保障基金对中国寿险业结构、竞争和绩效的影响研究》,《经济评论》2009年第6期。

[53] 薛生强、徐梅:《西部地区人身保险市场结构、行为与绩效研究》,《西南金融》2014年第9期。

[54] Weiss M. A. , "Efficieney in the ProPerty – Liability Insurance Industry", Journal of Risk and Insuranee, 1986, 53: 452 – 479.

[55] Cummins J. D. , Tennyson S. , Weiss M. A. , "Consolidation and Effieieney in the US Life Insurance Industry", Journal of Banking and Finance, 1999, 23: 325 – 357.

[56] Jeffrei B. , "Total factor productivity growth in the Canadian Life Insuranee Industry: 1979 – 1989", Canadian Journal of Economics Revue Canadienned Economique, 1999, 32 (2): 500 – 517.

[57] Diacon S. R. , K. Starkey, C. O, Brien, "Size and Effieieney in European Long – term Insuranee Comoanies: An International Comparison", The Geneva Paper on Risk and Insurance, 2001, 27 (3): 444 – 466.

[58] Cummins J. D. , Weiss M. A. , Hongmin Zi. , "Economics of Seope in Financial Serviees: A DEA Bootstrapping Analysis of the US Insurance Industry", Working Paper, Wharton School of the University of Pennsylvania, 2003.

[59] Patrick L. B, W. W. Cooper, AI. "Evaluating Solvency versus Efficiency Performance and Different Forms of Organization and Marketing in US Property – liability Insurance Companies", European Journal of Operational Researeh, 2004, 154: 492 – 514.

[60] Stephanie H. , Damian R. W. "The Impact of Deregulation on the German and UK Life Insurance Markcts: An Analysis of Efficieney and Productivity between 1991 – 2002", Working paper, 2005.

[61] Sherstyuk, Katerina, Wachsman, Yoav, Russo, Gerard. Labor market effects of Employer – provided Health Insurance. Economic Inquiry, 2007, 45 (3): 538 – 556.

[62] Penalva Zuasti, Jose S. A Study of the Interaction of Insurance and Financial Markets: Efficiency and Full Insurance Coverage. Journal of Risk & Insurance, 2008, 75 (2): 313 – 342.

[63] Nektarios, Milton , Barros, Carlos Pestana. A Malmquist Index for the Greek Insurance Industry Geneva Papers on Risk & Insurance – Issues &

Practice, 2010, 35 (2): 309 - 324.

[64] Wang J. L., Jeng V., Peng J. L., "The Impact of Corporate Governance Structure on the Efficiency Performance of Insurance Companies in Taiwan", Geneva Papers on Risk and Insurance: Issues and Practice, 2007, 32: 264 - 282.

[65] Luhnen M., "Determinants of Efficiency and Productivity in German Property - liability Insurance: Evidence for 1995 - 2006", The Geneva Papers, 2008, 34: 483 - 505.

[66] Abidin Z. Z., Kamal, N. M., Jusoff, K., "Board Structure and Corporate Performance in Malaysia", International Journal of Economics and Finance, 2009, 1 (1): 150 - 164.

[67] Kader H. A., Adams M., Hardwick, P., The Cost Efficiency of Takaful Insurance Companies, Centre for Risk and Insurance Studies (CRIS) Nottingham University Business School, University of Nottingham, Nottingham, 2009.

[68] J. David Cummins, Xiaoying Xie., "Efficiency, Productivity, and Scale Economics in the US Property - liability Insurance Industry", Journal of Productivity Analysis, 2013, 39 (2): 141 - 164.

[69] Jin Park, Sukho Lee, Han Bin Kang, "The Insurance Distribution Systems and Efficiency in the Property - casualty Insurance Industry", Managerial Finance, 2009, 35 (8): 670 - 681.

[70] Eling M., Luhnen, M., "Efficiency in the International Insurance Industry: A Cross - country Comparison", Journal of Banking & Finance, 2010, 34: 1497 - 1509.

[71] Barros C., Milton P., Assaf, A., "Efficiency in the Greek Insurance Industry", European Journal of Operational Research, 2010, 205 (2): 431 - 436.

[72] Afza T., Asghar K. J, "Efficiency of the Insurance Industry in Pakistan: An Application of Non - parametric Approach", Interdisciplinary Journal of Contemporary Research in Business, 2010, 2 (8): 84 - 98.

[73] Mohammad Alipour, "The Effect of Intellectual Capital on Firm Performance: an Investigation of Iran Insurance Companies", Measuring Busi-

ness Excellence, 2012, 16 (1): 53 –66.

[74] Kwadjo Ansah – Adu, Charles oh, Joshua Abor, "Evaluating the Cost Efficiency of Insurance Companies in Ghana", The Journal of Risk Finance, 2012, 13 (1): 61 –76.

[75] Fang Sun, Xiangjing Wei, Xue Huang, "CEO Compensation and Firm Performance: Evidence from the US Property and Liability Insurance Industry", Review of Accounting and Finance, 2013, 12 (3): 252 –267.

[76] Walid Bahloul, Nizar Hachicha, Abdelfettah Bouri., "Modeling the Effect of CEO Power on Efficiency: Evidence from the European Non – life Insurance Market", The Journal of Risk Finance, 2013, 14 (3): 266 –285.

[77] Santanu Mandal, Surajit Ghosh Dastidar. "A DEA – investigation of Efficiency of the Indian General Insurance during Recession", Journal of Advances in Management Research, 2014, 11 (1): 115 –136.

[78] Chen F. – C., Liu Z. J., Kweh Q. L., "Intellectual Capital and Productivity of Malaysian General Insurers", Economic Modelling, 2014, 36: 413 –420.

[79] Qian Long Kweh, Wen – Min Lu, Wei – Kang WanG. "Dynamic Efficiency: Intellectual Capital in the Chinese Non – life Insurance Firms", Journal of Knowledge Management, 2014, 18 (5): 937 –951.

[80] 恽敏、李心丹:《基于DEA方法的保险公司效率分析》,《现代管理科学》2003年第3期。

[81] 侯晋、朱磊:《我国保险公司经营效率的非寿险实证分析》,《南开经济研究》2004年第4期。

[82] 何静、李村璞:《基于SFA方法的中国保险公司技术效率实证分析》,《襄樊职业技术学院学报》2005年第4期。

[83] 杨波、李庆霞:《中资财产保险公司经营绩效的实证分析》,《企业经济》2005年第10期。

[84] 胡颖、叶羽钢:《产权、公司治理与保险公司效率》,《科学·经济·社会》2007年第4期。

[85] 周海珍、陈秉正:《强制保险能否提高保险市场效率分析》,《保险研究》2009年第4期。

[86] 周海珍、陈秉正:《风险分类对保险市场效率的影响分析》,《保险研究》2011 年第 4 期。

[87] 梁芹、陆静:《基于三阶段 DEA 模型的中国寿险市场效率研究》,《经济管理》2011 年第 7 期。

[88] 周文杰:《中国保险市场效率实证研究:基于交易成本角度》,《中央财经大学学报》2012 年第 7 期。

[89] 高俊、陈秉正、邢宏洋:《中国人身保险市场效率测算——基于随机前沿分析的实证研究》,《保险研究》2013 年第 11 期。

[90] Michael Rothschild, Joseph Stiglitz. Equilibrium in Competitive Insurance Markets: An Essay on the Economics of Imperfect Information. The Quarterly Journal of Economics, 1976, 90 (4): 629 – 649.

[91] Robert Puelz, Arthur Snow. Evidence on Adverse Selection: Equilibrium Signaling and Cross – Subsidization in the Insurance Market. Journal of Political Economy, 1994, 102 (2): 236 – 257.

[92] Sandra A. Vela. Canadian Life and Health Insurance Producivity Evaluation Using Data Envelopment Analysis. Master of Applied Science of University of Toronto, 2000.

[93] Takashi Kurosaki, Marcel Fafchamps. Insurance Market Efficiency and Crop Choices in Pakistan. Journal of Development Economics, 2002, 67: 419 – 453.

[94] Bill Conerly. Allowing the State to Innovate. Regulation, 2003, 26 (1): 46 – 52.

[95] Bernhard Mahlberg, Tomas Url. Effect of the Single Market on the Austrian Insurance Industry. Empirical Economics, 2003, 28 (4): 813 – 838.

[96] Ranchana Rajatanavin, Mark Speece. The Sales Force as an Information Transfer Mechanism for New Service Development in the Thai Insurance Industry. Journal of Financial Services Marketing, 2004, 8 (3): 244 – 258.

[97] Amy Finkelstein, Kathleen McGarry. Multiple Dimensions of Private Information: Evidence from The long – term Care Insurance Market. Working Paper, 2004.

[98] Byeongyong Paul Choi, Mary A. Weiss. An Empirical Investigation of

Market Structure, Efficiency and Performance in Property – Liability Insurance. The Journal of Risk and Insurance, 2005, 72 (4): 635 – 673.

[99] Paul Fenn, Dev Vencappa, Stephen Diacon, Paul Klumpes, Chris O'Brien. Market Structure and the Efficiency of European Insurance Companies: A Stochastic Frontier Analysis. Jounal of Banking & Finance, 2008, 32 (1): 86 – 100.

[100] Erhemjamts O., Leverty, J. T., "The Demise of the Mutual Organizational Form: An Investigation of the Life Insurance Industry", Journal of Money Credit and Banking, 2007, 42 (6): 1011 – 1036.

[101] Fenn P., Vencappa D., Diacon S., Klumpes P., O'Brien C. "Market Structure and the Efficiency of European Insurance Companies: a Stochastic Frontier Analysis", Journal of Banking & Finance, 2008, 32: 86 – 100.

[102] Weiss M. A., Choi, B. P., "State Regulation and the Structure, Conduct, Efficiency and Performance of US Auto Insurers", Journal of Banking & Finance, 2008, 32: 134 – 56.

[103] Cummins J. D., Xie X. "Mergers And acquisitions in the US Property – liability Insurance Industry: Productivity and Efficiency Effects", Journal of Banking & Finance, 2008, 32: 30 – 55.

[104] Xiaoling Hu, Cuizhen Zhang, Jin – Li Hu, Nong Zhu. "Analyzing Efficiency in the Chinese Life Insurance Industry", Management Research News, 2009, 32 (10): 905 – 920.

[105] Cummins J. D., Weiss, M. A., Xie, X., Zi, H. "Economies of Scope in Financial Services: a DEA Efficiency Analysis of the US Insurance Industry", Journal of Banking & Finance, 2010, 34 (7): 1525 – 1539.

[106] Dafny, Leemore S. "Are Health Insurance Markets Competitive?", American Economic Review, 2010, 100 (4): 1399 – 1431.

[107] Mahlberg, Bernhard, Url, Thomas. Single Market Effects on Productivity in the German Insurance Industry. Journal of Banking & Finance, 2010, 34 (7): 1540 – 1548.

[108] Randall D. Cebul, James B. Rebitzer, Lowell J. Taylor, Mark E.

Votruba, "Unhealthy Insurance Markets: Search Frictions and the Cost and Quality of Health Insurance", American Economic Review, American Economic Association, 2011, 101 (5): 1842 – 71.

[109] Sankaramu S., Alamelu, K.. A SWOT Analysis of Sri Lankan Insurance Sector. IUP Journal of Risk & Insurance, 2012, 9 (1): 27 – 47.

[110] Khalid Al – Amri, Said Gattoufi, Saeed Al – Muharrami. "Analyzing the technical efficiency of insurance companies in GCC", The Journal of Risk Finance, 2012, 13 (4): 362 – 380.

[111] Solomon Fadun, Olajide. Information and Communication Technology (ICT) and Insurance Companies Profitability in Nigeria. Journal of Accounting, Business & Management, 2013, 20 (2): 1 – 13.

[112] 秦振球、俞自由、周淳:《我国保险业市场结构:现状与趋势分析》,《财经理论与实践》2002 年第 11 期。

[113] 黄薇:《论中国保险市场结构的调整》,《海南金融》2005 年第 8 期。

[114] 刘江峰、王虹:《我国保险产业市场结构与绩效的关联性分析》,《软科学》2005 年第 5 期。

[115] 韩庆华、葛美连:《我国保险业市场结构与绩效分析》,《山东社会科学》2006 年第 12 期。

[116] 蒲成毅、邵全权:《中国保险市场结构与绩效的关系分析》,《保险职业学院学报》2009 年第 3 期。

[117] 王雪梅:《我国寿险业市场结构?效率与市场绩效关系研究》,《西安石油大学学报》(社会科学版) 2010 年第 4 期。

[118] 王斌:《中国保险业市场结构与绩效关系分析》,《上海金融》2002 年第 10 期。

[119] 李绍星、冯艳丽:《中国保险业集中度及其规模对绩效的影响》,《经济与管理》2007 年第 8 期。

[120] 孙峰:《影响保险企业效率的若干因素》,《中国保险》2005 年第 7 期。

[121] 陈燕华:《我国保险市场结构、效率与绩效关系研究》,硕士学位论文,山东大学,2007 年。

[122] 胡颖、叶羽钢:《基于 DEA 方法的中外(合)资保险公司效率比

较》,《南方金融》2007年第6期。

[123] 官兵:《全球再保险市场结构的对比分析》,《保险研究》2008年第2期。

[124] 蔡华:《中国财产保险市场结构？效率与绩效关系检验》,《广东金融学院学报》2009年第3期。

[125] 林升、陈清、滕忠群:《市场结构与财产险公司承保绩效——来自中国机动车保险的经验证据》,《保险研究》2010年第4期。

[126] 袁成、于润:《我国保险市场结构与市场绩效的关系研究——基于SCP假说的实证检验》,《江西财经大学学报》2013年第3期。

[127] 林江:《论进入退出壁垒与保险市场效率》,《中国青年政治学院学报》2006年第1期。

[128] 胡颖、李万军、郭金龙:《保险市场效率理论研究综述》,《保险研究》2007年第5期。

[129] 周梅、李梦斐:《保险市场风险与效率探析》,《经济问题》2009年第8期。

[130] 朱华培:《中国金融市场开放度——基于两类模型的比较研究》,《当代经济科学》2009年第3期。

[131] 习江平:《中国债券市场开放度的博弈分析》,《财会通讯》2009年第15期。

[132] 赵雪芳、贺战兵:《产品市场开放度对实际汇率动态调整的影响》,《经济数学》2009年第4期。

[133] 温振华、孟宪强、张碧琼:《金砖国家证券市场开放度研究》,《当代财经》2011年第12期。

[134] 方燕、白先华:《中国商业银行经营效率分析——三阶段DEA之应用》,《中央财经大学学报》2008年第6期。

[135] 黄宪、余丹、杨柳:《我国商业银行X效率研究——基于DEA三阶段模型的实证分析》,《数量经济技术经济研究》2008年第7期。

[136] 胡宏兵、李文华、赵文秀:《基于三阶段DEA模型的中国保险业效率测评研究》,《宏观经济研究》2014年第4期。

[137] 林巧珍:《中国寿险业经营效率的实证分析——基于三阶段DEA模型》,《福建金融》2011年第5期。

[138] 陆静、梁芹、曹志强:《我国产险市场的三阶段DEA效率演

进——基于2004—2009年的非平衡面板数据分析》,《保险研究》2012年第5期。

[139] Weiss, Andrew. Paying for Productivity: A look at the evidence. Journal of Economic Literature, 1991, 29 (2): 625 – 627.

[140] Eisen, Lisa N. Perinatal Cocaine Effects on Neonatal Stress Behavior and Performance on the Brazelton Scale Journal of Banking & Finance, 1991, 88 (3): 477 – 481.

[141] Weiss, Mary A. Efficiency In the Property – Liability Insurance Industry Journal of Risk & Insurance, 1993, 58 (3): 452 – 479.

[142] Cummins J. David, Weiss, Mary A. Analyzing Firm Performance in the Insurance Industry Using Frontier Efficiency Methods. Working Papers – Financial Institutions Center at The Wharton School, 1998: 1 – 52.

[143] Klumpes, Paul J. M. Performance Benchmarking in Financial Services: Evidence from the UK Life Insurance Industry Journal of Business, 2004, 77 (2): 257 – 273.

[144] 恽敏、李心丹:《基于 DEA 方法的保险公司效率分析》,《现代管理科学》2003年第3期。

[145] 李庆:《关于人寿保险公司总体效率的数据包络分析》,硕士学位论文,西南财经大学,2006年。

[146] 郭金龙:《我国保险业发展的实证分析和国际经验》,经济管理出版社2006年版。

[147] 黄薇:《风险视角下中国保险公司效率的实证研究——基于随机前沿分析方法》,《数量经济技术经济研究》2008年第12期。

[148] 孙刚、刘璐:《中国寿险业效率变动实证研究——基于数据包络分析(DEA)方法》,《财经问题研究》2010年第5期。

[149] 褚保金、黄惠春、朱新良:《我国保险公司经营绩效分析:基于 Cone Ratio 模型的实证》,《系统工程理论与实践》2011年第31期。

[150] 孙蓉、王超:《我国保险公司经营绩效综合评价》,《保险研究》年第1期。

[151] Charnes A., Cooper W. W., Rhodes E., Measuring Efficiency of Decision Making Units. European Journal of Operational Research, 1978,

2：429-444.

[152] 魏权龄：《评价相对有效性的 DEA 方法》，中国人民大学出版社 1988 年版。

[153] Farrell M. J. The Measurement of Production Efficieney. Journal of Statistical Society, 1957, 120 (3)：1-3.

[154] David J. Cummins, Sharon Tennyson, Mary A. Weiss. Consolidation and Efficiency in the US Life Insurance Industry. http：// fic. wharton. upenn. edu/fic/papers/98/9808. pdf.

[155] 中国保险年鉴编辑委员会：《中国保险年鉴》（2003—2012 年各卷），中国保险年鉴社 2003—2012 年版。

[156] Mason E. S. Price and Production Policies of Large - Scale Enterprise. American Economic Review, 1939, 129：61-74.

[157] Stigler G. L. A Theory of Oligopoly, Journal of Political Economy, 1964, 72：44-61.

[158] Demsetz H., Industry Structure, Market Rivalry, and Public Policy, Journal of Law and Economics, 1973, 116 (1)：1-9.

[159] Peltzman S. The Gain and Losses From Industrial Concentration, Journal of Law and Economics, 1977, 20：229-263.

[160] Demsetz H Two Systems of Belief about Monopoly, in：H. J. Goldschmid, H. M. Mann, and J. F. Westoneds., Industrial Concentration：The New Learning (Boston：Little, Brown), 1974, 164-184.

[161] Chidambaran N. K., Thomas A. Pugel, Anthony Saunders. An Investigation of the Performance of the U. S. Property - liability Insurance Industry. Journal of Risk and Insurance, 1997, 64 (1)：371-382.

[162] Bajtelsmit Vickie L., Bouzouita Raja. Market Structure and Performance in Private Passenger Automobile Insurance. Journal of Risk and Insurance, 1998, 65 (3)：503-514.

[163] Byeongyong Paul Choi, Mary A. Wesis. An Empirical Investigation of Market Structure, Efficiency, and Performance in Property - Liability Insurance. Journal of Risk and Insurance, 2005, 72 (4)：635-673.

[164] 黄薇：《我国保险业的市场结构与绩效研究》，《金融教学与研究》 2005 年第 5 期。

[165] 曹乾:《保险业结构？效率与绩效间的关系——理论假说与实证研究》,《金融教学与研究》2006年第5期。

[166] 胡颖、叶羽钢:《我国财产保险市场结构与绩效关系的研究》,《广东保险》2007年第4期。

[167] 邵全权:《经济结构？制度变迁与中国寿险市场结构形成机制》,《财经研究》2010年第7期。

[168] 刘兵:《中国寿险业市场结构？效率与绩效实证研究》,《南京审计学院学报》2007年第3期。

[169] Berger A. N., Hannan T. H. Using Efficiency Measures to Distinguish Among Alternative Explanations of the Structure – Performance Relationship in Banking, Finance and Economics Discussion Series, 1993, 12: 93 – 18.

[170] 夏大慰:《产业组织学》,复旦大学出版社1994年版。